醒獅精神

青年黨人物群像

陳正茂 著

自序

　　以「少年中國學會」和中國青年黨為研究場域，是筆者踏入學術界迄今，耗費精力最多而興趣始終不減的探索課題。近十幾年來，儘管現實政治環境的大變局，已深刻衝擊此間學界研究民國以來主要在野黨史的學術風尚，但筆者個人仍持續撰寫不少有關青年黨史的研究文章。

　　這些以青年黨為研究主題的論文，先前已由秀威以《中國青年黨研究論集》出版，然該書為專題的研究論文，較難引起一般讀者興趣。是以，為導引研究青年黨興趣，筆者特別將早期在《傳記文學》、《中外雜誌》、《歷史月刊》、《近代中國》、《民主國家》、《現代國家》、《全民半月刊》等刊物上發表，主要集中在中青人物傳記之文章，輯結成冊，此即是本書的主要內容。

　　基本上，出版此書的動機，有如下幾個目的：（一）國內史學界長期以來，缺乏對在野黨派的探討，不管是青年黨或民社黨的研究，均是如此。這當中固然有主、客觀的因素在裡頭，但對在野黨的了解不多、忽視、引不起研究動機，恐怕也是主要的原因之一。

因此，如何對在野黨派多作介紹，讓更多學子有興趣投入在野黨派的研究，就顯得是件頗有意義的事了。（二）欲引起研究動機，最好的方法，莫過於從人物傳記著手最為便捷，惜國內撰述青年黨人生平的文章並不多。故筆者根據多年蒐集所得資料，全面性的撰寫青年黨較具份量的重要人物傳記，相信對青年黨之介紹與研究，絕對有其便利及助益。（三）青年黨的發起，可謂是五四知識份子愛國救國之產物，也因此，其創黨和成員，幾乎亦是以知識份子為主體，青年黨被外界稱之為「書生集團」或「秀才集團」其故在此。這批知識份子不僅感時憂國，且在各自不同領域皆學有專精，卓然有成。因此在撰寫過程中，筆者特別針對他們個人之生平、主張、學說、及事功，均有所著墨，以提供研究者能更深入瞭解中青人物群像之思想面向和相關史事。（四）當然，青年黨的重要人物不僅只有如此，只不過這些青年黨的主要領袖，皆具有指標性作用，了解他們，也就差不多對青年黨有所認識了。故特別挑出這二、三十位青年黨人物群像，詳論其生平，兼述其思想，編輯成書，目的希望能拋磚引玉，帶動有心研究者，大家一起來關心、投入在野黨派的研究行列。

　　本書的出版，要衷心感謝蔡登山兄的鼎力支持與協助，登山兄學問文采俱佳，未識荊前，早已拜讀其不少膾炙人口的著作；見面後，因所學及興趣相近，更是暢談甚歡，頗有一見如故之感。承其抬愛，一再鼓勵弟多寫多發表，所以才又催生本書之面世，對登山兄之玉成，在此謹致最深之謝忱。

陳正茂序於士林

2008/10/1

目錄

中青領袖傳

愚公移山的曾琦

一、家世與早年

曾琦（1892-1951），字慕韓，號愚公，黨號移山，原名昭琮，字錫璜。四川省隆昌縣人。生於清光緒18年（1892）9月25日，時距中法「安南之役」後7年，中日「甲午戰爭」前兩年，正值國家遭逢外侮侵凌，藩屬漸失之始。卒於民國40年（1951）5月7日，亦是政府戡亂失利，國府初播來臺之時，享年60歲。其一生正處於一個風雨飄搖的大時代。

曾琦家世務農，代有科名，不廢耕讀。先世由湘遷蜀，祖存鉌公，席豐履厚，以好客傾其產。父友三公，廉吏也；母宋太夫人，富膽識，嘗為友三公斷獄，公服其能，著有《蔭遠堂詩存》。曾琦7歲時，適戊戌變法失敗之年，方入家塾讀書。父友三公，親授之識字，並時時以歷代聖賢故事及外祖父宋庶庵（遇先）孝廉遺訓：「鋤惡念、養善性、絕淫朋、塞邪徑、屏輕浮、學剛正」

民國36年，曾琦與家族合影於南京

十八字教誨，曾琦終身服膺不懈，其幼秉母教而受嚴格薰陶者若此。

先是友三公從學於榮昌敖金甫（冊賢）太史之門，斐聲庠序，著有《非非齋詩集》。曾兩試壬午、戊子秋闈，受知張之洞、譚叔玉兩學使，均以額滿見遺。始授例選授廣西象州吏目，於光緒25年（1899）己亥之任，全眷隨往，而宋太夫人即於是年病逝任所。時大兄昭瑛、二兄昭琪俱入象州書院，暇則為曾琦更番授讀，友三公亦於公餘以掌故編成韻語，使逐日成誦，俾於中國歷史知識，植其根基。

曾琦留象州凡四載餘，以友三公任滿，改調寧明州，乃偕大兄昭瑛先至潯州小住，光緒30年（1904）方隨友三公赴任。翌年，曾琦14歲，入寧明高等小學堂肄業，並從遊於當地名宿農拔廩（萃英）先生，學識大進。課餘之暇則閱梁啟超所著《中國魂》一書，間亦喜閱顧炎武、黃黎洲、王船山諸家文集，排滿思想，國家觀念，油然而生，實導源於此。

　　光緒33年（1907），友三公病卒不起，曾琦一人隨侍在側，料理喪事畢，旋赴桂林，閉戶讀書。至光緒34年（1908），以第一名考入桂林中學堂，為國文教員鄧翼伯所激賞。是年冬，偕大兄昭琪扶父母靈柩返鄉，乃轉入成都高等學堂分設中學肄業，校長劉士志（行通）先生，夙以人格教育為提倡，同學咸受其感化。若異日知名於世之高材生王光祈、魏嗣鑾、周太玄、李劼人等，均於是時與曾琦訂交，並組織詩社，相與唱酬，頗得友朋切磋之樂。

　　宣統2年（1910），曾琦革命思想正萌芽，遂與川中民黨人士曹叔實、文宏模、楊庶堪、謝持等相往還，祕密從事排滿運動。宣統3年（1911），考入成都官辦法政學堂，暇時則撰稿投刊《商報》。迨川漢鐵路國有風潮起，川督趙爾豐屠殺無辜請願民眾，端方奉詔入川查辦，人心激憤，曾琦一再撰文指責清廷措施不當，文筆銳厲，各報競相刊載。

　　未幾，蓉、渝相繼獨立，推尹昌衡、張培爵為都督，武昌革命軍亦乘機起義，各省紛紛響應，旋成立中華民國臨時政府於南京。曾琦有感於輿論報國之重要，乃邀同大兄昭琪及友人至重慶，創辦《民國新報》，執筆者有郭步陶、李崎青、王光祈、宋伯文等人，皆一時之選。其後，曾琦又先後執筆政於《成都商報》、《商會公報》、《四川公報》等，是為曾琦置身新聞界之始。

二、出川讀書

　　民國元年（1912）秋，《民國新報》以款絀不支，曾琦乃集股創辦《羣報》，亦困於經濟，發刊未久即停。不得已乃返回成都，重入官

紳兩班合併之四川法政學堂肄業,校長邵從恩(明叔),一見以大器相許。翌年春,易長風潮發生,邵氏去職,曾琦復與熊仁山、易志高等改入共和大學。

秋間,二次革命起,赴渝參加熊克武、楊庶堪之反袁運動,舉義失敗,繞道潛回鄉居,旋與宋太夫人姪女宋靜芳女士於是年冬結婚。婚後未及三月,獲二兄資助,出川至滬,準備赴法留學。然以歐戰之阻,乃先入上海震旦大學研習法文,由是而與同學左舜生、李璜、陳登恪等人訂交,而為他日患難與共終始相依奠其根基。民國4年,曾琦二兄為忌者所誣,曾琦不平乃赴京向平政院申訴,並得謁章太炎、梁啟超、王晉卿諸先生,且為文抨擊袁世凱屈服於日本所提「二十一條」及欲帝制自為之無恥。

歐戰延長,曾琦赴法計劃受阻,乃決定先行東渡日本留學,民國5年春,曾琦自京至滬,隻身到日,先入東京東亞高等預備學校補習日文,秋後入中央大學研習憲法及行政法,期間獲交陳愚

曾琦(中)與陳愚生(左)、雷眉生(右)合照小影

曾琦留學日本時在東京與友人合影

生、雷眉生、張夢九諸友。時日本通訊社操縱東亞輿論，影響中國國際地位甚鉅，曾琦有鑒於此，乃於民國7年約留東同學唐有壬、丘仰飛、莊仲舒、易君左、羅益增、劉泗英、周宏業、黃肅崖、李石岑等十八人，發起「華瀛通訊社」於東京，逐日編印稿件，藉供國內報章刊載，揭發日閥陰謀，免受欺矇。

三、反日救國與發起少年中國學會

民國7年春，日本寺內內閣乘歐戰方酣，一面以巨額「西原借款」貸與中國，助長中國南北內戰，一面與段祺瑞訂立「中日軍事密約」，藉謀二十一條之實施。事洩，留東學生羣起反對，日警大肆逮捕，曾琦毅然糾率千餘人罷學歸國。並與王宏實、張夢九、羅季則、王希天等人組織「留日學生救國團」，決定設本部於上海，並推舉王兆榮為幹事長，張有桐、阮湘為副幹事長，回國請願，要求廢約。期間曾琦曾分赴京、滬活動，並發刊《救國日報》於上海，冀以實際行動及言論鼓吹，喚起全國人民之覺醒。

曾琦回國，初至北京，知段之剛愎如故，廢約無望。時政府已令警廳驅逐留學生，不許逗留都門，乃赴天津謁梁啟超，一償十年景仰之願。復謀設救國團支部，但不見容於天津法租界，於是再赴北京，策動各校學生聲援。首起響應者有北大學生易克嶷等千餘人，羣集總統府前，為空前之遊行示威，翌年「五四運動」的發生，可說以此役為其先河。

民國7年6月30日，曾琦與王光祈、陳愚生、雷眉生、周太玄、張夢九等先後聚議於北京嶽雲別墅及中央公園，共商發起「少年中國學會」，並邀李大釗參加。冀「本科學之精神，為社會之活動，以創造少年中國」為宗旨，並標舉「奮鬥、實踐、堅忍、儉樸」諸信條，以不倚賴已成勢力為號召。一時士林翕然從風，隱然為時代創導中心。

嗣曾琦自京去滬，主《救國日報》筆政，撰〈中國之青年與共和之前途〉一文，長約數萬言。痛陳國體動搖，外患緊迫，革命先烈締造國家之艱難，以及當前國勢之危殆，寄望全國青年激發熱誠，共謀國事之補救。此文後由王光祈出資代印單行本，散播四方，極為時賢所推重。蔡元培為之題簽，改書名為《國體與青年》，胡適、陶履恭、陳大齊、李大釗均有序跋，頗予苦悶徬徨憂心國事的知識青年以極大鼓勵。

民國8年4月杪，駐日公使章宗祥返國，留日學生數百人羣集東京驛示威，高呼打倒賣國賊。及章抵京，為北京學生痛毆於曹汝霖宅，而前駐日公使陸宗輿亦遭波及，學生被捕者三十餘人。是役即世稱之「五四運動」。曾琦在滬聞訊，特端程北上慰問，並親與其役。

事越十五年，猶致書羅家倫述其經過云：

> 自民八與兄判袂以來，忽忽逾十稔矣，猶憶五四運動發生之初，弟代表留日救國團北上，援助兄等繼續奮鬥（當時陳獨秀、李大釗俱有退縮之意，兄當猶記其事），未幾而有六三之役，被捕者逾千人。弟承兄導往北大第三院共致慰問之忱，於軍警密布之中，發慷慨激昂之論，此景此情，恍如

昨日。當時士氣既盛，民氣亦強，由六三引起之全國罷市、罷課、罷工事件，直足以寒國賊之膽，而奪強權之魄。巴黎和會，得不簽字，華府會談，遂以收功，山東領土，因而爭回，豈非五四運動對於國家之一大貢獻哉！

民國8年，曾琦（前排左1）與「少中」友人合影於上海

四、留歐與組黨

五四運動發生之先，值歐戰結束，議和於巴黎之際。時李璜、周太玄已赴法留學，並創辦「巴黎通信社」，報導和會新聞，供應國內報刊。以其迅速確實，競相刊載，收入不惡，乃力勸曾琦赴法，欲以社務相屬。曾琦於是離京至滬，屏擋行裝，乘輪西行，抵法後，僅餘數十佛郎，即偕勤工儉學生多人，赴蒙達爾集（Montargis）一中學補習法文。

民國12年，曾琦（右1）與友人在巴黎合影

民國9年秋，移居巴黎，入法語聯合學校（Aliance Francaise），並至巴黎

社會學院聽講。以通信社營業漸有不支之勢，適郭步陶供職上海《新聞報》，函聘曾琦為駐歐特約通訊員，每月撰稿八篇，酬金五十元，約合三百佛郎，勉可應付生活所需。惟曾琦旅居巴黎斗室，每日讀書聽課譯報作文，以用力過勤，患腦病甚劇，曾先後轉地米蘭及聖克魯療養。民國11年，因德國馬克跌價，生活低廉，乃應王光祈、魏嗣鑾之邀，赴佛蘭克福鄉間居住，並就醫該地大學醫科，病乃漸癒。暇時常與宗白華、張夢九、陳寅恪、李志鵬等相往還。

居德一年，民國12年夏，乃偕黃仲蘇返法。時值國內發生山東匪首孫美瑤臨城劫車案，擄去中外旅客三百餘人，列強倡議組織國際警備隊共管中國鐵路。曾琦聞訊大憤，乃約集留法各團體代表開會反對，建議聯合全國各界實行罷市、罷工、罷學、罷租四大運動，推倒軍閥，另組政府，以抗列強。

按其時中國共產黨，接受蘇俄及第三國際之援助，已於民國10年成立，大肆活動於國內外；復有鑒於中國參戰華工留法近十萬，歐戰既停，無法自給，而勤工儉學生類多失業。於是第三國際乃假手中共旅法支部周恩來、徐特立等給資豢養，遣回革命，或則送往莫斯科，接受訓練。

曾琦有感於蘇俄及第三國際之陰謀，而國民黨尚與其聯俄容共，引狼入室，大亂將作，國命將為之斬，非另組新革命黨，不足以阻遏逆流。因此遂與李不韙、張子柱、李璜、何魯之、胡國偉、梁志尹、周變元、鄭振文、王建陌等創組中國青年黨（以下簡稱「中青」），揭櫫國家主義、全民政治、社會政策，以內除國賊，外抗強權，躋國家於獨立自由；旋即於巴黎郊外玫瑰城共和廳舉行結黨式，並發布曾

琦手草之建黨宣言，時民國12年12月
2日也。

五、《醒獅週報》時代

「中青」創黨後不久，黨員鄔剛
如無意間於其同寓中發現《共產黨加入
國民黨之秘密決議案》油印小冊。由於
事關重大，隨即將其持交曾琦，曾琦立
往晤旅法國民黨人王寵惠等，為言聯俄
容共之危險，但王等不以為意。復將此
一小冊，於民國13年2月，交自德經法
歸國之曹四勿（任遠），託其帶致其岳
父謝持，囑向中山先生陳述，而亦久無
消息。時巴黎「中青」所辦之《先聲週
報》，與中共出版之《赤光》半月刊，
經常發生筆戰，而在旅法各團體聯合會
中，兩黨亦時有行動上之衝突。

7月，以歐洲黨務拓展已達極限，
且中共黨人亦紛紛回國，為謀與之對
抗，曾琦乃偕李璜、張夢九、羅沆叔
等自法歸國，謀黨務之發展。9月，曾
琦等一行返抵上海，翌日即搬到靜安

民國12年，曾琦（左）與鄭振文（右）
攝於法國

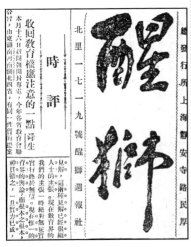

《醒獅週報》封面

寺路民厚北里，與老友左舜生、陳啟天等同住。每天和上海文教界、新聞界、少年中國學會、中華學藝社、《孤軍雜誌》社等各方面的友人相接觸，商談創辦週刊事。是年國慶日，國內第一個以愛國、民主、反俄、反共為宗旨的報刊——《醒獅週報》終於與國人見面。

這在當時社會主義思潮如日方昇，蘇俄勞農專政風靡一時的環境下，可説是石破天驚之舉，言人所不敢言所不願言。曾琦申言該報的旨趣，在「喚起國民之自覺心，恢復國民之自信心，於以安內攘外，安國興邦，使西人咸知『睡獅』之已醒而不可復侮，因以戢其侵略野心，而共保國際和平耳。」其後又在一篇時評中説：「吾人始終主張中國之事，應由國民自動解決，絲毫不能容許外力之參加，其有假借外力者，吾人概視為國賊；而欲實行干涉者，吾人共認為敵國。」這種對內不與既成勢力妥協，對外不與任何列強親善，乃是基於對強權的深切透視，認定世界並無以平

等待我的民族存在，因而主張國民起來自強、自立、自救，而斷然反對假外力以奪取政權的陰謀。

曾琦除負責《醒獅週報》筆政外，餘暇復兼任同濟、法政、大夏、學藝各大學講席。是年冬，適值北方二次直、奉戰爭結束。中山先生應邀自粵北上共商國是，道經上海，曾琦由謝持介紹往謁於莫利愛路廬邸，勸其中止聯俄容共政策，雙方辯論甚久，惜不了了之。

按曾琦倡導國家主義於五四運動之後，時國內思潮龐雜，眾議紛吷，別有用心者遂發為懷疑之論，訾國家主義者為軍國主義、孤立主義、保守主義，決不宜實行於中國。曾琦知其謬妄也，乃積極鼓吹國家主義思想，民國14年5月赴暨南大學演講時，特以〈國家主義與中國青年〉為題，振詞以闢之。反覆敷陳國家主義思想純為自衛而非侵略，其主旨乃在一定領土之內，其國民團結一致，以內求本國之獨立自主與進步，外禦異族之侵凌而謀生存與發展，故非守舊以自保，決不致形成孤立，更無妨於世界大同。

《醒獅週報》上的文章，曾琦寫的最多，也最有力。其文章，無論是長篇或短評，都是既流暢又典雅，既簡潔又氣壯，可以說是梁啟超以後所僅見。譬如該年初，孫中山先生逝世，《醒獅》特出〈孫中山先生追悼號〉，曾琦寫了一篇長達萬言的追悼文，對中山先生富於革命、犧牲、創造的三大精神，備致推崇之意。末了且勗勉全國青年，應本中山先生的三大精神，從速努力於新革命黨的組織。

14年5月，適上海「五卅」慘案發生，英人在南京路開槍擊斃我國學生多人，激起各地民眾公憤，一時國家思潮澎湃，青年紛紛組織愛國團體，與曾琦之主張桴鼓相應，共產黨亦乘機大肆煽惑。曾

琦因赴南京、南通、無錫、蘇州、鎮江、杭州等處講演，一時申請加入「中青」者，極為踴躍。「中青」於是乃由宣傳階段而進入組織階段，並漸次普及於全國，奠下建黨之基礎。同年7月，少年中國學會在南京舉行第5屆年會，曾琦偕左舜生、陳啟天自滬前往出席，與已具有共產、國民兩黨雙重黨籍之會友惲代英、鄧中夏、楊賢江等，在會中為國家主義與共產主義問題爭論甚烈，互不上下。結果因意見分歧，相與辯論不休，終至不歡而散。

民國15年夏，「中青」召開第1屆全國代表大會於上海博文女中，出席者有歐洲、香港、日本及國內各省代表，曾琦被推為中央執行委員會委員長，並用「中國國家主義青年團」名義發表宣言。曾琦鑒於共黨之凶狠殘暴，國共關係終將破裂，惟慮共黨寄生已久，坐大難制，非空言反共所能奏效。乃鼓勵同志研究軍事，並先後派遣同志參加雲南講武堂、金陵軍官學校、東北講武堂，擔任教官或受訓，藉以灌輸國家思想，大量培植反共軍人，準備與共黨作實際行動之決鬥。民國16年3月，國民革命軍收復京、滬，赤燄大張，國民黨不得不清黨。8月30日，有人誣陷曾琦為赤黨，被拘數日，始得釋出。

六、從國難到抗戰

曾琦出獄後，即東渡日本，訪問各黨領袖，並謀發展海外黨務。時後藤新平將銜命赴俄謀結日德俄三國同盟，曾琦以此事關係我國安危至鉅，乃往見，極言日如聯俄，我國人反日將更甚，非兩國之利，後藤為之折服。離日後，曾琦旋走香港，與兩廣及南洋同志，商討發

展南方黨務。翌年夏，復至北平，適國民革命軍攻取平津，奉軍敗退關外，曾琦曾繞道大連，作瀋陽之遊，時民國18年3月也。

19年春，中原大戰方酣，曾琦本着反對一黨專政的立場，曾勸當時頗有舉足輕重的張學良提出「取消黨治，還政國民」的政治號召，惜張未能接受。迨民國20年「九一八」變作，國難當前，曾琦力主政黨休戰，共赴國難。並發表〈一致對外與一黨專政〉一文於天津《大公報》，願以在野黨之資格，公開活動於國人之前，領導民眾，一致對外。

此外，曾琦對於政府安內攘外，一面剿共，一面抗日之國策，則表示支持。翌年「一二八」淞滬戰役繼之以起，政府召集「國難會

民國16年，曾琦在東京與留日同志合影

議」於洛陽，遂延聘曾琦及李璜、左舜生、陳啟天、余家菊、常乃憨、張子柱等青年黨籍者九人參加，用備諮詢綏靖、救災事項，以為朝野合作之初步。曾琦等則以政府體制未先變更，議題亦不涉及政治外交，殊無與國民更始之誠意，遂發表談話，拒絕出席。

曾琦雖不能南下活動，然仍僕僕往來於平、津道上，一面與軍政當局會商抗日方案；一面與熊希齡、朱慶瀾等協同援助東北義勇軍。派遣同志出關，組織民眾，奮起殺敵，並於北平中央公園，招待記者，提出「野戰抗日」主張，以促國人之普遍覺醒，是為「中青」悍然不顧黨禁，恢復公開活動之始。

期間曾有人批評曾琦周旋於北方軍人之間，與軍閥往來，豈不違背了當初「內不妥協」與「不利用已成勢力」的初衷。實則曾琦另有打算，意在從北方軍人中，吸收一批較富國家觀念的年輕將領，以備將來對日或對俄作戰。以後東北義勇軍之奮起抗日，以及若干將領之參加「中青」組織，就是曾琦這個時期在華北部署的結果。

民國22年春，日人佔我東三省尚不足，復進攻榆關，進犯熱河，與我守長城各口國軍血戰。時淞滬戰役抗日名將翁照垣出任117師師長，與106師師長沈克，俱為「中青」同志位居前線，協同友軍作戰。曾琦特乘騾車赴長城視察，經寧河、豐潤、玉田、石門等縣，與翁、沈會於石門之小張庄，備致慰勉。及聞「塘沽停戰協定」成立，始憤而南下，奔走湘、鄂、閩、桂各省，與軍政當局交換國是意見。

嗣以中共自瑞金突圍，流竄湘、桂、黔、滇、川西南諸省，曾琦為急桑梓之難，乃於23年秋兼程返川，協助川軍各將領從事清剿。川局稍定，而日人圖我華北益急，曾琦乃於民國24年夏出川，奔赴平

津，繼遊滬港，旋又往來晉、魯間。期間曾應宋哲元邀，為冀察當局借箸代籌，謀所以抵禦外侮安定華北之策。

民國25年冬，綏遠戰爭發生，晉軍一舉收復百靈廟，曾琦特越居庸關至大青山，躬冒風雪，前往勞軍。親見陳誠率中央軍三師增援綏境，時蔣委員長坐鎮洛陽，居中調度，曾數次函邀曾琦往晤，至是曾琦深知中樞國策已定。乃覆函將由綏返平後即往晉謁，並撰聯賀其五旬大壽，聯云：「還我河山，敢因蜀洛懷私見；期君髦耋，直邁曾胡立大勳！」

迨曾琦返平旬日，張學良、楊虎城挾持統帥之「西安事變」發生。曾琦知情況緊急，急促宋哲元發電詰責，並至太原，商諸閻錫山，共謀所以營救之計。及蔣委員長脫險後，乃發電文致曾琦，並重申邀晤之舊約。有感於蔣委員長的盛情邀約，曾琦於是南下至滬，偕李璜、左舜生轉往奉化溪口，於民國26年1月6日晉謁，先後與蔣委員長長談兩次，對國事多所建議，召

民國25年冬，曾琦赴歸綏勞軍

開「廬山談話會」即其中之一項，是為「中青」與國民黨化除黨見奠
定合作之基礎。

七、抗戰以後

　　民國26年，「七七」盧溝橋事變發生，蔣委員長事先分次柬約
各黨派、各社會階層領袖之「廬山談話會」仍如期於7月16日舉行，
曾琦與李璜、左舜生等應邀出席。惟廬山談話分次開會未及告終，而
「八一三」全面抗日戰爭爆發，政府乃設「國防參議會」，聘請各黨
派代表為參議員，初僅十餘人，曾琦及李璜、左舜生均被延聘，曾建
議政府改制及遷都重慶，以適應戰時需要。

　　會後曾琦立即回川，督促川軍將領出師抗敵，並發表〈抗日必
勝論〉及〈長期抗戰之心理建設〉等文，提出「三戰定國論」。所謂
「三戰定國」者，即對日作戰之後，為實現國家的真正獨立自主與恢
復領土主權的絕對完整計，對於卵翼中共侵略中國的蘇俄，固然必須
訴諸一戰；對於如果不肯放棄殖民主義，取消所有對華不平等條約，
猶欲維持其既得的領土權益的國家，將來也需要以外交或武力從事
清算。

　　曾琦之鴻文讜論普遍流傳於前後方，在鼓勵士氣方面，厥功至
偉。旋奉國防最高委員會命，視察黔、滇兩省總動員實施狀況，歷時
三月。經行數十縣，檢閱各地壯丁、保安等隊，數逾十萬，以是積
勞致疾。27年7月，政府召集「國民參政會」於漢口，員額兩百人，

「中青」僅佔六席。曾琦提出「剋期成立省縣市民意機構案」，竟獲最大多數通過於首次大會，而省市參議會，遂因之次第成立。

關於此點，同是參政員的陶百川氏曾說：

> 我記得參政會第一次大會在武昌開會，慕韓先生就有一個很偉大的提案，給我很深的印象。他主張剋期組織各省、市、縣的參政會。那個時候還是國民黨訓政時期，以黨治國，各地都沒有民意機關。後來有臨時參議會的設置，這與慕韓先生剋期成立各省、市、縣地方參政會的提案不無關係。

惟自抗戰軍興以來，曾流竄兩萬五千里，侷促延安一隅之中共，聲勢竟因之垂死而復甦，陽借抗日之名，陰則厚植其軍力於江南、華北。29年1月，「新四軍」叛變，國共關係益趨惡化，曾琦怒然憂之，因與張君勱、梁漱溟等組織「中國民主政團同盟」，思結合第三方面之力，共謀團結，鞏固抗日陣線，以爭取勝利。

30年春，曾琦以臥病昆明已久，特轉地至香港療養，不意是年冬，日軍突擊珍珠港，並進攻香港，曾琦居斗室，受砲火威脅者凡十八日。及戰停，曾琦恐為日軍所辱，乃變姓名，溷難民羣中，泛木舟，內渡至粵。時遍地烽煙，赴渝陸路已斷，乃輾轉至滬，潛居法租界，謝絕賓客，著〈遠游賦〉及〈無欲居士傳〉以見志，大節凜然，不為威屈。33年冬，至北平，擬間關返渝。適同志劉東巖奉命來迎，遂於34年8月上旬離平，行次太原，值日寇投降，欣聞凱捷，不勝慶幸。

民國29年，曾琦與友人攝於雲南滇池

曾琦攝於華北

八、永別祖國，齎志以歿

民國35年1月，政府召開「政治協商會議」，曾琦與陳啟天、余家菊、常乃惪、楊永浚代表「中青」出席，主張軍隊國家化、政治民主化，時論歸之。8月，曾琦赴廬山，晉見國民政府蔣主席，共商國是，思所以如何提前制憲行憲，請益良多。返南京後，因欲明瞭華北及東北各省光復後之實際情況，及蘇俄在我東北各省、市劫掠工業設備之實情。曾偕劉東巖由北平赴瀋陽、長春、永吉、小豐滿各地參觀，然後再回平津，飛青島，遊嶗山，返南京。

沿途除會晤「中青」同志及各友好外，並晤及當時各地之軍政文化社會要員，如胡適、李宗仁、熊斌、張伯謹、鄭介民、熊式輝、杜聿明、孫立人、梁華盛、徐晴嵐、余紀忠、吳鑄人、邵華、張廷諤、闕漢騫、徐人豪、丁惟汾、莫德惠、李先良諸氏，交換國是意見，獲益不少。是年冬，政府召集制憲國民大會於南京，共黨百端要挾，曾琦

則毅然領導全黨，率先參加，被選為主席團主席，完成制憲大業。

36年4月，政府改組，曾琦與國民黨總裁蔣中正、民社黨主席張君勱、及社會賢達莫德惠、王雲五共同簽訂「施政綱領」，於是三黨聯合政府成立，曾琦被選為國府委員。37年3月，行憲第1屆國民大會召開，曾琦以隆昌縣選出之代表出席，多所獻替。蓋曾琦平生篤信民主憲政，苟非如此，即不足以建現代國家，策長治久安，故於制憲行憲，無不全力以赴。5月，蔣中正就任行憲第一任大總統，聘曾琦為資政。

10月，曾琦扶病赴美就醫，兼從事國民外交，嘗對美國朝野提出十大質問，美國國會議員多因之，對華輿論，漸趨好轉。38年冬，大陸戡亂軍事逆轉，政府播遷來臺。此一年間，曾琦曾五至紐約，協助我國出席聯合國代表，提出「控蘇案」，復著〈國人速起搶救中華民國〉及〈超黨派救亡運動〉等文，分赴美國各大城市講演，華僑團體一致響應，因有與賴景瑚等人發起「中

民國39年，曾琦與劉東巖（右）攝於華盛頓

國民主自由聯盟」之組織。雖身居海外，仍無時不以國事為念也。

　　民國39年，曾琦自美漫遊歐陸，歷法、比、西、葡、意諸國，力促「民主國際」之成立。亟欲更訪中東土、希諸國，加強對俄聯合陣線，以體力不支，返美輸血，往返雖僅兩月，而心血耗盡矣。曾琦既久病，自忖必死，了無所懼，惟一所掛，為頗睠懷祖國安危，時向當道貢陳大計，無日不竭精疲神於函牘交馳之中，而陷身大陸同志，頻遭殺戮，中心慘痛，莫可慰藉。

　　民國40年5月4日，忽發盲腸炎，入華府喬治華盛頓大學醫院診治，突轉腹膜炎，於7日晚9時，溘然長逝，得年60。彌留時，皈依天主教。11日，葬於華府奧麗斐山崗公墓，噩耗傳至臺北，朝野震悼，政府致電駐美大使顧維鈞為之治喪，並明令褒揚，從此一代人傑長埋異國，與世長辭。

于斌（右3）攝於曾琦墓碑後

慎謀能斷的左舜生

一、書香世家與求學歷程

左舜生（1893-1969），譜名學訓，字舜生，別號仲平，以字行；另曾以「黑頭」、「阿斗」為筆名，撰述評論文章。在中國青年黨未公開從事活動前，則以「諤公」為黨號，其義蓋取自趙良對商君言「千人之諾諾，不如一士之諤諤」之意。湖南長沙人，生於清光緒19年（1893）9月4日，卒於民國58年（1969）10月16日，享年77歲。

舜生祖父名左莘農，舉人出身，任教諭多年，以經學名世。嘗有「長沙左莘農，善化楊墨農」之譽。莘農公有三子，長子松年，曾任湖北知縣；次子春、三子立，即舜生之父。子立公精研岐黃，曾在家設館授徒，診病不斤斤於取資，為鄉里所樂道。舜生上有二兄四姊，下有二妹，食指浩繁，雖稱書香世家，然家無恆產，艱於渡日，幸賴母親吳氏刺繡收入補貼，始得維持。

左舜生

舜生生而岐嶷，天資穎悟，3歲由母教讀方塊字，4歲開始識字，5、6歲讀詩，8歲入塾，讀《三字經》、《千字文》、《四書》、《左傳》及《詩經》。暇則涉獵流行之木刻唱本，如歌謠、彈詞、戲曲之類，興趣盎然，其愛好文藝，出自天性，終身不變。

光緒30年（1904），12歲，入長沙官立第十八初等小學，課業之餘，博覽小說或聽戲，偶亦模仿哼唱三五句為樂。四、五年中，搜集各種小說戲曲小調，乃至《牡丹亭》、《長生殿》、《桃花扇》等約三百種之多。據其自述：「這是我藏書習慣的開始，也是我自動讀書的初步。」影響其一生極大。

光緒34年（1908）春，考入長邑高等小學，校長余子照、教員唐濟渠、曹孟其等，俱一時名師，對舜生之學問思想啟發甚鉅。在校期間，舜生得風氣之先，開始接觸瀏覽新式書報，如《時務報》、《清議報》、《新民叢報》、《飲冰室自由書》、《國風報》、《民立報》及有關鼓吹革命之小冊，涉獵殆

遍。對於立憲、革命兩派思想，均有體會，並不時質疑，使師長窘於應付。黃花崗之役，予舜生之刺激尤大，讀烈士慷慨激昂之供辭，不禁痛哭流涕，悲憤萬狀。

武昌起義，湖南響應，各學堂均剪辮，獨長邑高等小學故態依然，舜生睹狀，不勝憤慨，乃集議推舉同學逼校長易髮，此事舜生一直引為平生一大快舉。宣統3年（1911）冬，自長邑高等小學畢業。民國元年（1912）春，因家境清寒故，入長沙縣立師範肄業，與田漢同班，因該校草創伊始，課程及師資均欠佳。為滿足其追求學問的渴望，舜生每日恆至定王臺圖書館閱讀新刊書報，求知慾愈濃，愈不滿於師範學校，甫過半年，即退學。是秋，轉入外國語專門學校，學習英文，選習日文，僅一年而止。

民國2年夏，舜生束裝赴滬，入震旦大學，與曾琦、李璜、黃仲蘇、陳登恪等同學，彼輩均為以後少年中國學會（以下簡稱「少中」）之骨幹。尤與曾琦、李璜交遊更稱莫逆，日後中國青年黨領導人「曾、左、李」，即在此一情勢下結交。5年12月，舜生奉父母之命，返長沙與劉名璧女士成婚。6年，因長兄臥病失業，無法提供學費，只得輟學。幸同學黃仲蘇敬舜生之學殖，特稟准其父聘為教席，乃得一棲息之所。

二、共同營建「少中」的夢

民國8年初，舜生加入由王光祈、曾琦等籌備發起的「少中」。5月，「五四運動」爆發，北大學生代表抵京，運動罷課，賴舜生居

間與各大學學生聯絡，始得廣樹聲援。「少中」經一年的準備，至7月1日始正式成立，設總會於北京，此外成都、南京、巴黎等地皆立分會。

南京分會成立於8年11月1日，當時有會員十二人，大都出身於金陵大學、南高師及河海工程等學校。此分會實以舜生與黃仲蘇為主要負責人。又「少中」設有評議部，為監督會務進行、選舉職員、審查入會會員資格之機關。第一屆主任曾琦任職一月，即因赴法留學，由舜生代理。從9年起至14年「少中」解散止，連續五年均由舜生擔任主任，可說是王光祈以外，「少中」第一功臣。

7月15日，《少年中國》月刊問世，舜生於其創刊號撰有〈中國家庭對子女教育的根本錯誤〉及第二期的〈優美愉快的家庭〉諸文。

民國8年8月，少年中國學會上海同人歡送曾琦、羅益增赴法留影。前排左起：康白情、左舜生、曾琦、陳劍脩、魏嗣鑾。後排左起：周炳琳、沈怡、羅益增、宗白華、趙曾儔、張夢九

冬，由京赴滬。9年，中華書局負責人
陸費逵（伯鴻）面對「五四」新潮，欲
乘風氣之先，整頓書局內部，經南洋商
業專門學校校長郭虞裳之薦，延聘舜生
入中華書局編譯所，主持新書部。舜生
至中華書局服務後，以其人脈，又陸續
延請「少中」會友陳啟天、余家菊、田
漢、張聞天、曹芻、金海觀、舒新城等
入中華書局任編輯。並先後編印出版
《新文化叢書》、《教育叢書》、《常
識叢書》、《音樂叢書》、《少年中國
學會叢書》等，暢銷一時。

中華書局上海河南路大廈（1916年落成）

　　該年秋，王光祈赴德習音樂，舜
生又繼光祈出王「少中」執行部主任，
並主編《少年中國》、《少年世界》、
《中華教育界》三月刊。平時則聯絡散
居國內外的百餘會友，照料會友間的往
來、通信、匯款以及著作出版事宜，其
篤於友情，樂於助人，誠足以勵後進而
勸末俗。故自此名重海內，士林爭相結
納，其一生事業亦從此發軔。民國10
年，「少中」內部即有「社會活動」與
「政治活動」之爭，寖假又演為共產主

義與國家主義之爭。在此兩次連續爭論中，舜生始而贊成社會活動，繼而認同國家主義。

三、加入「中青」與鑽研近代史

民國12年12月2日，曾琦、李璜等在巴黎創立「中青」，揭櫫國家主義，以內除國賊、外抗強權相號召。13年10月10日，曾琦、李璜等回國至滬與舜生等在上海創辦《醒獅週報》，以為言論鼓吹之喉舌。《醒獅週報》發刊後，舜生任總經理，對內自校勘以至發行，舉凡一切皆親任其勞；對外則與《孤軍社》及《商報》負責人如陳布雷、陶希聖、薩孟武、何公敢等相往還，為其後聯合反共奠下基礎。

該年冬天，舜生因李璜、方東美等自武昌來滬，乃約集各會友聚其寓所，意在協商如何重振「少中」學會之旗鼓。參加者有國家主義派之李璜、曾琦、陳啟天、張夢九及舜生；共產黨員則有惲代英、鄧中夏、張聞天、沈澤民、楊賢江等；會友方東美、王崇植、謝循初亦在座。舜生作主人，周旋其間，激辯至深夜，仍無結果。

民國14年，因為「少中」內部爭辯不已，年會無法舉行，共產主義者與國家主義派之鬥爭更呈尖銳化、白熱化，雙方僵持，妥協無望，激烈爭論時，拳不停揮，各以殺頭相威脅，至此學會完全停頓。舜生不得已，於該年春天，正式加入「中青」，開始投身政治活動。舜生自入中華書局工作始，因日處人文薈萃、圖書豐富之上海，研究近代史之興趣日濃。按自民國9年起迄15年止，先後撰有《近代中日外交關係小史》、《近代中英外交關係小史》、《辛亥革命史》諸

書，又輯刊《中國近百年史資料》初編及續編四冊。在近代史學者中，舜生可謂研究中國近代史之重要先驅。

15年秋，得書局資助，赴法留學，除每週至巴黎大學上課外，復遍訪巴黎附近之名勝古蹟及博物館，藉以了解法國之歷史文化與藝術。其後《法蘭西新史》之出版，殆此行之結果也。16年8月，因長兄、二兄相繼病逝，乃束裝返國料理善後，事後仍回中華書局編譯所工作。17年至19年，國內局勢發生重大變化，國民革命軍北伐統一中國，建都南京，內亂外患紛至沓來，舜生在滬除經常為《醒獅》撰時評外，並為《長夜》、《長風》月刊撰論。

四、反共抗日與國民黨合作之奠基

18年春，舜生襄助李璜辦「中青」黨務學校「知行學院」，以培育訓練幹部人才，並任教授。19年7月，共黨在長沙暴動後，國人方忙於內戰，未免忽略防共，舜生乃與陳啟天創辦《劃

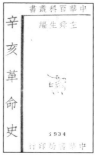

《辛亥革命史》（1934年）

共》半月刊，呼籲國人注意共黨活動，尤以專門報導湘、鄂、贛三省共黨燒殺之慘狀，以警醒國人。民國20年「九一八」事變爆發，國難方殷，舜生與陳啟天又於滬上創辦《民聲》週報，主張對日作戰，鼓吹「停止內爭、一致對外」，並發起「抗日急進會」，以利抗日行動之推進。

是年12月，復與李璜、陳啟天等參加熊希齡、馬相伯、章炳麟、沈鈞儒、黃炎培等六十餘人組成的「中華民國國難救濟會」，要求國民黨解除黨禁，進行制憲。次年「一二八」淞滬戰起，舜生辭去書局職務，在上海協助19路軍抗戰，兼在復旦、大夏等大學授課。暇時仍不忘國事，上海四十餘社團曾在「中社」集會，公推舜生及王造時為代表，北上敦促張學良、吳佩孚抗日。

舜生雖公務繁冗，尚主辦《申江日報》，鼓勵民心士氣，備極辛勞，不以為苦。是年國民政府於洛陽召集「國難會議」，舜生與曾琦、李璜等人受邀，因取消黨治問題與汪兆銘意見相左，拒絕參加。時章炳麟寓居滬濱，得友人介紹，舜生每週必往長談，縱論時局及革命史事，頗多前人所未發，對舜生之近代史研究裨益良多。民國22年5月，「塘沽協定」簽字，華北得暫相安，但黃郛之所為，時人多不謂然，責難甚厲。舜生則獨持異議，於23年春，乃撰〈時局諍言〉一文刊載於上海《時事新報》，署名「仲平」，對此一交涉經過頗表同情，認非難者不明當時情況，妄加批評，近於不負責任。

黃郛於津浦線火車上見及，心有戚戚焉！深受感動。至滬後即訪詢「仲平」其人，經沈怡告知為舜生，黃郛因此堅邀舜生赴莫干山與

之暢敘，此事對舜生日後與蔣委員長晤面及「中青」與國民黨合作有莫大之影響。

7月，蔣委員長駐節廬山，聽取各方意見，分別約見各黨派領袖及社會賢達，舜生亦赴廬山晉謁蔣委員長，開國、青兩黨聯合抗日之先聲。在赴廬山前，舜生為求慎重起見，曾先後分訪蔣百里及黃郛，以求對最高當局有深一層之了解，由此可見舜生臨事不苟之態度。舜生常告其黨內同志曰：「余代表青年黨與蔣先生見面，但求團體不失立場，個人不失身分。」其光風霽月之襟抱如此。24年春夏之交，舜生應邀至南京中央政治學校教課，講授「中國近百年史」及「近代中日關係史」。時日本侵華之勢已成，各黨各派人士團結禦侮，成為全國一致之矚望，舜生的應邀上廬山晤談，應聘到政校任教，自是當局與各界人士團結合作之表徵。

另該年7月，「中青」在上海召開第八次全國代表大會，舜生當選中央執行委員會委員長。會後，「中青」在舜生主持下發行《國論》月刊，並成立「現代研究室」，對團結禦侮的必要與步驟，時常有所發揮。是年孟秋，蔣委員長再度約晤舜生，論及團結黨外知識分子，似應有一黨內外交換意見之機構，以求得對日步驟之一致。舜生乃建議用「國民參政會」名義行之，蔣委員長表示首肯。25年夏，為求對日本有深一層的了解，舜生與崔萬秋曾有日本之行，旅日期間，與日本各界人士會晤結果，確認中日交戰，勢不可免，回國後即奔走呼籲國人積極備戰。

五、與蔣交換信函和參與「民盟」

民國26年春，蔣委員長為感謝曾琦在其西安蒙難期間之仗義直言；及兌現設立「國民參政會」組織之籌備，乃堅邀舜生與曾琦、李璜至奉化一敘，兩次長談，殊為歡洽。在對外一致的名義下，「中青」與國民黨保持密切合作，至是水到渠成。是年7月，國民政府邀約各方人士舉行「廬山談話會」。未幾，「七七」、「八一三」事變相繼發生，中國全面抗戰正式展開。舜生倡導成立「上海教育界戰時服務團」，發動大上海之人力物力，支援前線將士。

此外，政府為集中意志力量，特別設立「國防參議會」，會員約二十餘人，「中青」、「國社」、「中共」三黨均有代表參加，舜生與曾琦、李璜即代表「中青」出席。11月下旬，南京告急，搭江輪抵武漢，是時心中隱憂已生，即抗戰前途，無論勝負誰屬，必然兩敗俱傷，易為野心的第三者所乘。民國27年春，舜生在長沙創辦《國光》旬刊，繼而又在6月於漢口辦《新中國日報》，鼓勵國人發揮敵愾同仇的精神，堅定為國犧牲之決心。同年3月，中國國民黨在武昌舉行臨時全國代表大會，會中制定「抗戰建國綱領」，推舉蔣委員長為總裁，並決定改「國防參議會」為「國民參政會」，作為戰時最高民意機關。

這時，「中青」中央亦覺國難嚴重，必須支持政府，方能求得最後勝利。於是在4月21日，由舜生代表「中青」致書中國國民黨蔣總裁，表達與國民黨共患難的堅定信念。蔣總裁於24日立即覆函，懇切互勉。這次兩黨互相交換信函，不僅代表「中青」從此取得合法政黨

的地位，更象徵著舉國一致，接受蔣委員長領導，和衷共濟，救亡圖存，意義十分深遠。

以後「中青」之由共同抗戰而共同制憲、行憲，參加政府，堅決反共，始終支持政府，擁護國策，都是由舜生當時信中所稱「同人等睹目前之艱鉅，念來日之大難，僅有與國民黨共患難之一念，外此都非所計及，僅知國家不能不團結以求共保，外此亦無所企圖。」之同一信念，相沿而來。蔣委員長與舜生二函公布後，中外咸表歡迎，目為中國政黨合作之創舉。4月27日，《大公報》發表社論指陳此「於抗戰前途甚有利益，對內對外俱有良好影響」。近代史家沈雲龍也以為舜生此舉，對「中青」及對國家均有莫大的貢獻。

其時，蔣委員長為借重長才，曾囑陳布雷前往邀約舜生協助辦理「三民主義青年團」。舜生以另有黨籍，婉詞辭謝。同年7月6日，第一屆國民參政會在漢口揭幕，舜生獲遴選為參政員，並被推為駐會委員會委員。按國民參政會為抗戰期間之最高民意機關，對監督政府有相當作用。該年7月至翌年2月，「中青」認為在這個抗戰建國的艱鉅工作上，非發動民眾共同一致努力，不能收到圓滿的成功。而發動民眾，則非實現民主政治，不能使民眾自動自發的繼續犧牲毫無反顧。

因此，為了使作戰的政府建築在更廣大、更熱誠、更自動的同情基礎上，中國政治有更進一步擴大民主化運動之必要，國民參政會有更進一步設立各省縣市民意機關的必要。職是之故，舜生乃與曾琦、李璜、陳啟天等人提出「剋期設立省縣市參政會案」及「剋期成立縣參議會案」，為抗戰期中和抗戰勝利後，各省市縣民意機關之成立，及促進民主憲政奠下堅實基礎。

自27年至36年，國民參政會共舉行四屆十三次大會，舜生始終參與其事，策謀獻計，厥功至偉。是年8月初，「中青」召開第九屆全國代表大會，被推為常務委員兼主持宣傳事務。10月，國民參政會因武漢撤守，而遷至重慶，舜生亦跟隨到重慶，並與相識多年的黃竹生女士結婚。民國28年，《國論》在渝復刊，改為週刊，舜生仍主其事。9月，在參政會第一屆第四次大會中，偕同張君勱等提案，要求政府「結束黨治，立施憲政，以發揮民力，而利抗戰案」。同年10月，與曾琦、李璜、余家菊等人於重慶成立「統一建國同志會」，為拓展民主憲政運動而努力。

30年11月，舜生曾起草一重要提案：「促進民治，加強抗戰力量案」，經參政會二屆二次大會通過。其要點為：(1)抗戰終了後，即召開國民大會，制定憲法；(2)增強戰時民意機關組織與職權；(3)延攬各方人才，實踐「天下為公」之遺訓；(4)人民合法自

民國27年10月，國民參政會第一屆第二次大會於重慶召開，左舜生陪蔣介石步入會場

由予以保障。是年10月，舜生代表「中青」，與中國國家社會黨、鄉村自治派、農工黨、職業教育社等政治團體，合組「中國民主政團同盟」（以下簡稱「民盟」），被推為秘書長，負責實際盟務推進責任，並為政治綱領的起草人之一。

「民盟」成立之後，即提出對時局主張與政治綱領，創辦《民憲》半月刊，以為機關報，積極展開各種政治活動。據舜生後來在〈記民主政團同盟與延安之遊〉一文中，解釋「民盟」成立的動機說：

> 其直接動機，係由於政府將若干不必除名的參政員一律除名了，大家覺得與團結抗日的宗旨不合，與推進民主的政治也有不符，因此才發起這樣一個團體，以表示抗議。同時也覺得國共兩黨間的磨擦一天天趨於深刻，也必須有一個這種的緩衝力量，以保持對外陣容的一致。

由此可見，「民盟」最初成立之動機，尚屬純潔，其目的只是企圖於國共兩黨外形成一股第三勢力，進而形成一緩衝制衡力量，對於防制國共兩黨各走極端，或有相當作用。

「民盟」成立的最初一、二年，發展尚稱平穩，立場亦不偏不倚。其後由於「救國會」份子沈鈞儒、張申府等加入，成都、昆明等地支部又先後成立，活動範圍擴大，盟員也逐漸增加，乃隱然形成一股政治力量，在國際上也引起注意。基於此，於是好奇投機份子蜂擁而至，中共企圖利用作為工具的要求也逐步顯明。昆明支部羅隆基、曾昭掄等以為此一組織有「政團」二字，對於個人資格參加者頗

感不便，提議取消「政團」二字。中共及其同路人不僅要把「民盟」變成一個獨立的政治團體，而且還要加以操縱把持，使其成為中共的外圍，作為共同對付國民黨的意圖已昭然若揭。如此一來，舜生在力保不能，力爭不得的情況下，只有率領「中青」同仁宣布退出。「民盟」的出現為抗戰後期的政局造成不少紛擾，但舜生代表「中青」毅然宣告退出，則不啻是中共統戰策略的一大挫折，此事對後來的「政治協商會議」，以及制憲、行憲，都產生了連帶的影響。

六、延安之行和調解國共糾紛

民國34年，隨著對日抗戰逐漸接近最後勝利階段，中共蓄勢已久，全面奪權的行動也隨之展開，政府與共黨間的迴旋空間已越發縮小。為了對中共的實際情況求得進一步的了解，探尋有無緩和轉圜的餘地，7月1日，舜生與傅斯年、黃炎培、章伯鈞、褚輔成等六人以個人身分前往延安訪問。在深入實地訪問四天後，舜生洞穿明瞭中共根本不要民主，且絲毫不願妥協，而必欲以武力奪取政權的真正意圖已然非常明顯。因此返回重慶後，即轉告各方，毛澤東除去蠻橫之外，還加上一個無知，所有共黨大小頭目皆得一個「陋」字，決不肯開誠布公，共謀國是，故與共產黨的任何協商、談判均屬多餘。

此乃舜生之所以拒絕參加「政治協商會議」之由來，即對調停國共軍事衝突之工作亦認為多事也。11月，「中青」在重慶召開第十次全國代表大會，舜生仍膺任常務委員兼宣傳部長。民國35年1月，舜生返滬籌備《中華時報》及「中國人文研究所」，其後又恢復《青年

生活》半月刊，「中青」在戰後即憑此基礎與共黨展開思想鬥爭。5月4日，《中華時報》於上海正式創辦，舜生擔任首任社長，期間並與周謙沖、劉東巖等人組成「東南黨務復興委員會」，力圖重振黨務。

　　是年10月，馬歇爾來華調停已完全失敗，國民大會之舉行已無法久延，而國共武裝衝突卻如箭在弦上，於是第三方面人士包括「中青」、民社黨、「民盟」及社會賢達又在上海集議，思圖打開僵局，舜生亦投袂而起參與其事。10月21日，舜生與第三方面人士一行至南

民國35年11月，左舜生與留滬政協代表合影於吳鐵城寓所前。前排左起：張君勱、陳啟天、沈鈞儒、邵力子、周恩來、左舜生、郭沫若、李維漢、曾琦、吳鐵城。二排左起：黃炎培、楊叔明、秘書、章伯鈞、余家菊。三排左起：羅隆基、胡霖、蔣勻田、李璜、秘書。

京繼續商談，希望能尋一解決辦法，使中共方面也能參與制憲。不意中共方面對此早有決定，無論如何都要抵制，共方代表李維漢一開始且以蠻橫口吻恫嚇說：「誰參加國大，誰就是叛逆。」

舜生一聽這話，勃然大怒，拍桌站起來喝道：「青年黨一定參加制憲國大。」在座的莫德惠、胡霖也極為不滿，不約而同的起身斥責：「參加國大何以就成叛逆？叛誰？叛誰？」大家遂不歡而散，中共自此決裂，「民盟」當然也尾隨而去。李璜後來在舜生逝世的追悼會上憶述這段經過時，雖已時隔二十餘年，遙想舜生當年意氣風發，大義凜然的形貌，仍為之欽敬不已。

11月，制憲國民大會揭幕，舜生代表「中青」發表談話，嚴申參加制憲國大之理由與立場。並堅持必須依照「政治協商會議」決定的制憲原則。而政府與國民黨亦能秉持大公無私的精神，坦然接受，制憲工作也因此順利完成，翌年元旦即告公布，定期實施。

民國35年11月，左舜生攝於南京制憲國民大會

七、參加政府與寄寓香江

　　行憲之後，政府為擴大基礎，成立
了聯合內閣。民國36年5月16日，舜生
由「中青」中常會推舉參加政府工作，
任農林部長。在張群、翁文灝、孫科三
位行政院長任內，擔任了一年八個月。
任職期間他對散布各地的附屬機構經常
前往視察，不斷加以鼓勵，並協助解決
困難，爭取建設經費，若干規畫，如全
國性的「糧食增產計畫」，部分且已付
諸實施；此外重要農產品如桐油、茶
葉、蠶絲、豬鬃等，均訂有獨立發展
計畫，棉花的增產與改進，已有顯著
成績。

左舜生擔任農林部長來臺視察與陳儀
（右1）合影

　　另外，土壤調查與肥料運用，亦
在積極進行；在南京建一「首都農具製
造廠」已開始生產。對若干研究實驗機
構，更設法增加設備，充實內容，惜因
時間太短未能盡展抱負。37年春，當
選行憲後第一屆國民大會代表。38年
4月，自滬來臺，後因考慮研治現代史
的需要，在香港搜集、研究史料較為容

民國55年9月，左舜生於國民大會演講
神情

易，乃於9月赴港定居。抵港後，先創辦《自由陣線》週刊，重新樹起反共旗幟，稍後又與友人合辦《自由人》三日刊，均以揭批中共罪惡，分析國際問題為主，間也對政府提出諍言，其鴻文讜論深受海內外矚目。

43年春，由港返國，出席國大第二次會議，當選為大會主席團主席，旋受聘總統府國策顧問。冬，出任光復大陸設計委員會副主任委員。45年4月，任中華民國各界日本親善訪問團團員，赴日訪問，對中日問題常懷殷憂，乃勤習日文，以期加深對日本之了解。46年，受聘新亞書院講學。翌年，與港九反共人士創辦《聯合評論》。49年，因法理問題，甘冒大不韙和七十二人聯名，反對蔣總統第三次連任，曾引起不小的波瀾，所幸當局知其用心良苦，未行深究，尊重信任如故。

民國51年9月，離港赴美作為期四個月之訪問，由舊金山而紐約、波士頓、華盛頓，遍訪各地著名大學、圖書館、博物館，與留美學人、僑胞，及美國文教界人士，交換有關反共復國及學術研究上種種問題之意見。52年1月下旬，始由美返港。54年，應邀在清華書院講授中國近代史，並為高年級學生主講《史記》及《漢書》。55年，擬定讀書五年計畫，重點在治中國近代史與現代史，每年出書一種。自該年起，每逢夏秋之際，輒有臺、日之行。來臺目的之一為促成「中青」的團結；至歷次訪日之動機，乃有鑑於彼邦復興之速，欲了解其今後動向，究於吾人之反攻復國利害何如耳。

57年9月，返國晉見蔣總統，蔣總統表達請他出面全力促成「中青」團結的殷切期望，感奮之餘，開始多方面溝通聯絡，並於58年7月，與李璜回到臺北，共同促成了「中青」第十二次全國代表大會的

順利召開，完成全黨團結，並繼續膺任主席。返港後即因辛勞過度，舊疾復發，9月14日，復來臺，入榮民總醫院診治，終以年邁體衰，不能動手術，病情日重，延至10月16日晨，不治逝世。

綜舜生一生為反共救國、民主憲政、弘揚學術而奮鬥，五十年如一日，未嘗稍懈。為人則氣魄沈雄，剛正不阿；治事則條理細密，貫徹始終；好讀書，勤寫作，雖在顛沛流離之中，仍坐擁書城，怡然自得，洵當世一典型之書生政治家。

臨終遺言尚以三事勗勉國人：

(1) 抗戰時期，舉國對外，團結抗日，經過八年的艱苦奮鬥始獲勝利。今天局面之艱難，超過抗戰時期，為歷史所未有。面對當前的敵人，團結還不一定有效，何況不團結。

(2) 過去每逢大陸有什麼變動，有些人就責備政府又失去了一次反攻的機會。我個人從來沒有做過這種責備，因為反攻復國是需要許多條件配合的，這是有關國家生死存亡的大事，豈能放言高論。我們應該共同努力，造成可戰之勢。至於何日開始反攻行動，應聽候最高統帥的決定。

(3) 建設要處處以人民利益為前提，民心向背是勝敗關鍵所在，只要民心歸趨，即使洪水猛獸如毛共者，我們也可兵不血刃的戰勝他們。

一片老成謀國、苦心孤詣之衷，溢於言表。

八、史學思想特點及其貢獻

舜生之思想，除畢生服膺國家主義外，最值得一提的是他的史學思想，舜生的史學著作，可謂集中於近、現代史方面。舜生對近代中國史料至為嫻熟，此大抵與其任職中華書局有關，兼且參與民國時期之政治活動，自能與中國當代賢豪相交結，故對近、現代史上人物之為人、學問及行徑瞭解甚多。

就內容而言，舜生之史學思想著重於史事、人物傳記及史料介紹三方面。以史事而論，《中國近代史四講》一書，最具代表。此書著眼於光緒21年（1895）至民國元年間史事之發展，其理由乃：

(1) 中日甲午一戰，促成我國政治和文教改革運動，並引起其後六十年之動亂。

(2) 自甲午至清室覆亡之十六年間，變動頻仍，最為動人，充分呈現民族活力，最能觸動史家研究之動機。

全書共分四目，包括第一講：甲午戰爭，以中、日、韓三國關係為脈絡而加以論述；第二講：戊戌維新，以康、梁、譚嗣同、黃遵憲及嚴復等人生平為骨幹，藉此論述湖南維新運動及戊戌時期政教改革；第三講：庚子拳變，縷述事變之起因、經過、影響及結果，又詳述因拳變影響而產生之東南互保、俄國佔領東北及唐才常自立軍起義等三事件之始末；第四講：辛亥革命，此講為舜生前此《辛亥革命史》一書之增訂，除縷析事件起因、經過及結果外，對於兩湖革命著墨尤多。

就近代人物而言，其所介紹之人物、時間，主要集中在維新、革命及民國時期，而後者多為舜生所相知、見知以及交往之知名顯赫人物，如王光祈、曾琦、章炳麟、楊度、陳布雷及蔣介石等。

就人物地理分布，遍及川、湘、江、浙、閩、粵各省，而獨鍾情於湘省人物，此大概與其原籍湖南有關，因此譚嗣同、宋教仁及黃興三傳之撰寫，最為翔實。

若論及史料，舜生以對太平天國、義和團及辛亥革命史料之述評最多，舜生由於任職中華書局編輯，對於民國時期出版之史料相當熟悉，如曹亞伯《武昌革命真史》一書，即由中華書局出版而遭禁，該書之出版，舜生且參與其事。

此外，對於38年後，中國大陸出版有關史料，也每多述介及引用，並且認為其時「反共人士」否定大陸出版物之態度，並不可取。

最後，若以著述特點而言，約有下列五點可資一述：

(1) 舜生撰史，擅長史事敍述，其文字極為生動，大抵得力於早年研讀正史包括《史記》、《漢書》及《三國志》有關。

(2) 留心史實之考證，由於舜生留心近代史料，並且與當代賢豪每有過從，故對近代史事與人物建立新說。舉例言之，如由於與楊度相識，從楊氏口中得悉孫、黃初次相見，乃由楊氏引介，而非日人宮崎寅藏；如對劉達武所編《蔡松坡先生年譜》若干史事年序之糾謬；如對黃炎培關於吳樾炸五大臣時隸屬「同盟會」之更正等。

《近三十年見聞雜記》

《萬竹樓隨筆》

(3) 注重人物研究，對近代史事之撰述，每每由人物入手，進而建構史事之全體，《中國近代史四講》中「戊戌維新」一章，即為顯例。

(4) 注重湖南史事及人物，舜生雖然自覺不宜過度強調地域觀念。然其文章，每每對於湖南在國史上之地位，對於近代湘省人物均用心研究，多所述評，省籍地緣觀念，對舜生之影響仍然不少。

(5) 評騭人物，尤能應用「知人論世」之原則，如以李鴻章、張之洞及袁世凱之事功來討論我國近百年變局。

近人唐德剛在其討論當代中國史學時，曾對傳統中國史學一派之特徵，提出接受傳統儒家觀念；重視「人治史學」；強調「英雄造時勢」；及以通史為主的泛論史學和注意小考證等三點。

若取之與舜生著史特點相較，可佐舜生之著述仍未能脫離傳統中國史學之格局。

綜合而言，舜生生於近代中國內憂外患之時代，投身急流，難於勇退。觀其一生經歷，顯然徘徊於政治與學術之間，各有所顯亦各有所限。

就其從政而言，其初正如李璜所說，並「不熱心作一個政治家」，其後由於外患日亟，激於愛國心而被捲入漩渦。自加入「中青」後，活動日多，然「中青」以書生集團起家，欠缺實力，自難與國、共兩黨相比，原因在於先天不足，而後天又無外援；舜生參與其間，自然難成豪雄。

唯一足稱者，乃舜生於抗戰前夕，以「書生論政」竟然受知當局，於民國27年，促成國、青兩黨合作，從而導致其個人得以因緣際會，官拜部長。於其逝世前夕，又成功地促成在臺「中青」之團結工作。故舜生在政治上扮演「協調」角色之貢獻，應可肯定。

就學術而言，舜生早年用心中國近代史，成為我國近代史研究先驅者之一。然其注意史學，主要仍以經世及教學為鵠的，兼之日後從政，自難於學術上有所發揚。

另一方面，舜生雖勤於著述，產量豐富，文史兼備，而以中國近代史及人物為其著述重心。然其著述均為散篇成書及課堂講義，撰述動機，多為稻梁謀，此即「以腦養胃」，自難望其專精，此亦吾國知識份子於動盪時代之悲劇也。

就其史學造詣而言，舜生早年教育，仍以國學為主，故其史學素養深具中國史學之特質，未能從事以「問題」為中心的專題研究，其

史學成就，以當代史學界標準觀之，自有所限。觀其晚年力作《黃興評傳》一書，李雲漢評其本文無甚新奇之處，堪稱允當，由此可見。

不過舜生於五、六〇年代，避難香江從事教學，努力以中文從事撰述，懷古論今，讓中國歷史與文化，能茁壯南方一隅，使香港華人社會與中國文化母體尚能血脈相連，準此而論，舜生倒是有其功不可沒的貢獻。其一生除是政治家、史學家外，尚具文學家之特質，其文一如其人，簡潔精鍊，斂氣於骨，奔放而有力，自然而壯麗，蓋深得陽剛之美者。

曾出版的專書有：《中國現代名人軼事》、《近三十年見聞雜記》、《遊記六篇》、《反共政治論文集》、《萬竹樓隨筆》、《中國近代史四講》、《中國近代史話》初集、二集、《文藝史話及其批評》、《黃興評傳》等十餘種，未出版者尚有〈宋教仁評傳〉、〈梁啟超的生平及其思想與著作〉數種。

嶙峋風骨的李璜

一、前言

　　一向列為青年黨三傑「曾、左、李」之一的李璜，於民國80年11月15日，病逝臺北。消息傳來，在眾人稱羨年近期頤、福壽全歸的同時，也不無些許遺憾。畢竟以他豐富的生平，偉碩的志業，在當今海峽兩岸社會中，已十分罕見。他的逝世，不只是青年黨的損失，也是國家的損失。

　　尤有甚者，斯人辭世不僅是個人的物化，而且是代表一個時代的結束。因為曾琦、左舜生、陳啟天、余家菊、何魯之、常燕生、李璜等七人，一向享有「中青七老」之譽，前述六人早已物故，只剩李璜碩果僅存。如今這位終其一生為青年黨奉獻犧牲的人物，終於由創造歷史走入歷史。以他在中國現代史上所扮演的角色來看，他堅持理想的知識份子風骨，對政黨政治的抱負，及以民主和科學的理念為職志的書生氣節，頗多

45

可述之處。尤其作為一個政治領袖及政治性的知識份子而言，李璜有其特別值得推崇的一面。

李璜雖然鼓吹國家主義的理想，卻未因此淪為偏激的右派極權主義者，也未流於教條主義者，而陷入武斷式的「理想主義」的陷阱。這個陷阱是二十世紀以來，多少西方及中國的知識份子所難以超越的。李璜可貴的地方，在於他具有中國傳統士大夫階級所講求的倫理氣節，且又具備當今世界政治人物所特有的民主及觀念。但他一生的遭遇，對其理想而言，則是失敗的。他這一生，或可供後人由探討而檢視知識份子在現實政治中的悲劇命運。

二、家世與早年求學過程

李璜（1895-1991），別名幼椿，號學鈍，黨號八千，一曰伯謙，清光緒21年（1895）正月14日，生於四川省成都市。先世自陝西涇陽（一說三原）徙川，父李春舫為人厚道，在成都設

民國36年，郎靜山為李璜攝於上海

廛經商，頗稱殷實。母車氏，原籍廣東客家，勤儉持家，相夫教子，家勢日上。李璜天資穎悟，8歲啟蒙，由父敦聘一秀才先生教授《四書》、《五經》。唯時已廢八股，兼以教師才學有限，故所授之課不為李璜所喜。光緒31年秋，清廷下詔廢科舉，李璜因苦於制藝，乃脫離舊學，入英法文官學堂肄業，其間深受業師裴鳧川之賞識，裴氏教四史、文選、通鑑，兼講作詩，奠定其國學初基。暇時李璜遍閱羣籍，尤以嚴復翻譯之《社會通詮》、《法意》、《羣學肄言》等書對其影響頗鉅。嘗自言：

> 這類書比之我一向所讀書籍，可以說另是一番境界；雖然我其時對於外國文學與社會科學並不了解，然而總感到天外有天，理外有理，學不限於一國，師不只於常師，因此引起我出門求學的動念。

民國2年3月，李璜急欲出川求學，乃暫別父母，離蓉赴滬。旋即考入震旦大學，結識同學曾琦、左舜生、陳登恪等，並與他校學生魏嗣鑾、宗白華、周太玄、鄭伯奇等相往還，由是交遊日廣，對政治及國內外時事漸感興趣。其中尤以曾琦、左舜生二人，更是他日後政治事業奮鬥的堅強夥伴。5年春，李璜自震旦大學畢業，返鄉回川與王恩惠女士結婚，暇時自修法文，準備赴法留學。民國7年5月，友人曾琦自東京來函，邀赴北京，信中言及，日本處心積慮欲亡中國；中國此時，外患尚重於內憂，我輩必須喚醒國人注意日本侵華之舉，共同

反對北洋政府與日勾結，職是，全國學生有必要組一團體（即「留日學生救國團」）與之對抗。

三、少中之夢和旅法活動

　　8月，李璜束裝匆匆赴京，適曾琦離京至滬，得曾琦函介故，識同鄉王光祈、陳淯二人。時少年中國學會（以下簡稱「少中」）已於該年6月30日，在陳淯、張尚齡、周太玄、曾琦、雷寶菁、王光祈，李大釗等七人策劃下，於北京順治門外嶽雲別墅張文達祠發起，其宗旨為「本科學之精神，為社會之活動，以創造少年中國」。9月，李璜加入「少中」，為「少中」早期會員之一。閒時助王光祈抄寫會務函件，在「少中」期間，結識中共早期領導人李大釗及毛澤東，唯據觀察所得，對此二人印象不佳。是年12月15日，李璜離京至滬，未幾即赴法留學，行前草〈留別少年中國學會同人〉書，郵寄王光祈，函中極力批評俄國十月革命之殘酷、馬克斯階級鬥爭及「工人無祖國」之非，告誡「少中」同人，善為擇別，不可盲從，可謂國人反共之先覺矣。

　　民國8年3月5日，李璜抵法，入巴黎大學文科就讀。時值列強召開「凡爾賽和約」之際，因該會與我國收回山東權益及國人希冀藉之取消不平等條約關係甚大。本於愛國之情，又恰逢好友周太玄亦從滬至法京，乃在「華法教育會」倡導者李石曾的支持下，於巴黎創辦「巴黎通訊社」。「巴黎通訊社」，每週發稿一次，寄予國內各報館，詳細報導「巴黎和會」之動態，並搶先向國人報導和會之第一手

消息，以提高國內之警訊，此舉對是年之「五四運動」影響頗深。10月，李璜因身體不適，乃接受李石曾勸，至巴黎南郊蒙達爾尼學農業，半工半讀，從事田間勞動，親身體驗勤工儉學的生活。

9年2月，李璜重回巴黎大學攻讀歷史及社會學，後因受李石曾託，至馬賽照顧勤工儉學生，此批學生多人後來均成為中共要角，如蔡和森、李富春、李立三（其本名李隆郅）、李維漢、劉清揚、蔡暢、向警予，及較年長的徐特立；川籍中則有陳毅、李合林、謝澤沅、聶榮臻、鄧小平諸人。由於勤工儉學瑣事繁多，無法安心上課，李璜乃復轉至法南蒙白里葉大學就讀，受業於拉戈底葉（P. Lacodier），專研哲學及法國文學史。10年秋，李璜胞姊李琦來法學西畫，遂重返巴黎，再回巴大，姊弟在巴黎拉丁區賃屋而居，朋友常為座上客者有徐悲鴻、蔣碧薇、陳登恪、周太玄、李劼人、陳洪、常玉諸愛好法國文藝之同學。重回巴大後，李璜重新研讀社會學，同班聽講者有周炳琳與許德

民國8年，李璜留學法國創辦「巴黎通訊社」時留影

珩。暇時尚與周太玄合編《少年中國》月刊。是年6月，李璜與周太玄在《少年中國》月刊第三卷第一期〈宗教問題〉專刊中，首先揭櫫反宗教之先聲。李璜不僅鼓吹反宗教運動，而且還呼籲「少中」拒絕任何有宗教信仰者入會，態度之堅定，若論二〇年代的反宗教運動，可謂前驅。

此外，因鑒於教會勢力在華之膨脹及國內教會教育之興盛，為挽救國家教育及收回教育權，李璜於12年夏，約同在英國研究教育哲學的余家菊，在巴黎合著《國家主義的教育》一書。其書旨在主張教會不能以教育為其傳教的工具、不能違背我國家教育立國之宗旨、不能在本校內排斥異端，而有妨害自由思想與自由講學之行為。最後要求國內所有的教會學校，均須向我政府立案，由教育部、教育廳加以監督，校長由中國人擔任、教授不得專限於外國傳教士，應多禮聘中國人膺之。此書發行後，果然引起當時教育界、知識分子之注意與討論，於是乃有「國家教育協會」的誕生，而收回教育權運動亦隨即展開。民國12年5月，山東臨城發生孫美瑤劫車綁架案，內中有外人數十位，案發後，西方輿論大譁，列強主張共管中國鐵路，法國巴黎各報更是誣中國為「匪國」。李璜有見於此，憂心忡忡，急謀對策以應之，乃自巴黎速電在德之曾琦，告知此事，並囑返回巴黎商議對策。

曾琦由德返法後，6月2日，決心發起「旅法各團體救國聯合會」，到會者除曾琦外，尚有黃仲蘇、陳登恪、周炳琳、許德珩、何魯之及李璜。7月3日，曾琦於《先聲週報》發一通告，擬發起各團體代表大會，屆時參加人物除「少中」會友外，尚有胡國偉、張子柱、周恩來及徐特立等人。7月8日，開籌備大會，15日，在巴黎社會博物

館大廳召開「旅法各團體聯合會」成立大會，惜會中因共產份子鬧場，不歡而散。隨著中國共產黨旅歐總部的成立，中共黨人在歐洲甚為活躍，兼以共產主義正在迷惑青年，如曾琦所最器重之趙世炎、李合林等人，居然不聽其勸告，而加入共產黨。故李璜在痛心之餘，知無嚴密之組織，鮮明之主張，不足以對付禍國之共產黨，乃佐曾琦於12月2日，在巴黎郊外玫瑰城共和街，建立中國青年黨（以下簡稱「中青」）。並旋即以胡國偉之《先聲週報》為喉舌，以國家主義、全民政治為號召，與共產黨之《赤光》展開筆戰。李璜亦在其上撰寫闡明國家主義與民主政治之鴻文，駁斥共黨謬論。從此兩黨間之思想及行動之鬥爭，無有已時。

李璜與余家菊合著《國家主義的教育》

李璜攝於青年黨創黨之處巴黎玫瑰城共和街

四、返國任教與從事政治活動

民國13年，李璜獲巴黎大學文科碩士，4月20日，「中青」在巴黎召開第一次全體黨員大會，到會者五十二

民國14年，回國任教於武昌大學時

人，選舉中央執行委員，曾琦任委員長，李璜被選為外務部長。其時旅歐共產黨人多已回國活動，曾琦為謀與之對抗，亦謀回國發展黨務，乃偕李璜、張尚齡同行，兼程返國。回國後，是年10月，李璜在余家菊推薦下，應國立武昌大學之聘，講授西洋史，主講歷史學，以社會學之觀點說明人類文化之演進，為歷史教學開闢新途徑。同事中有「少中」會友方東美、余家菊、謝循初；另有楊振聲、薛德洊等人，共產黨人則有李漢俊。

10月10日，曾琦在滬創辦《醒獅週報》，本愛國、民主、反共、反俄之主張，向當時日漸流行之國際主義、階級鬥爭、一黨專政之逆流挑戰，一時風氣略轉，各地愛國團體紛紛成立。李璜除在「武大」任教外，並常向《醒獅》撰稿，助曾琦一臂之力，發揮國家主義之理論思想，有名的〈釋國家主義〉一文，即此時之傑作。民國14年2月，李璜受曾琦託，專程赴北京謁中山先生，欲勸其打消「聯俄容共」之念。唯中山

先生此時已病入膏肓，行將不治，只由李石曾、張繼引導，見中山先生於病榻一面，且首次晤汪兆銘。

「武大」教書期間，李璜不忘宣傳國家主義及民主政治，曾號召學生組織國家主義研究會，名曰「國鐸社」。「五卅」慘案後，「國鐸社」同志更是四處活動，吸收同僚，宣揚「內除國賊、外抗強權」之主張，深獲時任武昌私立中華大學校長陳時與陳啟天、余家菊等人之同情，並援引胡雲翼、楊作衡等人為同志。其後，李璜更將「國鐸社」擴充為「中國國家主義青年團湖北團部」，為「中青」第一個次級組織。是年9月，李璜接受北京大學聘，至首善之區，全國學生活動之大本營的「北大」歷史系任教。行前，曾琦特囑咐李璜，除認真教書外，更要在北京從事「中青」的組織活動。

果然李璜一至「北大」，即與當時國家主義團體「國魂社」接觸，網羅諸多優秀大學生如夏濤聲、林德懿、譚伯揚、林炳坤、劉天樞、廖虹甫、龔從民、謝承平、紀清漪、譚慕愚、陳翰珍、樊柏山、林華、王師曾、易維精、陳价卿、陳諒叔、劉輝訓、宋益清、朱漢新、楊從仁、陳光泰等三十餘人，並擴編「國魂社」為「中國國家主義青年團北京團部」。「北大」教書之餘，為生活需要，李璜又至北京中法大學兼課，教授法文，學生中有日後共產黨聞人陳毅。11月28日，李璜與朱家驊、李書華、李宗侗、邱椿、沈兼士、林語堂諸人，率眾參加「關稅自主的國民運動」示威。

又民國15年3月10日，適蘇俄虐待華僑之訊傳來，李璜與張真如、邱椿、常燕生、袁守和、羅隆基、聞一多、彭昭賢、徐旭生諸友召開「反俄援僑大會」以為聲援。會中李璜被推為主席，率國家主義

青年團與左派分子一較長短，雙方展開流血衝突，震驚一時。「反俄援僑大會」後，是秋，李璜南下至滬，9月，受成都大學聘，與曹四勿、羅沅叔、吳君毅四人由滬到川，11月，正式到「成大」與高師上課，擔任課程為社會學與教育學二門。上課之外，復負責整頓「中青」在成都黨務，除加強「中青」外圍組織「愓社」在四川發展外，並積極物色各重要人物，潛入各階層活動，成立「中國國家主義青年團四川團部」，兼亦周旋於各軍閥劉湘、鄧錫侯、田頌堯、劉文輝間，安插人物，伺機展佈。

16年3月，國民黨武漢政府下令通緝國家主義分子，並四處張貼「捉拿李璜」標語，既被列為「反革命教授」後，李璜乃離蓉至川北一帶視察黨務，發表演說，訓練青年，組織民眾，歷四十餘日。時南京政府實行清黨，是年8月，因「中青」主席曾琦被捕，幸得王寵惠助力，遂保釋避往日本，「中青」領導無人，上海「中青」總部急需人坐鎮，李璜遂冒險抵滬，主持黨務。其間，經金井羊介紹，結識張君勱，並偕同在上海創辦《新路》雜誌，鼓吹民主政治，反對當局之訓政說及一黨專政，並為文提出警告，共黨將以散亂的暴動，形成大規模的總暴動，且終將引起全國糜爛而不可收拾，促國人注意之。

民國17年夏，李璜在張禹九推薦下，得晤胡適、潘光旦、徐志摩、劉英士、梁實秋、邵洵美等「新月派」人士，雙方往來頻繁，相見甚歡。而「新月派」之抨擊訓政與主張人權說，亦多少有與《新路》唱和之意。是年李璜又銜曾琦命，赴廣西活動，交遊於馬君武、白崇禧、黃紹竑間。年底往天津，問候梁啟超，並促其出來領導在野黨。18年春，李璜有感於黨務人才培育之重要，乃於上海英租界威海

衛路手創第一所「中青」黨務學校，名
為「知行學院」，自任院長。並禮聘張
君勸、張東蓀、梁實秋、潘光旦、羅隆
基、諸青來、常燕生、左舜生、張尚
齡、胡哲敷、鄧孝情等一流學者專家任
教，所訓練之幹部，以後均為「中青」
之主力分子，可見此一學校影響之鉅。

　　9月，為增強北方黨務，李璜乃將
「知行學院」事交與陳啟天負責，開始
視察華北、東北黨務。所至之處多勗勉
各地黨員加強組訓工作，提高衛國觀
念，對於就讀東北講武堂及馮庸大學之
軍事同志，更多所激勵，勉為將來干城
之選。期間曾晤張學良、馮庸諸人，
承允相助，使得「中青」在東北黨務
拓展甚速。

五、抗日聲中的救國之舉

　　19年9月，回川。20年2月，又至
上海，4月，北行赴晉，晤趙戴文、閻
錫山。迨「九一八」事變起，東北淪
陷，12月，偕同左舜生、陳啟天等參

《新路》封面（民國17年）

民國21年，「一二八」上海抗日時
之翁照垣

加熊希齡、馬相伯、章炳麟、沈鈞儒、黃炎培等六十餘人組成的「中華民國國難救濟會」，連續發表宣言，申述自己的主張。他們認為招致日本帝國主義侵略的重要原因之一，是「國內一部分人之集團，標榜黨治，掌握政權，自屬於統治階級，而無視大多數國民之國家主人地位」。他們要求國民黨，立即解除黨禁，進行制憲。

民國21年，「一二八」事變踵至，19路軍及青年黨同志翁照垣旅奮起抗日，國難嚴重。李璜於4月離開淞滬，旋即北上組織東北義勇軍請纓抗日。其時政府召開「國難會議」於洛陽，邀李璜參加，拒之。北上後，李璜與王師曾、王慎盧、王捷俠等「三王」及東北講武堂學生同志兩百餘人，組織學生隊伍，出關抗日，並支持苗可秀在東北的抗日義舉。該年底，因與于學忠有舊，熟識東北軍將領多人，李璜乃薦介翁照垣與張學良，得張學良允諾，推翁照垣為東北軍師長，事妥，李璜速遣侯曜至港促翁北上。22年1月，張學良正式委翁照垣為陸軍第117師師長，駐軍南苑；麾下團營長多為青年黨員。

其時，日寇猛攻熱河，東北軍紛紛被迫退入長城各口。3月，政府鑒於山海關、九門口棄守，冀東遭受嚴重威脅，南京當局見局勢可慮，派何應欽北上督師，同張學良抵禦日軍。未及旬日，張學良辭去一切職務，乃改任何氏為軍事委員會北平分會代理委員長，負軍事全責，重新部署。時冷口守軍商震部，兵單力弱，遇敵即潰，移防遷安、盧龍，平東情勢告急。何認為商震部屢退，萬福麟部又難任艱鉅，乃命翁照垣速赴前線，翁與李璜商妥，旋即開拔赴平東安山車站；一面堵截敵人自榆關而來之一線，一面再與商震部會師盧龍。4月，日寇果以飛機偵察，砲轟遷安，彈炸盧龍。翁本人往來於安山、

盧龍間，下令所部，不管轟炸如何厲害，務必向前猛進，接近敵人，與之肉搏，戰況激烈，犧牲慘重。

但翁部仍不退卻，續與敵相持於灤河上游左右兩岸。後敵轉移陣地，攻擊古北口、黑峪關一帶，戰況緊急，翁部獲悉，星夜馳援，與宋哲元、徐庭瑤等部並肩作戰，直至5月，敵佔平東，停戰之議遂起。軍分會既調翁照垣師殘部回南苑整補，李璜乃赴天津晤曾琦，談及政府妥協之非計，勢必使翁部立不住腳及義勇軍之抗日歸於失敗，言來不勝唏噓。是年5月，當局與日本簽訂「塘沽協定」，協定以我軍民在其北平內及外圍撤退地區，不得再事所謂一切挑釁擾亂之舉動，且允許日軍得隨時用飛機或其他方法視察中國軍撤退情形，中國方面應行保護並予以各種便利。至此，以李璜為首的青年黨及在野的抗日派，遂成為政府軍與日本軍妥協後合作打擊的主要對象。時風聲甚緊，翁照垣遭解除117師師長職務，李璜以係義勇軍首領故，亦成為逮捕捉拿的要犯之一，幸得胡適之助，於6月微服逃出，離平赴津，送翁南歸，暫時息影青島。

六、協助勦共和積極抗日

8月，以四川鄉紳及曾琦催，李璜由濟南回川轉往成都，繼續從事黨務的發展。9月至蓉後，隨即晤尹昌齡、邵從恩、張瀾、劉豫波諸人，共商圍共剿匪策略。李璜主張習曾、胡對付太平軍之法，組織民眾，堅壁清野，使共軍對於壯丁與糧良均無所獲，則共勢自不易擴張。其後在邵從恩設計下，成都士紳自組一「四川省安撫委員會」，

推尹昌齡為委員長，邵從恩、張瀾為副委員長，委員有李璜、劉泗英、盧作孚、何北衡、周道剛、劉成榮等人，此「安撫會」對參加四川剿共及抵禦朱毛西來，貢獻良多。

唯因劉湘戰術錯誤及川中軍閥不能團結一致，剿共工作終究仍功虧一簣。23年底，共軍西竄至川東，川省震動，紛派代表赴中央請求支援，「安撫會」亦作成決議，擬派李璜赴贛見蔣。9月19日，李璜由蓉搭機飛贛，由楊永泰導引，23日晤蔣，陳述川事，並請中央協助。蒙蔣允為即行處理，並邀其參觀江西剿共軍事設施及收復之區域，事後李璜撰《江西紀游》一書以記之。民國24年1月，因中央派軍事委員會參謀團入川，駐節重慶，指揮剿共事宜，李璜因不滿康澤等黃埔系「天子門生」之囂張行徑，復憎惡彼輩趨炎附勢之態，乃於該年10月，悄然離川赴平。

25年11月，「西安事變」前夕，由東北軍「中青」同志知悉，共黨向西安軍民各方滲透，謀「倒蔣抗日」活動甚力。為蔣安全顧慮計，27日，透過陳布雷安排，李璜至洛陽晤蔣，轉告曾琦對西安現狀之憂心，及請蔣宜特別小心。然蔣似不以為意，未幾旋有「西安事變」爆發。西安脫險後，26年1月，蔣有感於曾琦之厚意，乃電邀李璜、曾琦、左舜生至溪口晤談，李璜等人依約而往，暢談甚歡。6月，政府見日寇進逼不已，全面抗戰終不可免，為集中全民意志故，擬召開「廬山談話會」以凝結國是。7月7日，「盧溝橋事變」起，全面抗戰序幕為之揭開。7月15日，談話會開會，李璜與曾琦、左舜生與之。

　　8月，政府決定設立「國防參議會」，聘請各黨派及社會名流賢達為國防參議員，李璜代表青年黨，亦為其中一員。27年「國防參議會」改為「國民參政會」，李璜與曾琦、左舜生、陳啟天、余家菊、常燕生等六人代表「中青」參加。9月，參加「第三軍紀巡察團」，開赴武漢前方，巡察各地軍紀。28年3月，「國民參政會」成立「川康建設期成會」及「川康視察團」，由議長指定參政員十五至二十一人組成，分赴川康各地視察實況。視察重點以吏治、兵役、治安、民生四項為要，蔣議長特指定李璜兼任團長，黃炎培副之，負責考察一切業務。

　　10月，為推進抗戰時期的民主政治，李璜和左舜生代表「中青」與張瀾、章伯鈞、沈鈞儒、張君勱等人，在重慶發起組織「憲政期成會」，要求國民黨結束黨治，立施憲政，為促進抗戰時期的民主憲政運動，出力不少。此外，為了「中青」的生存及擴大民主憲政運動，李璜尚與曾琦、左舜生、余家菊也於同月參加了在重慶的「統一建國同志會」，該會為日後「民主同盟」之前身。30年10月10日，在野勢力為要求政府落實戰時民主及調解國、共紛爭，成立「民主政團同盟」（後改為「民主同盟」），李璜與曾琦、左舜生代表「中青」參加，被推為組織法的起草人之一。該年底，曾琦養病香港，李璜代其領導全黨，「中青」在川康兩省的基礎幾乎為李一手開創。

　　31年4月，李璜任國民參政會「經濟動員策進會」（後改稱「經濟建設策進會」）川西辦事處主任，負責徵兵、徵糧、募公債及協助政府實施經濟統制政策達三年之久，對日抗戰八年，四川之徵兵納糧以支撐大局，李璜居功甚偉。34年4月1日，李璜接受政府任命為中國參加舊

金山聯合國制憲大會十人代表團之一，25日，批准「聯合國憲章」，任務完成後，遍遊美國宣慰僑胞，年底返渝。

七、抗戰勝利後的政治活動

35年1月，因與曾琦意見相左，李璜未代表青年黨參加「政治協商會議」。10月，李璜代表第三方面，為調解國、共和談，前往南京，穿梭奔走，欲作最後之努力，惜失敗。11月15日，代表「中青」參加制憲國大，通過政協憲章。36年4月23日，國民政府改組，「中青」參加政府，張羣組閣，特任李璜為經濟部長，唯李璜知戰後中國面臨之問題，如和平統一問題、政治民主化問題、軍隊國家化問題等，實遠較戰時複雜且困難，兼以李璜與曾琦在「中青」是否參加國大及政府意見頗有齟齬之處，故態度消極而婉拒之。

同年10月，政府宣布「民盟」為非法團體之舉，李璜也頗不以為然，是以「中青」於該年召開的第十一屆全國代

民國34年，李璜簽署〈聯合國憲章〉

表大會，李璜遂拒不出席。此時李璜的立場觀點顯然與曾、左等人有相當的差距。37年戡亂形勢逆轉，4月，李璜蒙臺省主席魏道明邀，來臺一遊。11月，結束其在上海經營之「閩海漁業公司」，再度來臺，晤陳誠。38年2月，李璜重返四川，時共軍尚未入川，擬召集川西、川南同志打游擊，誓與共軍周旋到底。其後「中青」同志在西南戡亂戰役的英勇表現，如唐式遵、伍道遠的壯烈殉國均不無受此影響。

　　民國38年底，大陸情勢已不可為，9月，李璜自蓉飛港，杜門謝客，埋首書堆，翻譯寫作，依然書生本色。彼時因美國支持「第三勢力」運動，李璜亦參與之說，甚囂塵上。為避免無謂困擾，乃於40年夏，離港南遊，至北婆羅洲，棲遁七載，思考反省吾儕在大陸奮鬥多年，何以失敗？其失敗之根本原因為何？乃撰〈一個民族的反省〉以見志。是年5月，曾琦病逝美京華盛頓，青年黨分裂，至43年始漸次恢復團結。45年4月，「中青」制定「團結統一方案」，成立中央黨部，設中央黨務委員會，常務委員四十八人，以李不韙、陳啟天、左舜生、李璜及張子柱五人，依次輪值擔任主席。

　　47年，李璜回港，與左舜生及「民社黨」人辦《聯合評論》，並在珠海書院文史研究所、新亞研究所任教。50年，青年黨再度分裂，嗣經李璜、左舜生等人多方協調，「中青」得於民國58年7月，在臺北舉行第十二次全國代表大會，重行團結統一，李璜與余家菊、左舜生、陳啟天、胡國偉為主席。65年5月，李璜與陳啟天、余家菊復頒布辦法，成立臨時中央執行委員會，以整理黨籍，籌開第十三次全國代表大會。67年12月，美政府承認中共，李璜兼程返國赴難，以示堅定支持政府之意。68年7月，青年黨第十三次全國代表大會在臺

民國46年，李璜（左）與左舜生（右）攝於香港

《國家主義淺說》

北召開，修訂黨章，並選李璜及陳啟天為主席。69年，李璜偕夫人來臺就醫，遂定居焉。

72年11月，「中青」復召開第十四次全國代表大會，李璜仍膺主席，統一團結新中央，各方耳目一新。73年9月，獲聘為總統府資政，平日埋首寫作不輟，謀劃獻議，善盡國民黨諍友職責，其諄諄以告國人：(1)加強國家觀念；(2)推進民主法治；(3)制定政黨法，施行政黨提名制；(4)反對馬列主義，一黨專政。79年10月，受聘為「國家統一委員會」委員。80年9月9日，因病住進榮民總醫院；10月，受洗為天主教徒；11月15日零時，以黃膽病逝世，享壽97歲。

八、簡述李璜的國家主義思想

李璜的思想，除早年留法時，浸潤於法國思潮，頗有些許社會主義思想傾向外。基本上，終其一身，國家主義為其篤信不移的思想。關於國家主義，李

璜以為乃是一國國民對其國所特有的一定志願，此志願所呈現的真精神、真趨向。就原則上言之，凡足以恢復或表現國家的人格，凡足以振起或團結國民的精神，凡足以發展或豐富國民的生計，則國家主義的政策當期不遺餘力以趨赴之。就事實方面言之，國家主義的政策亦不過在安內攘外而已。

何故？其原因也很簡單，近代中國之所以積弱不振，基本上肇因於內憂外患頻仍，內有軍閥亂政，外有列強欺凌，處此局面下，除了安內攘外，別無他途。但是一個割據式、解體樣、一盤散沙般的中國，徒有國之名，而無國之實，如何去對付外侮呢？李璜認為當務之急，便非先從事建國不可。明白些說，要求中國能夠抵禦外患，即須先鼓動國民的精神而團結之，再打倒舊有的障礙而剷除之，如此才能夠實現全民政治；能實現全民政治，然後才能全國一致，整個的去抵抗強權，湔雪恥辱！本此觀點，李璜強調國家主義的建國方針為：(1)用教育的方法去建立中國國民的新信仰；(2)用革命的手段去推翻中國現有的惡勢力；(3)靠愛國的同情去實現全民政治的新國家。

這三點，第一層可算是精神上的建國，第三層可算是事實上的建國。不過由精神到事實，這中間非經過一個徹底的破壞不可！舊的不去，新的不來，國家主義的建國方針是絕對的內不妥協，外不親善，而是要靠有信仰的中國民眾，自己去殺出一條血路來。而此條血路即曾琦所稱的！今日而言救國，莫要於養成國人共同之信仰———國家主義；規定國人共同之目標——排除國賊、外抗強權；陶鑄國人之共同理想——全民政治；抉擇國人共同之手段——全民革命；先為普遍之宣傳，繼為熱烈之運動。就此而言，「中青」的國家主義，實意指

一套建國運動的主張，它包含了運動的理論基礎——國家主義；運動的手段——全民革命；以及運動的終極目標——全民政治。職是之故，國家主義運動的理論，指的就是包含上述三項過程與內容的建國運動。

而此乃「中青」在革命時代的宗旨真義：「本國家主義的精神，採全民革命的手段，以外抗強權，力爭中華民國之獨立與自由，內除國賊，建設全民福利的國家。」李璜以其豐富的學識，敏銳的眼光，縝密的思慮，可說為「中青」的國家主義，營建了一套足與和三民主義及共產主義對抗的政治理論思想。

民國62年，李璜在凡爾賽宮大門前廣場留影

書生報國的陳啟天

一、堅實的啟蒙教育

陳啟天（1893-1984），字修平，譜名聲翊，筆名翊林、明志，別號寄園，黨號旡生。湖北黃陂人，清光緒19年（1893）癸巳9月9日，生於黃陂北鄉魯班山陳牌樓榨屋。祖見山、父子俊，均習舉子業，書香世家，望重鄉里。母李太夫人清心，勤儉持家，教子極嚴，啟天一生言行，多由家庭教育植其基。

啟天7歲入塾，從堂兄鳳梧先生課讀《三字經》、《四子書》、《易經》、《尚書》及唐詩。後又從周吉臣受業，習《五經》，兼學作文。光緒30年，改從堂兄伯明先生習策論、書法及制藝，奠定國學初基。光緒31年，以新式學校興，乃赴武昌，入湖北高等農務學堂附屬小學就讀，開始接受新式教育。光緒32年，轉學至道明高等小學，堂長雷尊吾、教師閔文卿、姚幹卿諸先生，皆鄉中一時之選；其後同學較顯於世者有余家

菊、任啟珊等人。道明學風純樸精進，對啟天一生甚有影響。

在校期間，啟天勤學用功，舉凡《古文觀止》、《古文辭類纂》、《曾文正公文集》等書，無不遍覽殆盡。宣統2年（1910）春，考入湖北高等農務學堂附屬中學農科肄業。翌年，武昌首義，學校停辦，不得已乃輟學投筆從戎，由鄂隨軍入贛，進駐南昌，不久南北統一議和，退伍還鄉。民國元年秋，入武昌中華大學政治經濟科，該校為陳蔡平及其子叔澄（時）所創辦，聘名儒劉文卿為學長。文卿先生雅有作育人才之意，好講陽明之學，啟天與之學，略悟致良知及知行合一之旨。嗣後啟天獻身教育文化事業乃至革命救國運動，即知即行，義無反顧，實深受文卿先生之啟發與陽明學說之鼓舞。

啟天在中華大學，刻苦攻讀，尤精研憲法；對當時出版之新書雜誌，涉獵殆遍。良師益友之啟迪，裨益尤深，同學中較有往來的有任啟珊、陳伯康、吳仲行、阮子印、熊國英、余家

青年時期的陳啟天

菊、惲代英、梁紹文諸人。民國3年，啟天撰〈論約法會議〉一文，投稿於《大中華雜誌》，抨擊袁世凱停止國會行使職權，另行設立約法會議，制定新約法，以便總統集權之不當。4年，啟天自中華大學畢業，因感學問尚不足以應世，乃居家潛修一年，靜坐自省，遍讀諸子百家、佛學、國學等名著，並閱及當時有關政治、社會主義之譯著，偶有所得，則載諸日記，或投稿《東方》等雜誌，寫作興趣漸養成焉。

5年2月，與同邑汪彬女士結婚。夏，應同學任啟珊邀，教讀於漢口民新學校。6年秋，同學惲代英約啟天至中華大學，教中學部國文、法制經濟及專門部憲法等課，同事有余家菊、冼震、熊國英等，該年啟天並編撰〈新憲法學〉講義，以為教材。8年夏，以未學教育而為師，未免自誤誤人，因有專攻教育之志，乃於暑假，往考南京高等師範教育專修科，以取入國文史地部未就學。

二、加入「少中」廣結益友

是年秋，王光祈自北京來鄂，介紹惲代英、余家菊、梁紹文與啟天入「少年中國學會」（以下簡稱「少中」），致力學術研究與社會活動，從此交游漸廣。時「五四運動」及新文化運動由北京波及武漢，啟天亦相率響應，指導學生活動，創辦定期刊物，於是中華大學遂一時成為武漢新文化運動之重鎮。年底，因言論激越，為老成所不滿，乃離開中華大學。民國9年春，在武昌文華大學教國文。夏，赴南京入暑期學校，並考取高等師範教育專修科，以應湖南第一師範之聘，

又未入學。秋，與余家菊同赴長沙就職第一師範，同事者有匡務遜、熊夢飛、沈仲九、夏丏尊、舒新城等人。暇則投稿《中華教育界》及《少年中國》月刊。

10年春，啟天離開湖南第一師範，赴南京高等師範教育科肄業（民國12年改為東南大學）。校長為郭秉文、副校長劉伯明，教育主任陶行知，教授有陸志韋、廖世承、徐則陵等人。同學有吳俊升、凌純聲、倪亮、侯曜、古楳等二十餘人，皆來自各省，類多好學之士。且因「少中」故，啟天亦多與其「南京分會」會友遊，交往較密者有邰爽秋、王克仁、曹芻、倪文宙、金海觀、方東美、劉衡如、李儒勉等人。

民國10年7月，陳啟天與「少中」第一屆大會二十三位會員於南京高等師範學院梅庵下合照。後排右起：陳啟天、黃日葵、陳愚生、沈怡、趙叔愚、鄧中夏及左舜生

是年夏，參加「少中」第一屆南京年會，並經常投稿《中華教育界》月刊，多本民主主義立論，蓋受杜威學說之影響也。11年夏，再赴杭州參加「少中」第二屆年會，時年會共產黨人鄧中夏、黃日葵、高君宇、劉仁靜與左舜生、楊效春等人為爭論社會活動與政治活動相持甚烈，隱然已為爾後共產主義與國家主義及「少中」之分裂埋下伏筆。秋，南京學界為響應「反宗教運動大同盟」而集會遊行，啟天被推為大會主席及遊行總指揮。12年啟天撰〈國家主義與中國前途〉一文，交《少年中國》月刊發表，抨擊當時政局，思想傾向國家主義已然浮現。其間，由東南大學校長郭秉文引介，結識江蘇督軍齊燮元，因齊之便，使南京、上海等地成為國家主義派活動的主要據點。

民國13年6月，啟天畢業於國立東南大學（原南高），旋赴上海就任中華書局編輯，並主編《中華教育界》月刊。該刊一本國家主義思想，討論各項教育問題，對於當時之教育改革不無

《醒獅週報》之獅子吼精神

影響。尤以聯合當時教育界知名人士發起「收回教育權運動」，經過數年之努力，卒使教會學校實行改革，接受中國教育法令，向政府立案，更是居功至偉。7月，參加「少中」第四屆年會及「中華教育改進社」年會，會中通過由啟天所起草之「請求收回教育權案」，為二○年代的收回教育權運動首開先聲。

10月，與曾琦、左舜生、李璜、余家菊、張夢九等人於上海創辦《醒獅週報》，該報鼓吹國家主義，為青年黨的機關刊物，與共產黨展開相當激烈的理論鬥爭。14年，啟天仍在中華書局編輯所供職，兼為《中華教育界》及《醒獅週報》撰稿，為文以發揮國家主義的教育宗旨為主，並發起「國家教育協會」，以聯絡教育界人士。7月，由滬赴寧參加「少中」第五屆年會，會中啟天與曾琦、左舜生及共產黨的鄧中夏、惲代英、楊賢江等人，為國家主義與共產主義爭論甚烈，互不相讓。會後因深感共黨將為禍於中國，乃應曾琦之邀，參加中國青年黨。嗣即建議組織「中國國家主義青年團」，以期一面統一全國愛國青年團體，一面建立中國青年黨之基礎。

其後，由滬赴晉，參加「中華教育改進社」年會，得晤常乃悳，約其參加中國青年黨。冬，在左舜生寓所與惲代英、鄧中夏、楊賢江辯論共產問題，雙方往復爭辯，至深夜不歡而散。

三、「中青」骨幹與政治活動

民國15年5月，由上海經南京、九江、南昌至武漢考察教育，並在各地學校講演，內容皆以闡述國家主義為宗旨。6月，在武昌中華

大學講演〈國家教育政策〉，遭共黨糾眾搗毀會場，並發生互毆事件，然啟天仍不為所懼。7月，中國青年黨第一屆全國代表大會於上海博文女中召開，啟天與曾琦、李璜、余家菊、張子柱等七人同膺任中央執行委員，並兼訓練部主任。青年黨初期諸多〈黨員須知〉、〈訓練須知〉、〈宣傳須知〉、〈組織須知〉、〈運動須知〉等小冊子，多出其手。

　　年底，與張夢九、張子柱赴雲南昆明任教民治學院，並介紹諸多同志入雲南講武堂，為青年黨從事軍事行動之始。16年春，由滇入川，以在四川黨務不易活動，旋出川赴滬，至孫傳芳的金陵軍官學校授課，講演國家主義，以期革新軍人精神教育。夏，武漢政權查封其黃陂之家產，父歿於鄉而不獲臨終面訣，恐為其終身之遺憾。然在此險惡環境下，啟天仍不忘初衷，讀書報國，奮發圖強。曾用「陳翊林」筆名，編著《最近卅年中國教育史》交上海太平洋書店出版，啟天嘗以「絞腦報國」、「用腦補胃」二語自嘲，足見其艱苦奮鬥之一斑。7月，返滬參加青年黨第二屆全國代表大會，未幾，陪曾琦至北京，並代編《醒獅》兼創辦黨務訓練班。

　　民國17年，啟天在濟南莘莊金陵軍官學校授課，8月，赴滬出席青年黨第三屆全國代表大會，仍任中央常務委員兼辦上海黨務。為加強訓練，擴大宣傳起見，主編黃皮小叢書，專門出版有關國家主義著作多種。18年初，應邀至國立成都大學講演，主講近代中國教育史、社會學及教育社會學等課，不久因遭共黨造謠中傷而離職。年底，至滬主持青年黨黨務學校「知行學院」，主講社會學、政治學、國家主義及黨務須知等課，其他任課者尚有左舜生、常乃惪、鄧孝情、張君

勘、張東蓀、羅隆基等多人。8月，由滬至港參加青年黨第四屆全國代表大會，12月，由朱世龍陪同至日本視察青年黨黨務。

民國19年，「知行學院」停辦，啟天乘暇由滬至武漢，考察中共長沙暴動後之國內形勢。8月，出席青年黨在天津召開之第五屆全國代表大會，選舉曾琦為中央執行委員會委員長。此外為加強中央黨部的領導力量，會議決定增設中央檢審委員會，負責紀律檢察和財務決算事宜，並選舉陳啟天為中央檢審委員會委員長。

四、反共與抗日

時共軍利用中原大戰的機會發動長沙大暴動，燒殺之慘，全國震驚。為反對中國共產黨的土地鬥爭，會議也決定設立湘鄂贛「反共救民會」，推啟天為負責人。啟天任職後，深以共黨武裝力量的擴展為慮，乃於萬分困難中在滬創辦《剷共半月刊》，一面派人到湘鄂贛

《剷共半月刊》封面

調查赤禍實況，分別發刊調查報告專號；一面又親自微服易名前往武漢組織「反共救民會」，策劃反共工作。20年，啟天為了師法前人剿共的經驗，遍讀曾國藩、胡林翼、左宗棠等勘平太平天國之文獻，摘出名言讜論編《胡曾左平亂要旨》一書於《剷共半月刊》上發表，以備剿共軍參考。此書對於20年至24年間，湘、鄂、贛、川等省剿共戰爭不無貢獻。

7月，赴東北瀋陽、大連一帶觀察日本動向。旋由瀋赴津，參加青年黨第六屆全國代表大會。會後返滬，不及一週，而「九一八」事變爆發，受此巨變，啟天深感非停止黨爭，一致對外，無以圖存。乃與友人於10月，在上海創辦《民聲週報》，鼓吹對日作戰，反對中俄復交，著《國防中心論》一書，大呼「新戰國時代」到來，提高國人之警覺，以發揮斯旨。12月，與李璜、左舜生會同熊希齡、馬相伯、章炳麟、沈鈞儒、黃炎培等六十餘人組成「中華民國國難救濟會」，發表宣言，申述己見，認為招致日本帝國主義侵略的重要原因之一是國內一部分人之集團，標榜黨治，掌握政權，自屬於統治階級，而無視大多數國民之國家主人地位，啟天要求國民黨應立即解除黨禁，進行制憲。

民國21年1月，啟大被選為「國難會議」會員，因見解與當局相左，未赴會。「一二八」滬戰起，與李璜、左舜生、王造時、史量才、沈鈞儒、黃炎培、羅隆基等六十二人在上海「國難救濟會」及「上海各團體聯合會」，提出「救濟國難主張」，強調對外不辭任何犧牲，維護國家主權及領土完整；對內實行民主憲政。在憲政未實施以前，要求國民黨政府立即確保人民言論、出版、集會、結社的自

《民聲週報》第8期封面（民國20年）

陳啟天（明志）在《剿共半月刊》上的
文章

由，承認各政黨的平等地位及其自由活
動；集中全國人才組織有力政府，設立
民選「國民參政會」監督政府，籌備憲
政，並於八個月內制定民主主義的憲
法。其主張和要求，頗獲社會各界的支
持和好評。

　　該年夏天，由滬入京，出席青年
黨第七屆全國代表大會，會後仍返滬辦
《民聲》。9月，以「明志」為筆名，
發表〈怎樣才能肅清共匪〉一文於《剿
共半月刊》，提出(1)在政治上須徹底
革新，以免造成助匪的機會；(2)在吏
治上須徹底整飭；(3)在清鄉上實行保
甲，修築碉堡，添練團防，使人民自行
保衛人民；(4)在教育上須積極灌輸救
國思想於青年腦中；(5)在黨務上須暫
時取消各縣黨部，以免新土豪劣紳，作
威作福，結怨於民；(6)在外交上須繼
續與俄絕交，以免共匪又可利用俄國使
館便利活動；(7)在軍事上不必急於進
剿，預先將軍隊嚴格整頓一番等七項有
效剿匪辦法。11月，《教育社會學概
論》編成，以「陳翊林」筆名，交中

華書局出版。22年，《剷共半月刊》及《民聲》均因經費短絀而停刊，在滬擬編《中國法家叢書》；《張居正評傳》編就，為該叢書之第一部。

23年，草《商鞅評傳》及《商君書校釋》二稿，9月，忽因黨錮於武昌被捕，在獄中深恨從事救國多年無成，曾自盡兩次，10月始釋。年底，赴滬參加青年黨臨時全國代表大會，以黨事無可為，旋即赴港。24年2月，由港至東京，與沈雲龍、謝澄平等同志遊。7月，由東京返滬，接辦《國論月刊》，暢論時局之國防、政治、軍事等見解，兼理黨務及「現代研究室」，研究員有張希為、黃欣周、鄭獨步諸人。民國25年5月，編成《中國法家概論》一書，9月，返鄉奔喪。

民國26年「七七」變起，啟天以「決心戰、整個戰、持久戰」函請當局注意。10月，由鄂返滬，以不能久留，隨即返鄂。12月，《韓非子校釋》脫稿。27年春，於武昌中華大學講授「韓非子研究」，又為適應抗戰建國之需要，編成《民族的反省與努力》一書，檢討我國民族性、文化、政治、經濟、軍事及外交各項問題，冀以引起全民族之痛切反省與真實努力。6月，任教育部戰時教育問題研究委員會委員。

7月與曾琦、李璜、左舜生、余家菊、常乃惪同被政府遴聘為「國民參政會」參政員。8月，參加青年黨第九屆全國代表大會，任中央委員，並為《國光旬刊》及《新中國日報》撰稿。茲因武漢為日所迫，乃舉家遷往四川。28年，除出席「國民參政會」外，多在家讀書撰稿，暇時為《國論週刊》撰文，多本國家主義思想，發揮抗戰建國之基本理論，彙為《新社會哲學論》一書，交商務印書館出版。

29年4月，在重慶出席「國民參政會」第五次大會，為平抑物價，曾擬訂平定物價辦法多種，設特種審查委員會，建議政府採用。12月，續任第二屆「國民參政會」參政員。30年，於參政會提議政府宜注意法幣之發行及財政之調節，以求平抑物價。5月，與左舜生共創「中國文化研究所」，約請友人從事研究與撰述。《孫子兵法校釋》一書，由成都國魂書店出版。31年7月，又任第三屆「國民參政會」參政員，該年底，撰《中國政治哲學概論》一書出版問世。

　　32年11月，參加國防最高委員會「憲政實施協進會」。33年春，開始撰述《民主憲政論》，分篇在《民憲半月刊》及《新中國日報》

民國35年2月，陳啟天（右6）與曾琦（中）、劉泗英（前排左2）、何魯之（左5）、余家菊（左6）、李璜（左7）攝於陪都重慶

發表，8月成書，暇時在中華大學中國文學系講授「韓非子研究」。34年4月，再任第四屆國民參政員及駐會委員。9月，青年黨在渝中央委員開談話會，力主脫離「民主同盟」及重振黨務事。11月，青年黨第十次全國代表大會在渝召開，啟天任常務委員兼秘書長。

五、參加政府共赴國難

民國35年1月，與曾琦、楊永浚、余家菊、常乃悳等人代表青年黨參加「政治協商會議」。3月，參加憲草審議委員會，為貫徹「軍隊國家化」及省憲須經立法院批准兩大主張，曾與中共代表發生激烈爭辯。11月，制憲國大召開，任制憲國大代表主席之一及兼副秘書長，協助通過憲法三讀程序，會後政府授予二等景星勳章，以嘉其辛勞。

36年4月，政府改組，啟天初任國民政府委員，旋就行政院經濟部部長職。任內於獎勵煤礦業及紡織業增產、扶植民營企業、促進國際貿易，多所盡力。8月，赴滬參加青年黨第十一屆全國代表大會。11月，當選上海市第一屆國民大會代表。37年，行政院改組，翁文灝繼張群為院長，經濟部改名工商部，啟天仍任部長。12月，因大局突變而辭職。

38年1月，舉家遷臺，4月，由京赴滬轉奉化溪口，晉謁國民黨蔣總裁共商國是，其間懇請蔣總裁準備復出，以圖挽救大局。5月，與閻錫山、陳立夫等人共同發起「中國反侵略大同盟」，以求全國團結反共，6月，經港返臺。9月，任東南長官公署政務委員會委員，協助政府穩定臺灣局面。時政府尚未由川遷臺，李宗仁棄職赴美，啟天乃與蔣勻田等人聯名籲請蔣總裁復職，以免中樞無人，國政虛懸。

民國39年，因青年黨主席曾琦赴美養病，1月起，啟天復任青年黨秘書長兼代主席。3月，任總統府國策顧問，並在臺灣大學法學院教授「中國政治哲學概論」。4月，《民主的真諦》一書由華國出版社出版。6月，任故宮、中央博物院共同管理委員會理事。9月，任高等考試典試委員。11月，任《新中國評論》月刊主編，支持政府反共復國國策及維護民主憲政之決心。

　　40年5月，曾琦病逝美京，青年黨發生了「改革運動」分裂成兩派。一派以陳啟天為首，於是年11月，召開第十二次全國代表大會；一派以朱文伯、夏濤聲為首，也於是年底召開臨時全國代表大會，雙方矛盾異常激烈。以致啟天從6月起，竟把中央黨部移至其家，稱為「新生南路派」；另一派稱為「大華新村派」，兩派分裂至此已呈水火。

　　42年底，撰〈三十年來的奮鬥〉一文，以紀念青年黨建黨三十週年。43年，任第一屆國民大會第二次大會主席團主席之一，選舉總統、副總統。年底赴美、日遊歷考察，並蒐集資料。47年7月，偕夫人再度赴美旅遊考察，至翌年1月始返臺，當其在波士頓時，深感美國「中國通」對中國歷史之曲解，曾致函費正清教授予以駁斥。47年12月2日，青年黨在臺北舉行「同志聯合護黨會議」，發表了「中國青年黨中央護黨委員會宣言」，宣告成立「中央護黨委員會」。但護黨委員會並未能挽救青年黨四分五裂的局面，該黨又重新分化組合為三派，即啟天領導的「中園派」、余家菊領導的「整理委員會派」，以及以黨的民意機關代表為核心組成的「臨全會派」。

民國49年，啟天參加國民大會第三次會議，當討論「增訂臨時條款案」時，啟天一言九鼎的發表談話謂：

> 吾人此次參加國民大會之主旨，在一面維護憲法，一面顧全大局。為維護憲法，故吾人不贊成修改憲法及臨時條款。

陳啟天伉儷（左）與張君勱合影於美國

老成謀國之心，溢於言表。期間啟天重申其先前對時局提出的十大主張，望政府注意：(1)擁護現行憲法；(2)主張早日反攻大陸；(3)厲行民主政治；(4)在國際上，聯合非共的民主國家共同反共抗俄；(5)在國內，聯合所有非共黨派及一般同胞共同反共抗俄；(6)支持政府；(7)容許少數黨；(8)發展經濟建設；(9)落實地方自治；(10)提倡政黨政治。6月，當局一度欲邀之入閣，啟天以黨內意見不一而婉辭。

陳啟天於國民大會主席團

50年，參加政府所召開的「陽明山會談」，獻替國是甚多。55年11月，任中華文化復興運動委員會常務委

員。58年7月，青年黨在臺召開第十二屆全國代表大會，勉強完成大團結，與左舜生、李璜、余家菊、胡國偉同任主席。民國60年，出任光復大陸設計研究委員會副主任委員。68年7月，青年黨召開第十三屆全國代表大會，與李璜同膺該黨主席。70年後，身體漸衰。73年8月10日，因病逝世於榮民總醫院，享壽92歲。

六、學說思想與著述

　　啟天的思想，具見於《新社會哲學》一書，他把歷史哲學、社會哲學、人生哲學三者互相配合起來，以建立他的新社會哲學體系。他認為歷史哲學應指出一切歷史都含有國家性，國家是歷史的主體，沒有國家，歷史就失其附麗；可以說，一切歷史都是國家史。歷史演進的主要趨勢，是以國家的發展為中心；國家是歷史的中心，一切歷史都圍繞著這個中心而演進。歷史的價值判斷，不在歷史的本身，而在其是否有利於國家的生存發展。此外，國家的發展是歷史演進的全程，而不是一個階段。在國家尚未出現以前的原始家族社會，可以說是國家的胚胎時代；發展到部族社會，就具有國家的雛形了。

　　其次，啟天指出社會哲學的精髓仍在國家之上，國家是一個包含一切社會組織的總體，而不是與其他社會平列的一種組織，這就是國家至上的真義。一切社會組織都統屬於國家之下，沒有一種組織可以脫離國家而獨立存在的；前者具有特殊的社會功能，而後者則發揮了統一調整的作用。且國家是全民的共同目的，而不是一種工具；人民與國家是一體的，不能把國家視作個人或階級的工具。國家的生存發

展，全賴國民能對外盡力競爭，同時對內又能盡量協作，這樣的社會哲學，才能與歷史哲學相配合。

至於談到人生哲學，啟天以為道德的理想，在「群己合一」，在個人生活與國家生活合一。群由己成，成己即所以成群；己在群中，成群即所以成己。群己合一，才是道德的極致。道德的理想應與道德實踐合一，才能在人格上表現出來，道德實踐的方法，在以「自律」推進「共律」，又以「共律」推進「自律」，「共律」與「自律」合一，才能實現群己合一的理想。

在有關政治理論方面，啟天以為必須依據下列七種哲學原則，分別是(1)事理合一：凡事不能空談理論，應同時兼顧事實；(2)心物合一：精神離開了物質，便無所附麗；物質離開了精神，便失其意義；(3)義力合一：正義是強力的嚮導，強力是正義的後盾；(4)身國合一：即個人與國家合為一體，個性與國性相得益彰；(5)人我合一：即在人格上，法律上人我是平等的，成人成己，己立立人，人我一體，誰也不能把人當工具看待；(6)人法合一：即人治與法治並用，不能偏廢；(7)名實合一：凡事要循名責實，名實相應，才可避免敷衍塞責的弊病。

總之，啟天的思想淵源於先哲一貫的「天人合一」或「天地萬物為一體」的宇宙觀，此種宇宙觀又是傳統中和的民族性之反映。但啟天自有其樸質務實的一面，所以他一生獻身於國家的統一與獨立，從不高談什麼世界主義與國際主義。因此民主政治與國家主義成了啟天思想的兩大信仰，什麼是國家主義呢？簡單的說，是一種以國家為先提的主張，與以個人為前提的個人主義，或以階級為前提的共產主義，或以世界為前提的世界主義，均有所不同。

國家主義的真意，只是用內除國賊，外抗強權的手段，達到內求統一，外求獨立的目的。而國家主義與共產主義最大的分歧點，啟天以為有三：(1)國家主義以國家為前提，共產主義以階級為前提；(2)國家主義主張物心並重，共產主義主張唯物史觀；(3)國家主義主張本國政治革命，共產主義主張世界經濟革命。共產主義之思想與啟天之想法大相逕庭，扞格不入，由此可見。

　　而所謂的民主政治，啟天的看法非常平實，啟天說：

> 民主是一種人生理想，也是一種生活方式。……民主何以值得人們信仰並實踐？因為民主：一可使人人堂堂正正的做人，二可使人人實實在在的做事，三可使人人公公道道的治國，四可使人人和和平平的救世。……從來政治上的最大積弊，是私與偽。要人們不藉政權作偽行私……只有天下為公，公開政權於全體人民。……民主政治的第一要義，是保障人民的自由，尤其是保障人民的政治自由。……民主政治必須是多黨政治，而不是一黨專政。政府黨與反對黨同時存在，公平競賽，互相監督，乃革新政治的惟一有效辦法。……民主的精髓，不但要有自由，而且要有合作。……民主不僅是反對他人的一種口號，而且是改造自己的一種軌範。……現在是民主時代，中國必須實行民主，始能得救。因此我們對於民主應有信心、忠心與耐性，繼續不斷的學習實行。

啟天一生以腦報國，譯著甚多，教育理論方面有：《中學訓練問題》、《應用教育社會學》（譯稿）、《近代西洋教育發達史》（與友人合譯）、《最近三十年中國教育史》、《教育社會學概論》、《近代中國教育史》、《國家教育論》、《社會與教育》；國家主義理論方面有：《國家主義論文集》第一集（與友人合著）、《國家主義論文集》第二集（與友人合著）、《國家主義講演集》（與友人合著）、《建國政策發端》、《政黨與政治活動》、《國家主義運動史》、《國家主義論》、《中國國家主義運動史》；反共理論方面有：《共匪的解剖》（又名《反共須知》）、《反俄與反共》（又名《蘇俄侵華證據彙編》）、《胡曾左平亂要旨》；政治理論方面有：《政治學》（譯書）、《民主憲政論》、《民主的真諦》、《中國政治哲學概論》、《政治成敗論》、《政論選輯》；闡述法家理論方面有：《張居正評傳》、《商鞅評傳》、《商君書校釋》、《中國法

《民主的真諦》

《寄園回憶錄》

家概論》、《韓非子校釋》、《韓非及其政治學》、《韓非子參考書輯要》、《法家述要》；社會哲學方面有：《社會學概論》、《新社會哲學論》；其他雜著尚有：《中國人物傳選》、《國防中心論》、《民族的反省與努力》、《抗戰與人生觀改造問題》、《孫子兵法校釋》、《戰後日本問題》、《莊子淺説》、《中國學術史論文集》、《經濟部十年來之中國經濟》、《紡建要覽》、《寄園存稿》、《寄園回憶錄》等書。

耿介自持的余家菊

一、家世與啟蒙

余家菊（1898-1976），字景陶，又字子淵，黨號賚星。湖北黃陂祁家灣人。生於清光緒24年（1898）3月19日，卒於民國65年（1976），享年79歲。

家菊6歲喪母，7歲啟蒙，在家塾讀書六年，受教於黃祺庵，遍讀《三字經》、《四書》、《詩經》等古典經籍，由於塾師管教甚嚴，頗受其影響。宣統2年（1910）家菊13歲時，始入縣立道明高等小學，接受新式教育。時堂長雷尊吾為鄉里名儒，每逢孔子誕辰，整冠束帶，率全校師生跪拜，以示尊師重道，此舉對家菊一生尊崇服膺儒學，深具啟發性。該校學風純樸，且注重軍事訓練，家菊後來的關心時事及愛國、抗日、反共等行動，即於此時埋下因子。

民國元年（1912）就學武昌，入文華書院肄業。是年秋，考入新設之私立武昌中華大

學就讀，由預科而本科。4年，與喻壽民赴上海投考北洋大學法科，不第而返。7年，畢業於武昌中華大學中國哲學系，對傳統經學、先秦諸子、魏晉玄學、隋唐佛學、宋明理學、清代樸學均研究有得。同學中有惲代英、梁紹文、冼震等人，亦皆為一時之選。

在中華大學肄業期間，對家菊思想影響最深之人有二：一為英文教授鄒昌熾博士；二為學長「姚江學派」大師劉文卿（鳳章）先生。鳳章一生提倡王學甚力，家菊年少時代的活潑進取，敢於行其所知，多少受了王學的薰陶。家菊在大學期間，尚兼任漢口民新小學教員三年，與同學任啟珊同負校務責任。民國6年秋，中華大學附設中學部，主任惲代英聘家菊為監學並兼教職，同事中尚有冼震、陳啟天、熊國英諸人。此時家菊不僅身為教師，且與惲代英等人致力於新文化運動，不及兩年，使中華大學成為武漢新文化運動的重鎮，然也因此，而不容於守舊派，最後辭職他去。

二、理想的初航──參加「少中」

民國7年5月，留日學生為反對「中日軍事協定」紛紛回國，並組「留日學生救國團」，創刊《救國日報》。6月底，留日學生曾琦、張夢九、雷眉生等，約同王光祈、周太玄、陳愚生商議發起「少年中國學會」（以下簡稱「少中」）。次月，李大釗亦加入為發起人，約定：「不請謁當道，不依附官僚，不利用已成勢力，不寄望過去人物。」

「少中」於8年7月1日始正式成立，以「本科學之精神，為社會之活動，以創造少年中國」為宗旨。是年秋，王光祈由北京到武漢，

為「少中」徵收會員，經過他的介紹，家菊與陳啟天、惲代英、梁紹文等四人入會。於此同時，家菊也與惲代英創立「利群書社」，為流通新書報而服務。由於「少中」會員均為海內一時俊彥，互相切磋，深得益友之樂。暇時開始嘗試寫作，曾在《教育改進》上發表〈鄉村教育之危機〉一文，為談鄉村教育者所必稱述的文字。後又於《少年世界》月刊發表〈教科書革命〉，亦是從實際研究所獲得之結論性文字，切中時弊，對當時教育界不無裨益。

民國9年2月，家菊深感學有未逮，知識空虛，決計再行深造，乃入北京高等師範學堂教育研究科第一班攻讀。時美國哲學家兼教育家杜威（John Dewey）博士來華講學，且任「北大」與「北高師」教席。隔年，英國哲學家羅素（Bertrand Russel）亦來華講學，在哲學上主張「新實在論」，在政治上極端重視個人。兩氏之哲學思想，大體與我國儒家思想相通，頗受當時學人所重視，其影響我國學術界、教育界殊鉅。

是故家菊乃將羅素所著《社會改造原理》；及重視精神生活，力闢自然主義唯物思想之德國哲學家倭伊鏗所著《人生意義與價值》二書翻譯問世，引起社會普遍注意，使學術思想界為之一新。是年夏，與友人組「教育雜誌社」，被推為總編輯。不久北京學潮又起，家菊復被推為全校總代表之一，出席學生聯合會，然家菊堅辭，以課業為重，不欲過問外事。其間最愉快之事，莫如和「少中」友人常相往還，擴大交遊，每週集會討論學問。秋，與陳啟天同任長沙第一師範教師，後因學校經費短絀，教員紛紛離去，家菊不得已亦離開。

三、留學英倫與加入「中青」

民國10年，家菊赴開封留學歐美預備學校教書，暑期返鄉，順便在湖北應留學考試初試，事畢仍回開封。8月間，因初試已取，即赴北京覆試，考完遄返開封，不料發榜竟以第一名錄取。11年，入倫敦大學專攻教育學與心理學。他對於外國名教授誠懇的態度，謹嚴的治學方法，樂於助人的精神，深感敬佩。其中特別重要的是，他到了歐洲之後，親眼目睹到各國民性的差異，國民意識的發揚及弱小民族的困苦，與各國為維護國家利益所表現的劍拔弩張的形勢。這種情形迥異於他以往所懷的大同和平理想，心中猛然驚覺，欲中國強盛自保，國民必須恢復自尊心，黨派之爭亦必須無損於國家；他決心喚醒國人，共同來挽救國家於危亡。

基於此念，家菊奮筆疾書，先是於民國11年反教運動中期，發表〈基督教與感情生活〉一長文，為反教運動中最具理性主義的批判；後來寫了〈民族性的教育〉等一連串有關發揚國民精神、鼓勵國家意識的文章，均發表於國內的《中華教育界》。家菊主張教育應由本國人自辦，宗教應與教育分離，防止外國人藉在中國辦學而培植親外的人才。12年10月，他把這些文章與「少中」同人李璜的幾篇同類性質的文章合起來，名曰《國家主義的教育》，交由上海中華書局出版。

此書主張國家主義，並提出「收回教育權」口號，甫一問世，立即引起學術界的重視與知識分子的共鳴。於是國家主義的思潮在國內如怒濤般的澎湃起來，但是連帶的也引起共產黨人的恐慌，同窗好友惲代英特別寫了一封萬言書相責難。惲代英主張中國問題是國際問題

的一環，必須靠國際的力量去求得解
決，要中國人救中國，無異讓侵略者延
長其支配時間。這是國際主義與國家主
義的基本分歧點，也是中國現代政治的
關鍵所在。

　　不過家菊此時對實際政治仍不感興
趣。民國12年12月2日，中國青年黨創
立於巴黎，揭櫫國家主義，以反共救國
為職志。但當他在巴黎與曾琦等人談到
組黨問題時，仍表示他僅願意站在國家
利益上作超黨派的努力。該年秋，家菊
轉愛丁堡大學研習哲學。

民國13年，余家菊攝於英國愛丁堡

　　民國13年夏，家菊應武昌高等師
範學堂校長張繼煦邀，回國執教並任教
育哲學系主任。7月，「中華教育改進
社」在南京開年會，家菊與陳啟天等十
餘人共同提出「收回教育權」案，與反
對派爭辯兩日，始得通過。是年10月
雙十節，曾琦、李璜、張夢九、左舜生
等邀家菊在上海發起《醒獅週報》，該
刊提出「內除國賊，外抗強權」、「內
求統一，外求獨立」之主張，甚為世人

注目。家菊為此週報特闢〈教育副刊〉專欄，並自兼編輯，由於內容豐富，頗受青年學生歡迎。

民國14年，因與武昌師範大學校長石瑛意見相左，乃辭教職，應上海中華書局總經理陸費逵聘，主持部分業務。是年夏，「少中」會友集會南京，會中共產主義與國家主義之爭已達最後決裂階段。會後，回到上海，在「醒獅社」諸友左舜生、陳啟天等人的堅邀敦勸下，於該年底，正式參加中國青年黨，唯有兩點聲明為先決條件：(1)除有關政治者外，他的思想和言論不受黨的支配；(2)黨如對他單獨有所命令，必須事先取得他的同意。

以後他也秉持這兩個原則，奔走南北，從事愛國、反共、反日的活動，由是黃季剛曾評其為「為人誠實，黨德無虧」之人。民國14年7月，家菊與左舜生、舒新城、陳啟天、李璜等人發起「國家教育協會」，作為鼓吹收回教育權的機關，家菊並任第一屆的會務委員。此外，家菊仍手不停筆的譯述撰文，《國家主義教育學》與《教育原理》二書即於是年出版。同年秋，受東南大學聘，至該校執教。

四、為國家主義運動而奔走

民國15年上半年，續在東大教書，一方面吸收黨員如程崇道、耿如冰、周天沖、戴天人、崔秉鈞、林時懋、史澤之、金海觀、盛中謙、成志達、潘再中等人；另方面編有〈訓育論〉講稿。是年夏，約前「少中」同人著手編纂《中國教育辭典》。時軍閥孫傳芳為北伐軍所敗，為重振聲勢起見，乃採幕僚意見，欲模倣黃埔軍校，行政治教

育之法，特別也創辦了「金陵軍官學校」，洽請國家主義派主持。透過曾琦的安排，即由家菊與陳啟天、王慎廬、成志達、解仲菼、羅邦澤、齊冰池等「中青」黨人分別擔任教官。家菊且兼政學部主任，他講的是國家學及軍人修身，完全是一種精神訓話。

7月，「中青」在上海召開第一次全國代表大會，來自海內外代表三十餘人出席，會中推曾琦為委員長，並選家菊、陳啟天、張子柱、李璜等七人為中央執行委員，家菊並兼組織部主任。8月，丁父憂，連夜返鄉奔喪，時值國民革命軍北伐，至武漢，國民黨方面以其為國家主義分子，「收受英鎊，倡言反赤」，宣布其罪狀，擬行搜捕，家菊無奈，旋即潛返南京。民國16年，金陵軍校北撤，家菊隨學校由南京而揚州、清江浦、海州、青島、濟南、蘆臺、灤州，17年，抵達奉天的新立屯。一路上備嘗艱辛，但講學精神始終不斷，曾

《領袖學》與《回憶錄》

於濟南莘莊主講國家主義，常切磋的友朋有陳啟天、成志達、王衍康、于復先、解仲蓀、汪朗園等人。

是年秋，抵瀋陽，時金陵軍官學校併入東北講武堂，家菊在該校講授教育學，並負責山東及東北一帶「中青」黨務的拓展工作。「皇姑屯事件」後，深感東北將有大難，更耽心東北不能成為中國的普魯士，反倒成為遠東的巴爾幹。最初他為東三省《民報》主編副刊，後又到馮庸大學教國文。民國18年2、3月間，因感到中國領袖人才的缺乏，且國內服從領導的風氣也未養成，遂草《領袖學》一書以示國人。此書採科學之立場，作客觀的分析，雖曾引起波瀾，但卻流行甚廣，滬、穗、蓉諸大城均有人翻印。

同年秋，由於我國收回中東路權，蘇俄宣布與我絕交，並出兵進犯我東北邊境，充分暴露其帝國主義之猙獰面目。時家菊正在「馮大」教書，為了解前線的真實情況，乃偕同教授學生五、六十人前往戰地觀察。9月初出發，一路上經長春、哈爾濱、齊齊哈爾、扎賚諾爾到滿洲里，對俄帝拓殖政策深感耽憂與震驚。是年底，家菊回京，因黨事牽累，被逮繫獄。旋得段祺瑞斡旋獲釋，由是家菊守正不阿、不屈不撓之精神，愈受人敬重。

五、教育、著述和政黨活動

民國19年秋，應邱大年邀，至北師大及北大教書，編有《鄉村教育通論》講稿，同時又翻譯《教育社會哲學》及《教育哲學史》二書。20年春，適有「《華北日報》事件」發生，家菊遭人密告而解

職。又是年秋，「九一八」事變發生，
全國震動，學潮、政潮，紛至沓來，家
菊主張「政黨休戰」，一致對外，惟言
者諄諄，聽者藐藐，並未受到重視。民
國21年夏，至上海任《申江日報》社
長，惟該報不久停刊。為了生活乃又與
中華書局訂約編書，《道德學》（杜威
原著）、《簡易國文法》、《兩性教育
與青年》，即係此時之作品。同年，國
民政府召集「國難會議」，邀家菊、曾
琦、李璜、左舜生、陳啟天等九人參
加，嗣以「中青」要求取消黨治被拒，
故拒絕參加。

民國29年初，余家菊攝於西安

　　民國23年冬，回武昌省親，謝
絕應酬，閉門讀書，努力寫作，著名
的《孔子教育學說》、《孟子教育學
說》、《荀子教育學說》、《陸象山教
育學說》等書，即於此時次第出版。時
何成濬主鄂，堅邀入幕，不時獻替，研
究剿共方略。民國24年，家菊繼汪奠
基後，出任中國大學哲學系主任。秋，
《國論月刊》在上海發刊，家菊經常有
稿件供應，類皆經世之作，其中〈論國

力之淵源〉更是心血結晶。25年春，應邀赴南京謁見蔣委員長，貢獻意見，深受嘉許。

民國26年，盧溝橋變起，全面抗戰爆發，年底政府遷都重慶，然實際的政治軍事中心則在武漢。家菊時任湖北省政府公報室主任及湖北通志館館長。27年7月，第一屆「國民參政會」在漢口揭幕，與曾琦、李璜、左舜生、常燕生、陳啟天等人代表青年黨受聘為參政員。8月20日，中國青年黨在武漢召開第九次全國代表大會，改組執行委員會，曾琦任委員長，家菊與左舜生、李璜、陳啟天等為委員。武漢陷日後，舉家避難重慶，述《人生對話》以發揮儒家的盡己主義。是年秋，《新中國日報》在成都復刊，專司社論寫作，對於鼓勵民心士氣，支持抗戰國策，極力宣揚。28年，撰《教育與人生》，此書是以中國文化的立場，來闡揚其獨立體系的教育創作，也是家菊有關教育方面創見的最後一本著述。

4月，與曾琦、李璜參加國民參政會「川康建設視察團」，赴川康各地視察實況，將視察情形作成報告，並擬川康建設具體意見書，尤以注重吏治、兵役、治安及民生四大問題，督促政府推進川康建設，以增強抗戰建國之力量。10月，與曾琦、李璜、左舜生等為推行抗戰期間的民主憲政運動，在重慶成立「統一建國同志會」，網羅國民參政會中的各小黨派和無黨派人士參政員參加，此組織可謂「民盟」的前身，對抗戰中推進民主活動，影響不小。

民國29年1月，家菊又與國民黨李元鼎、國社黨梁實秋等人，組織國民參政會「華北慰勞視察團」，前往中條山慰問前線官兵；後又至洛陽、鄭州、南陽等地，慰問駐軍。該團除調查華北糾紛事件外，

對各戰區軍民合作情形、河南游擊區情況等，皆作詳細視察，並於返回重慶後，向政府提出許多意見。本年《國論半月刊》在成都復刊，家菊本其深思所得，寫了許多篇探討根本問題的文章，如〈良知與信仰〉、〈個己與國家〉、〈法治與革命〉、〈論中庸主義〉等，均是極有價值的重要論文。此外在《新中國日報》及《民憲半月刊》上的文字，除比較有系統的〈孔學漫談〉外，其他如〈效率論〉、〈正名論〉、〈史教論〉、〈自由論〉等，也都是他的精心傑作。

民國34年7月，國民參政會召開第四屆第一次大會，家菊以抗戰已近尾聲，但政府卻越來越有集權傾向，不復有抗戰初期國民參政會的開明作風。因此乃與左舜生、何魯之、陳啟天、常燕生等人提出「請先實現民主措施從緩召集國民大會以保團結統一而利抗戰建國案」。他們要求「必須先實現民主措施，協調全國意見，始可再行定期召集國民大會。否則，不僅于國事無益，且可能造成不必要之糾紛。甚至促成分裂，引起內戰，而影響八年抗戰以來全國軍民艱苦奮鬥所獲得之成果。」

8月，抗戰勝利後，11月，「中青」在重慶召開全國代表大會，家菊被選為中常委兼訓練部長。35年1月，復與曾琦、陳啟天、常燕生、楊永浚等人代表青年黨參加「政治協商會議」。會後家菊至漢口，主辦武漢黨務訓練班，調訓武漢三鎮幹部近百人，時間雖短，但對於戰後湖北黨務的整理和發展，影響不小。是年底，家菊返滬與何魯之、黃欣周、紀彭年、吳天墀、余文豪等人辦「中國人文研究所」，並撰《五十回憶錄》以交待平生行誼。該年冬，家菊被遴選為制憲國民大會代表。

民國36年4月，國民政府改組，經「中青」中常會推選出任國府委員。9月，青年黨在上海舉行第十一次全國代表大會，與左舜生、李璜等十八人同膺為中央執行委員會常委。同年冬，當選為第一屆國民大會代表。37年3月，行憲國民大會在南京開幕，當選為主席團之一。同年5月，行憲政府成立，受聘為總統府國策顧問。民國37、8年間，徐蚌會戰失敗，大局急轉直下，家菊於重慶，在極度痛苦和反省下，撰成《中國人文檢論》一書加以檢討。同年冬，渝、蓉危急，輾轉來臺，與國家共休戚，與政府共患難。

民國36、7年間，南京市長沈怡招待少年中國學會會友。前排：左舜生（右1）、劉泗英（右2）、余家菊（右3）、沈怡（右4）、曾琦（右7）。後排：陳啟天（右4）、何魯之（右6）、王師曾（右8）、李璜（右10）

六、來臺歲月及其思想述評

　　大陸淪陷，家菊深受刺激，反省之
餘，以復興文化方是反共復國的不二法
門。因此從民國41年夏起，在臺北與
友朋組一「學術座談會」，每週集會一
次，由家菊作專題講演，後集結十二次
之演講紀錄，以《人類的尊嚴》為書名
出版。民國44年，以眼疾赴美醫治，
46年返國。47、8年間罹患一場大病，
身體從此衰弱。民國50年，青年黨又
發生「臨全會」及其他情況之分裂，嗣
經左舜生等多方協調，「中青」始於民
國58年7月，在臺北舉行第十二次全國
代表大會，重行團結統一。家菊與左舜
生、陳啟天、李璜、胡國偉等五人，被
選為中央黨部五主席之一。

　　家菊國學根基深厚，以明體達用，
經世濟人為主；又精通英文，能將中外
古今各家哲學融會貫通，歸納於儒家而
自成風格。且認定《四書》、《五經》
為中國文化之根源，故民國55年蔣總
統提倡中華文化復興運動時，家菊深表

《人類的尊嚴》

民國52年，余家菊攝於台北寓所前

同感，且鼎力支持，以思想著述闡揚贊助不遺餘力。家菊晚年病目，故非有必要，不出寓門。早年為反基督教之健者，惟至逝世前三個月，終皈依天主教並領受洗禮，民國65年5月12日下午2時，病逝榮民總醫院。

家菊畢生著述甚豐，不下數百萬言，其中最精華的部分在於他對教育理論的闡述。他早年提出的教育理論深富孔門思想──即儒家思想，認為儒家思想主要是仁學。「仁是一種心意活動；仁的心意是真摯的心意，亦即真摯的實踐。心意須正直無私，以敬存心，以恕待人，不計私利，顛沛造次，不違於仁，含有愛的活動」。因此教育即為愛的活動之至高表現，它不僅要愛學生、愛個人，更要擴及到愛國家、愛民族。所以家菊提倡教育建國的理論及國家主義的教育，是鑒於民國8年以後，中國教育界一般偏重平民教育和職業教育，僅以解決個人生活為號召，發揮個人主義，並且受到國際主義的影響，沒有一點國家意識。

《復興愛的文化》

　　他在〈教育建國發微〉一文中主張：(1)教育的功用：應培養國民有公共的志趣，無黨派的齟齬。(2)教育的時間性：應合於時代的需要。(3)教育的空間性：要合於當地的需要。(4)教育的歷史性：應合於民族的需要。這些主張對中國數十年來的教育政策和理念頗多契合，大體上多已見諸實行；即在今日仍是非常重要的教育理念，這可說是家菊對國家的一大貢獻。

　　此外，家菊的另一主張即為自由說，其謂：

　　　自由云者，即任人為其良知所示以自決行為也，亦即聽人勿
　　　自欺也。勿自欺，是人生之精髓，亦是人生之生機。去其精
　　　髓則與禽獸何異？剝其生機則與死屍何異？真心寶貴生命者
　　　何能忍此終古？故曰：「不自由、毋寧死」。
　　　人民行為，雖不合於公準，未必即陷於咎惡；於其不陷於咎
　　　惡者，不但宜寬容之，且宜依據典則之根本精神進而用之。
　　　為政如此，民情何至抑鬱不伸？人才何至屈沮難展？自由主
　　　義之大效，未可以急功近利代也。

他這一見解當然是主張極權主義者所不願聞的。

　　對於政治民主，家菊的見解是：

　　　中國在政治方面受西洋思想之衝擊甚為顯著。無論成功與失
　　　敗，民主之趨勢終莫可抗。誠以民主之思想即已發育於本
　　　土，而民主制度又有西洋的一套可以運用，選舉也、議會

也、政黨也，無論付出何等代價，國人必不放棄。是故應竭
盡智慧，講求最善之技術。至於拂逆人情之極權政治，敢斷
言其不能成熟於中土。

「防民之口，甚於防川」，川流壅則潰決，言路塞則反叛。有識之士
以立言為人生大節，不惜赴湯蹈火，言人所難言。當政府決策困難，
或小人竊弄威權之時，山林間輒有獅子吼，聲氣所感，往往形成偉大
運動，足以震懾權奸。輿論威力使自愛者皆力自檢點，以免遭物議。
其對民主政治信仰之堅，對輿論之重視，更殷殷期盼為政者能察納雅
言之苦心，不言而喻矣。

　　家菊的思想，以儒家寫本，同時亦多少受到杜威學說的影響。在
儒家思想中，他比較服膺《論語》及《大學》的教義，《論語》重視
「博學」，教人努力求知；《大學》重視「知止」，教人嚴守規律，
都是行之絕無流弊的。另外，他對於宋明理學，則比較接近程朱一
派，而與陸王一派不大相投。因為朱子注重格物窮理，與現代的經驗
科學是相通的，而陸王一派則重視尊德性，而忽略道問學，甚至書也
可以不讀，結果疏於是非善惡之辨，雖有狂者進取氣概，但往往流於
妄。家菊嘗謂今日的風氣，大似明末，需要像顧亭林那樣提倡「博學
於文」、「約之以禮」、「行己有恥」以矯正之。

　　家菊一生思想合而言之：為儒學。他一生精研儒學，而不陷於
墨守復古之弊，在文化上，真正做到了因時制宜，應物變化，返本開
新，推陳出新，承先啟後的地步。他的儒學，與一般側重講壇主義和
國民大眾懸空的所謂儒學完全不同，他的儒學是一種以建設新國家、

新國民為前提的實踐儒學、經世儒學。分而析之,則可以六點涵蓋之,即(1)仁愛為本;(2)盡其在我;(3)節制自己;(4)信任專家;(5)設定第一級原理;(6)性格支配認識。

家菊認為中華文化以仁愛為本,做人要做仁人,政治要行仁政。自由若不基於仁愛,則將成為殺人的利器。但中國人講仁愛,有規律、有分際,依照規律去愛人,才不致發生姑息或放縱的流弊。其次盡其在我,這是中國最偉大的傳統精神,盡自己的力量去做自己應該做的事,盡自己應該盡的本分,只求心之所安,而不計成敗得失,此即盡其在我,亦謂之忠。至於節制自己,國人自接觸西洋文化以來,自我伸張成了時代的特徵,結果造成今日無秩序、無禮法、人人強進、個個爭權的現象。家菊經常勸人要遵守古聖先賢的訓示,不要蔑視聖賢,崇拜自己,以自我為中心,而目空一切。

他曾說:

> 一個民族有傳統,正如一個人有經驗一般;如果離開經驗與傳統,在個人沒有記憶作用,在民族沒有歷史作用,永遠在黑暗中摸索。

古人所謂「克己復禮」,就是教人控制自己不正當的慾望,去實踐客觀的規律,以培養忍耐、辭讓、循禮、守法的精神。此外則為信任專家,家菊常言,獨立判斷雖是現代文明的要素之一,但獨立判斷卻容易發生錯誤。如何才能避免錯誤?家菊認為獨立判斷只可行於自己專門研究的範圍之內,對於自己沒有深刻研究的問題,最好信從專家的

意見，因此初學之人，毫無知識經驗，只有以信仰為重，將古聖先賢的訓示接受下來，這些訓示經過無數代的考驗仍有其不可磨滅的價值，足見其為民族集體智慧的結晶，接受下來必然有益無害。等到自己的知識經驗豐富了，再予以理性的批判。

而所謂設定第一級原理，是指一個思想體系的最高依據，其設定與運用都關係重大。《論語》說，葉公語孔子曰：「吾黨有直躬者，其父攘羊，而子證之。」孔子曰：「吾黨之直者異於是。父為子隱，子為父隱，直在其中矣。」父為子隱，子為父隱，似乎於直道有損，但卻因此保存了父子的天性，那是人類的最高原則，亦即第一級原理關係至為重大，故曰直在其中。最後則為性格支配認識，家菊認為真理的認定，是通過人的性格的。對於同一件客觀的事實，往往仁者見之謂之仁，智者見之謂之智。所以要認清真理，必須有和善中正的性格，先把心房打掃得乾乾淨淨，使心如明鏡，一塵不染，這樣才能正確認識真理。

復次如發揮服務精神，強調責任觀念，提倡善意待人，主張不鬥爭主義，倡導吃虧主義等等，雖係老生常談，亦皆從痛苦經驗中體會而出，成為其思想不可分割的一部分。家菊是一位愛國者，所以他的儒學底子，先天和愛國不可分。家菊在政治上的大原則是認為中國以往的天下國家，已經成為過去，在此多元國家，列國競存的時代，中國國家體制和國民觀念，也必須循此世界史的軌轍，加以變化，加以改造。

在這個正確的認識前提下，家菊以為，以近代世界史做背景的儒學，應使中國蛻化成為近代世界史上的個體國家，此個體國家，乃民

族國家的建國立國之基礎。基於此理論，家菊引用近代史家蘭克（Leopold von Ranke）的話，説明何以國家必須成為個體的理由。蘭克説：「政治的本質，所關係的範圍，僅限於一個國家之內；所經營者，在於國民的生存和福利；所追求者，惟國家道義精神的發揚而已。」本此，家菊進一步發揮，國家必須成為個體，而後根源的生命得以立，而此根源的生命由來，則以一國的歷史為其淵源，尤其與聯結一國過去、現在，並貫徹將來的精神，密切相通。而其真正內涵，家菊以為，真實的政治，必須建立其基礎於本國偉大而顯著的發展史上，此固有的原理，即國民內在的生命個體。

換言之，歷史文化的個別性格，所含有的現實的、生命的、具體的個體，乃是獨自的原理之發現與發展，而這獨自的原理，事實上，便是現實的國家。所以家菊勸勉國人：我們最重要的工作，還是在於以絕對善意珍視自己的歷史文化，根據近代民族理論，本著對

《國家主義簡釋》

於中國傳統特別加以愛護的世界觀，用新時代的精神和思想，加以充實，加以發展，使其完成一個特殊的生命個體。

　　家菊一生，雖未執政，以一介在野黨領袖終其身，其從事政黨活動的態度是：「是則是，非則非」，毫無黨人的氣息，更少黨派的成見，他是依據君子群而不黨的精神作政黨活動。他的政治立場始終一貫，堅持「只要盡其在我，尊重憲法，安定民生，協和朝野，一般人以豪華奢侈為罪惡，以傾詐排擠為可恥，則光復大陸，重整河山，定可計日而待。」由此可見，其態度的光明磊落和思想的周密深邃，對於一個道德淪喪、是非混淆的社會，尤有警惕的作用。

民國37年3月，中國青年黨國大代表攝於國民大會堂門前。前排：張子柱（左6）、何魯之（左7）、余家菊（左9）、曾琦（左10）。

淡泊明志何魯之

一、早年及求學

　　何魯之（1891-1968），四川華陽人，世居川北，業鹽，至魯之父方至成都落戶，復遷華陽。生於清光緒17年（1891）1月20日，時值國勢阽危，外患頻仍，瓜分之禍，迫在眉睫。華陽地處川漢鐵路的臍帶要衝，故魯之年少時期即參加辛亥年之「護路運動」。

　　魯之少有大志，嘗以天下國家為己任，目睹祖國之積弱，怵然心憂。曾先後入英法文官學堂、方言學校及外國語專門學校習法文，準備赴歐留學。閒時，以治陽明學自課。民國6年（1917）與楊少襄女士結婚。8年6月15日，與胡助、李劼人、彭雲生、穆濟波、孫少荊、李哲生、李小舫、周曉和等八人組成少年中國學會「成都分會」。

　　7月，正式加入少年中國學會（以下簡稱「少中」），結交海內俊彥，思有以重振邦國，再建中華。「少中」的宗旨係「本科學

的精神、為社會的活動，以創造少年中國」，其信條為「奮鬥、實踐、堅忍、儉樸」。就文字的表面看，學會彷彿是偏重於學術研究和社會活動的團體，但論其深層含義，主旨係「創造少年中國」，圖與西方「少年意大利」、「少年土耳其」的救國精神相媲美，故自始即蘊藏濃厚的國家主義精神，此點頗影響魯之日後一生的趨向。

8年7月13日，「少中」成都分會刊物《星期日》週刊於成都創刊，由魯之任記者，李劼人主持編輯。9月，魯之與李劼人、李哲生、胡助等「少中」同人聯袂赴法勤工儉學，負笈法京，入巴黎大學深造，專攻史學，直探西洋立國之淵源。民國9年，魯之於課餘之暇，擔任李石曾、蔡元培等與法國學者在巴黎設立之「華法教育會」秘書兼總幹事，為留法學生就業、求學、分發等事務，提供服務。此外又兼任「巴黎通訊社」記者及負責「中法教育協會」和「旅法華僑協社」；暇時並翻譯法國小說，刊登於《少年中國》月刊。

何魯之伉儷在港合影

二、成立「中青」與歸國活動

民國12年5月6日凌晨2時50分，國內山東臨城發生土匪孫美瑤劫車案，有若干外人遭綁架，西方輿論大譁，列強盛倡共管中國鐵路之議，巴黎各大報更誣中國為「匪國」，旅法華僑羣情激憤，擬成立各團體聯合會，商討救國對策。7月8日，旅法僑胞在巴黎中華飯館舉行聯合會議，參加團體有「華法教育會」、「北大同學會」等十個單位，大家共推魯之為主席。最後大會決議：發電回國，勸國人組織國民政府；反對列強共管鐵路，公推曾琦起草電文。

7月15日下午3時「旅法華人反對國際共管鐵路大會」於巴黎社會博物館哲人廳召開，到會者四百餘人，魯之仍被推為主席。是日首由魯之說明開會理由，次由曾琦提出四大運動：(1)輿論運動；(2)羣眾運動；(3)革命運動；(4)暗殺運動。繼由周恩來報告起草〈告國內父老書〉之理由，略謂：國事敗壞至今，純由吾人受二重之壓迫，即內有冥頑不靈之軍閥，外有資本主義之列強。吾人欲圖自救，必須推翻國內軍閥，打倒國際資本帝國主義。爾後共黨劉清揚上臺講國際共產主義，不料會議進行中途，共黨分子鬧場，雙方大打出手，頭破血流，引來法警干涉，魯之操持鎮靜，使會場恢復秩序。

經此事件後，旅法華人卒認清共產黨人之真面目，為了對付共產黨，曾琦領悟到必須以組織對組織，以宣傳對宣傳，以力量對力量，以打擊對打擊，於是反共意識堅強的中國青年黨於民國12年12月2日終誕生於法京巴黎。而促成此事最力者，除張子柱外，即為魯之。關於此事，曾琦的〈旅歐日記〉曾有如下的記載：

十一月二十五日……赴張子柱處續商組黨事……復赴子柱處
與李不韙、何魯之、周道、胡國偉、梁志尹、黃晃、周宗烈
等正式會議，幼椿亦來……。

十一月二十九日……起草中國青年黨政綱……晚赴幼椿處，
與何魯之、張子柱等商議。

另曾琦也自述，發起創建青年黨者為彼與何魯之。曾氏謂：

臨城劫案發生，列強倡議共管中國鐵路，激起旅法各團體聯
合，然後進而擴大召開旅法華人反對國際共管鐵路大會，以
從事反對列強共管鐵路運動……自此以後，遂首先與魯之商
議籌組中國青年黨事宜……。

而「中青」元老之一的王師曾也說：「魯之先生是本黨曾故主席
慕韓先生以次的創黨人」又謂：

四十九年我（按：指王師曾）到香港會到魯之先生的時候，他
檢出當初慕韓先生給他商量組黨的一封信函交我帶回保存。
我寫此文時本想把這封函件檢出發表，但急促竟未尋得。我
想終歸可以找到，才不致辜負魯之先生交給我一封具有歷史
紀念性的函件之雅意。

茲舉上述數例及王師曾追憶信函事，可知魯之在青年黨草創時期之地位。

中國青年黨成立後，黨務的發展，除確立組織外，並在歐洲各地吸收黨員。宣傳方面，巴黎的《先聲週報》在胡國偉的提議下，由黨務會議通過，成為「中青」的旅歐言論機關刊物，並與周恩來主持的《赤光》半月刊展開筆戰，何魯之、李璜、張子柱、胡國偉等均為《先聲週報》論戰之健將。

青年黨在巴黎的《先聲週報》社

民國13年4月20日，中國青年黨第一次黨員全體大會，於巴黎社會博物館哲人廳召開，到會者五十二人，推舉曾琦為中央執行委員會委員長，魯之與張子柱、李璜、李不韙等均膺選為中央執行委員，並分派職務及頒發黨號，魯之任內務部長；黨號心絃，代表緊扣不懈之意。

民國14年，上海「五卅慘案」發生，又刺激了旅法華人的情緒，「中青」及旅法中共分子分別發起運動，表示聲援。6月4日，以「中青」黨人為主導，聯合二十二個團體，包括：先聲報社、華法教育會、救國雜誌社、少年

中國學會、四川勤工儉學同學會等，舉行救國大會，會議由魯之主持，討論提案，議決七項因應辦法：

(1)發表法文宣言；(2)致電國內各界；(3)致電北京執政府；(4)發表勸告國人書；(5)通告海外僑胞；(6)要求陳籙公使向法政府提出抗議；(7)成立一有永久性之團體──中國旅法各界救國聯合會。

6月7日，救國聯合會第二次大會，又議決：(1)抵制英日貨；(2)中國商店一律停市一天以誌哀悼而表愛國熱誠；(3)籌建紀念碑於上海。是日通過會章，宗旨為「本愛國精神實行救國運動」，並選舉執行委員十七人，魯之與鄧穆、李緯負責交際部。民國15年初，魯之得到法國巴黎大學歷史學博士學位，學成歸國，先後任國立成都大學、成都師範大學、國立四川大學史學系教授及系主任，凡十餘年，桃李盈門，視諸生猶子弟焉。餘暇則從事著述，焚膏繼晷，孜孜不倦。先後撰就《希臘史》、《歐洲中古史》、《歐洲近古史》三種，交由上海商務印書館出版；其他史稿數種亦著手編著中，國人自撰巨帙西洋史籍，自魯之始。

民國23年，共軍竄擾川境，魯之避難滬濱。時日寇節節進逼，華北局勢岌岌可危，青年黨在東北、長城一帶所部署之義勇軍，為日寇消滅殆盡，黨務也倍感艱困。適值黃膺白有意引介中青領袖左舜生赴廬山晉謁蔣委員長，舜生考慮是否接受，魯之乃提議全國各黨派團結合作，一致對外，並主張青年黨宜採取「聯蔣抗日，以固國本」的政策。力贊左舜生前往，從此奠下國、青兩黨合作之基礎，並為27年4月，兩黨在漢口交換函件之事立下張本。

三、共赴國難支持政府

　　民國26年，盧溝橋事變起，抗戰軍興，魯之續執教於四川大學、朝陽學院、國立東北大學及華西協和大學。課餘仍埋首於未完成之著作，其為《新中國日報》及《國論半月刊》所撰國際問題專論，及介紹西洋民主憲政運動之文，傳誦一時，備受輿論界推崇。

　　30年，任教東北大學，主講希臘史，為中國人講歐洲史的先進，後轉往華西大學。34年4月，獲選為第四屆國民參政會參政員。7月，在國民參政會第四屆第一次會議上，因為國民黨一意孤行，通過了召開國民大會的許多辦法。「中青」方面對此舉頗有意見，乃由魯之與左舜生、陳啟天、余家菊、常燕生等人，以提案方式提出了「請先實現民主措施從緩召集國民大會以保團結統一而利抗戰建國案」。

　　他們要求「必須先實現民主措施，協調全國意見，始可再行定期召集國民大會。否則，不僅於國事無益，且可能造成不必要之糾紛，甚至促成分裂，引起內戰，而影響八年抗戰以來全國軍民艱苦奮鬥所獲得之成果」。此外，抗戰期間，在野黨派在重慶組織「民主政團同盟」，後因中共暗中透過左派政團，提議將「政團」二字取消，不以團體而以個人為同盟組成單位，其用意在便於大量滲透。從此在「中青」之內，就產生了反對民主同盟的暗流，領導人化名隱隱子者，即係魯之。

　　抗戰勝利後，魯之於民國35年夏，在上海愚園路成立「中國人文研究所」，研究員有余家菊、邵培之、黃欣周、吳天墀、紀彭年、余文豪及魯之，魯之並任所長。該所規模雖小，但蒐集海內外典籍孤本

不少，專門出版國家主義叢書。該年11月15日，中共和「民盟」拒不參加國大已成事實。「中青」為遵守「政協」決議，提早結束訓政，實施憲政起見，乃毅然決定出席「國大」，魯之亦被「中青」推為制憲國民大會代表，在大會中曾代表青年黨發表重要演說。

事緣「中青」在制憲「國大」中的地位是非常孤立的，一方面有拒絕參加「國大」的中共及「民盟」內部左派分子，對參加制憲的在野黨派加以詆毀；一方面在「國大」中，也有一部分擁護「五五憲章」的代表，堅持傳統成見，不願見任何趨向於自由開明的憲法改革。其中尤以憲法的爭執，最為激烈。在12月4日的「國大」第八次會議中，魯之代表「中青」說明該黨對憲法的基本態度：

民國35年秋，何魯之與中國人文研究所全體人員合影於上海愚園路。左起：余家菊、邵培之、何魯之、黃欣周、吳天墀、紀彭年、余文豪

> 青年黨對於政治制度素來一向的主張，是責任內閣制度、議會制度，其意在使行政機關對立法機關負責任，在使治權與

政權互相控制、互相平衡，在使治權與政權的流弊點彼此
相抵相衡，而終至於相消，是要使國家最高元首超於政潮之
外，不受政潮影響，這樣國家才能安定，政局才不至陷於紛
擾，這就是青年黨主張責任內閣制度、議會制度的理由。
……現在因環境的需要，召開國民大會，要制定一部盡善盡
美的國家根本大法，這是因為雖然抗戰勝利，但國內的問題
依然困難重重，非如此不足以解決一切的問題。說明白點，
非制定一部合乎時代需要的憲法，非建立一個負責新的政
府，決不足以解決一切的問題。

除了肯定憲法的重要性外，也將「中青」對憲法的基本主張清晰的表
明出來。

　　民國36年春，魯之出任國民政府委員，雖身在廟堂，仍念念不忘
學術文化工作之推進，曾有刊行《人文叢書》之計劃，已出數種，均
屬反共名著，由其主編的《國家主義概論》一書，即為其中最著者。
9月，太夫人逝世，哀痛逾恆，安葬既畢，閉門守制。該月，「中
青」在上海舉行第十一次全國代表大會，修訂黨章，擴充中央執行委
員會，魯之與左舜生、陳啟天、余家菊等十九人當選為中執會中央常
務委員。是年冬，亦當選為第一屆國民大會代表。

　　民國37年秋，自滬返蓉，籌劃成立「人類文化研究所」，企圖以
思想文化，樹立反共思想，並謝絕應酬，埋頭整理舊稿，羅致助手從
事研究工作。38年冬，大局逆轉，渝、蓉危在旦夕，魯之準備殉國，
乃將其畢生心血之結晶，業已全部完成之七種史稿：《西洋通史》、

何魯之編《國家主義概論》（民國37年）

民國37年春，何魯之伉儷（中間）與龔從民伉儷遊南京靈谷寺留影

《西洋上古史》、《西洋近代史》、《法國史》、《希臘文化史》、《羅馬帝國史》、《西洋歷史地理圖解》，託人帶往臺灣，以為流傳。不幸中途失落，此誠學術界無可彌補之損失也！時魯之經濟拮据，但尚無撤離成都之意，且殉國之心益堅，後經親友同志力勸，始於成都陷落前夕，攜眷飛港。

四、飄零海外與從事反共

　　民國38年12月，是時港、九左派氣燄囂張，不可一世，反共人士噤若寒蟬。魯之乃與左舜生、謝澄平、丁廷標等人創辦文化出版事業，發行反共書刊，並合辦《自由陣線》週刊。首揭海外民主、反共之大旗，爭民主、倡自由，對共產主義及毛共暴政提出嚴厲批判。39年初，更與顧孟餘、張發奎、伍憲子、程思遠、金侯城、毛以亨、徐傅霖、翁照垣、唐筱蓂、劉德溥、張國燾、羅夢冊、黃如今、李微塵等人組「第三勢力」，試圖於國、共之外形成

另一股反專制、反極權、反侵略、爭民主、爭自由、爭生存的反共民主浪潮。

此外魯之與左舜生、翁照垣等人還成立「自由出版社」，翻譯、著作出版大量反共書籍，並打算在香港辦研究所，從思想方面對中共展開理論鬥爭。希望能從最基本的工作紮根著手去做，以冀能達成反共的目的，而此行動當時不僅震撼了港九社會，也對毛共政權造成不小壓力。魯之為國家存正氣，為民族伸大義之志節，巍然若魯殿靈光，中流砥柱。該年冬天，受聘為總統府國策顧問。晚年罹哮喘，病發時極感痛苦，各院校有請其執教者，概予婉辭，以是生活清苦，健康日損。47年，在德化隆主教、田春耕神父的見證下，販依天主。

49年，總統蔣中正邀「中青」參加行政院，「中青」中央常會不能決，陳啟天囑王師曾、沈雲龍赴港就商於魯之，魯之以無條件參加告知。是年，國民大會召開第三次會議，彼時海外對於修改憲法及總統連任問題，意見分歧不一。魯之以海外在野領導人之身分，發表談話，主持正道，對於當時爭論不已之局面，實有澄清之作用。55年，國民大會召開第四次會議，魯之扶病返國出席，履行職權，足見其熱愛祖國與維護國家反共中心之至意。57年4月25日，因病逝世於香港，享年78歲。

魯之個性恬退為懷，用舍行藏，純任自然，視榮華如敝屣，居鬧市若林泉。自奉甚儉，而待人至厚。治學一歸於篤實，處事悉秉乎至公。晚年更潛心老莊，深得體實用虛之精義。生平樂成人之美，汲引人才，獎掖後進，不遺餘力。性豪爽，千金一諾無吝色，同人之需要援手者，不待將伯之呼，即荷玉成之雅，其德量之恢閎如此。

五、史學思想及其行誼

　　魯之係留法的歷史學博士，他從浩瀚的西洋史籍中，抽繹出幾個歷史觀念，而成就其自己的史學思想。他以為人類之所以勝過其他動物者，在人類能累積知識，發展智慧，而其他動物祇是從本能方面經營生活，追求感覺的肉體之快樂。因此一部人類的歷史，是人類精神活動的表現，是人類努力創造的結果。人類努力的目的，在與惡劣的環境相搏鬥，戰勝環境，控御環境，克服一切困難，爭取自由的實現。如果聽天由命，屈服於環境，則一部人類的歷史是不會有的。且歷史上有許多重大的問題，在當時幾乎是無法解決的，但隨著時間的開展，所有的問題都解決了，而且解決得相當公平。

　　歷史的法則是嚴肅的，一個民族的盛衰興亡，都有其所以然的道理，種一點善因，總可收到一點善果，努力一分，必有一分的收穫。在歷史的片斷中，儘多野蠻人征服文明人，惡勢

何魯之著《希臘史》

力壓倒善良人類的事實，但從長期的歷史趨向看，總是正義、人道、自由、理性獲得最後的勝利。職是之故，魯之提出他個人「歷史現實主義」的觀點，認為每一個歷史事實都是許多歷史條件造成的結果，一國有一國的國情，一個時代有一個時代的精神；我們不能違背時代精神走向復古；更不能抹煞特殊的國情，主張全盤西化，這些都是反歷史的。一個受過歷史訓練具有豐富歷史知識的人，必然是尊重歷史的經驗，而決不會僅憑幻想偏見，做出魯莽滅裂、盲動冒進、貽害國家民族的勾當。所以魯之常鼓勵人多讀歷史，汲取古今中外的知識經驗，點燃智慧之燈，照亮在障礙重重中摸索前進的人類。

至於其行誼，綜觀魯之一生言行，最重要的不外有三：(1)使中國成為現代化的民族國家，魯之是西洋史的權威，所以對於現代世界史上的民族國家，了解極為深刻，他參與發起成立中國青年黨，目的便是要使擁有五千年光榮歷史的古國，完成現代化的民族國家，使國民共臻富強康樂之境。(2)反對共產黨，國家主義和階級鬥爭，原是彼此絕不相容的二種對立的思想。魯之畢生提倡國家主義，在思想上對此早已有透澈的認識。從現代世界歷史上看，反共而不採取國家主義，其必然失敗無疑。魯之說：有人以為國家主義是屬於極右派的組織，凡是極右派的政治思想，和極左派，未必受人歡迎。這話的正確性如何，姑且不論，但就中國青年黨來說，它所主張的國家主義，決非褊狹的國家主義可比，它是以中國數千年來的仁愛傳統為內涵的國家主義；同時，因為它更主張民主政治和社會政策，所以用中國青年黨的國家主義思想辦法，來克服共產主義，魯之認為不僅是對症下藥，而且是游刃有餘.。(3)聯合國民黨共同負擔國家責任，魯之一生站在國家

主義、建設現代民族國家和反共的立場，一向主張聯合國民黨，共同負擔國家責任，亦即各自站在自己的崗位，共同為完成國家的目的而努力。魯之一生之志節，由此亦可一覽無餘矣。

一代理論大師常燕生

一、家世及早年

常燕生（1898-1947），初名乃英，改名乃瑛，復改名乃悳，別號士忱，字燕生，以生於燕京故也，後以字行。山西省榆次縣車輞村劉家寨人。生於清光緒24年（1898）10月22日，適值戊戌政變，百日維新失敗之時；卒於民國36年（1947）7月26日，享年50歲。常氏為榆次望族，該地距縣城四十里，離正太路榆谷支線的東陽鎮車站八里。其家族世以務農為生，清乾、嘉以後，家道漸殷，同、光之間更為發皇，在東口（張家口）、西口（歸綏）及外蒙均有生意往來，至燕生伯叔輩，復以能幹善賈著稱。

當清末光、宣之際，全國之財富大都集中於山西票號、而山西財富又集中於平遙、祁、太谷、榆次四縣，榆次的富戶常家即居其一。辛亥革命後，因受時局動盪影響，常家開設於各地之商號紛紛倒閉，債臺高築，

家道由是中落。燕生的父親常運藻（鑑堂），清末曾任詹事府主簿、河南商城縣知縣等職。入民國後，被選為山西省議會議員、候補參議員，後又出任縣財政局局長及縣立女子小學校長多年。為人性情鯁直，清正嚴明，不怒而威，但思想卻開明通達，在清末民初即主張推行剪髮、放足、禁煙等新政。

　　燕生的太夫人乃進士禮部主事韓大鏞（序東）之女。其外祖據聞係「讀書務博覽，不拘於一格，亦不效他人之矻矻窮年，觀其大略而已。為文辭操筆即成，若不經意，而辭意俊邁，風格遒上。」燕生爾後之才華性行，多半得自母系之遺傳。3歲時，韓太夫人以難產去世，繼母那拉太夫人躬親撫育，視如己出。

常燕生

二、求學時期與初入社會

　　光緒29年（1903）至宣統3年（1911），燕生隨父宦游河南，先後旅居開封、鞏縣、周家口、清化鎮等地

長達八載。因父親管教甚嚴，未敢縱情嬉戲，6歲即啟蒙識字，7歲閱《三字經》、《百家姓》，8歲從關雁秋學，讀《孟子》。14歲時，燕生於中國經史之學已奠定良好基礎。宣統3年，由豫返晉，就讀於本鄉篤初小學及中學，所作課文有〈三國論〉、〈忠孝論〉、〈岳武穆班師論〉及〈魏孝文帝論〉等篇。議論之作，理路清晰，深受師長所賞識。

民國元年（1912），燕生撰就〈孔子之道非宗教議〉，啼聲初試，大獲青睞。據其自述，此文乃深受梁啟超之影響，文未發表，蓋持論謹慎故也。其後來在《新青年》上刊載之〈我之孔教觀〉，即係脫胎於此。同年，與四兄乃欽合辦《評議報》，僅出一期，是手寫稿。其中有燕生一篇文章，署名「癡隱」，為談論日本乃木大將之死及其殉君之非。

民國2年，燕生入太原陽興十二縣共立中學肄業，以其文才脫俗和人品端正，隨即得到師長之器重。山西民政廳長趙醴泉，慕其文名，有意納為乘龍快婿。是年5月，趙醴泉約見燕生，垂詢家世甚詳，燕生據實以答，誠懇無諱，趙嘉其風度，許以次女嫻清。

3年，燕生與嫻清成婚於太原。不久，嫻清亦考入山西省立第一女子師範學校就讀，鴻案相莊，一時傳為美談。其間燕生博覽群書，涉獵至廣，舉凡佛學、古文、駢文、詩詞無所不包。4年，「五九國恥」事件發生，燕生憤慨不已，一度欲化裝為偵探，深入敵後，盜取情報。

5年春，山西全省各中等學校舉行國文會試，燕生拔得頭籌，高中榜首，時人譽為「山西狀元」。是年夏，燕生畢業於陽興中學，負

笈北京，考入北京高等師範學校史地部，以燕生之橫溢才華，來到人文薈萃之古都，受西潮新學之激盪，與博學碩儒者交遊，自然是觸類旁通，聞一知十，進步神速。民國8年夏畢業，旋即任教高師附中。其間，燕生於6年與《新青年》主編陳獨秀通信多次，並討論孔教問題。撰〈我之孔教觀〉一文刊於其上。7年，燕生21歲，因思想早熟，開始冥想生命定向之哲學問題，乃鑽研佛法，以求因果之說。然其學佛心態，與常人異，既非燒香念佛之儀式，也非虛無寂滅之出世法，其信仰的，乃是一個猛勇精進的大乘佛教精神，抱持「眾生不成佛，我誓不成佛」之宏願，此悲憫情懷與其後來獻身革命救國大業，甚有關係。

同年春，其夫人因難產逝世於太原，燕生哀慟逾恆，乃將二人平日唱和之詩歌及悼亡之作，編輯成冊，題曰《影鸞草》。及至10年，燕生初旅滬上，鄭振鐸、俞平伯見其詩稿，題新詩於報端，並揭載於《文學週報》上。8年，燕生為北京高師校刊及《平民教育》半月刊撰述文章，並初次試作新詩兩首，署名「新光」。「五四運動」發生後，燕生參加「北京學生聯合會」，被推為該會教育組主任，承該會之命，與孟壽椿、周長憲、黃日葵三人合編《國民雜誌》。9年，燕生於《國民雜誌》二卷四期發表《東方文明與西方文明》一文，此為其首次公開討論文化問題。此外，他還致書張東蓀，討論佛教問題，文章亦刊於上海《時事新報》之副刊《學燈》上。

民國10年夏，燕生返太原。秋，與蕭碧梧女士結婚。新婚不久，燕生即接受吳淞中國公學附屬中學之聘約，南下上海，擔任西洋史課程。抵滬後，因為交遊日廣，為文亦漸多。民10至12年間，他在《時

事新報——學燈》上發表過〈愛的進化論〉、〈北京與上海〉、〈反動中的思想界〉、〈虛無主義與中國青年〉、〈對於反宗教大同盟之諍言〉等文。

　　還有關於教育制度問題的論文若干篇，披露於《民鐸》雜誌，後來俱編入《全民教育論發凡》一書中，委由商務印書館出版。另又有〈教育上的理想國〉論文三篇，刊於《教育雜誌》，後編列為教育小叢書之一。12年夏，燕生辭吳淞中國公學職，返回山西，於家中閒居休養半載，其間完成了《社會學要旨》。13年春，赴北京就師大附中教職。秋，接受燕京大學聘，教授歷史，並編《中國史鳥瞰》為學生講義，後該講義易名為《中華民族小史》，交上海愛文書局出版。

三、加入中國青年黨

　　民國14年，燕生續執教燕大歷史系，並開始其政治和社會活動，聯絡山西學界同鄉組織「青年山西學會」，發

《影鸞賸草》

《時事新報》副刊〈學燈〉

行《山西週報》，對晉省省政提出改革建議。參與之會員中，有屬於國民黨西山會議派之張友漁、侯外廬；共產黨的陳孔煥；以及無政府主義的高長虹。是年8月，陳啟天、余家菊二氏至太原出席「中華教育改進社」年會，晤燕生，論及國家主義，雙方契合如故。燕生因篤信國家主義為彼時最正確之救國主義，乃於11月中，在陳啟天的介紹下，加入中國青年黨。時蘇俄正推行其東進政策，實踐從北京至加爾各答到巴黎的大迂迴戰略，利用金錢和同情弱小民族之虛偽宣傳，收買大批知識青年和政客，為其赤化中國的陰謀作先鋒。

燕生有鑒於此，憂心忡忡，乃撰〈我反對蘇俄的一個最大的理由〉一文，刊於14年11月16日，《晨報》副刊一三〇六號，此文後收入《聯俄與仇俄問題討論集》。在這篇文章裡，燕生針對共產主義之弊端禍害，向國人提出四點警告：

(一)蘇俄的共產主義，乃是偽共產的官僚主義，這種主義如行於專制餘毒極深、官僚政治色彩極重的國家如中國者，其所生的弊惡尤百十倍於他國。(二)蘇俄的政治不但非出於全體國民的公意，抑且非出於全體勞農階級的同意，不過少數共產黨專斷的政治而已，這是我們篤信民治主義者所絕對不能承認的。(三)蘇俄共產主義者假共產之名，行專制之實，與中古教皇假宗教之名行專制之實，其為害相同，人們迷信它不以為非也相同；今天的蘇俄，猶如穆罕默德回教大帝國，想把他們盲目的信仰征服世界。(四)蘇俄最可怕者，即在以其專制的榜樣暗示於青年，使青年有為之士不從坦蕩蕩

的民治大路走，而迷信武力萬能、排斥異己的黨化政治，變成專制主義的擁護者，其結果將促成民族的死亡。

在半個世紀前，中國正開始瀰漫著親俄迎共之氣氛時，燕生已然體認到蘇俄共產主義之官僚化、專制性、宗教性和征服世界、亡我民族的可怕，其如炬的目光和超越時代的卓識，誠為彼時之反共先覺。15年3月10日，因旅俄華僑受到蘇俄政府慘無人道的壓迫和殺害，北京的青年黨人，聯合各愛國團體在北大召開「反俄援僑大會」，燕生和李璜、聞一多、彭昭賢等人登臺講演，不料俄國使館竟嗾使中共雇用工人流氓搗亂會場，雙方一陣混戰，卒將暴徒擊退。

該年夏，燕生任教燕大滿兩年，因對當時之教育制度不滿，乃辭去教職，自行創辦「愛國中學」，自任校長。其間也經常向《世界日報》的兩個副刊《學園》和《莽原》週刊投稿。7月，中國國家主義青年團在滬召開第一次全國代表大會，燕生前往出席，並當選為中央執行委員會委員兼宣傳部部長。16年，為專心致力黨務，乃辭去「愛國中學」校長。7月，參加國家主義青年團在滬召開的第二次「全代會」，並草擬該團之時局宣言。會後燕生留滬，供職於中青總部，主編《醒獅週報》。他常用仲安（黨號）、惠之、平子、萍枝、平生、凡民等筆名，在《醒獅》上發表政論、時評、詩、劇作等作品。又撰《世界國家主義運動史》及《三民主義批判》二書，後來都發行單行本，列入黃皮小叢書。此外在《民國日報》副刊《覺悟》上，燕生亦發表公開信數封，專門討論思想態度問題。是年12月，燕生曾有〈中國民族與中國新文化之創造〉一文，刊於《東方雜誌》第二十四卷二十四

常燕生手稿

號，此鞭辟入裡，擲地有聲之文章，即由今日觀之，仍跌宕有力，意義非凡。

17年8月，燕生於出席青年黨第三次「全代會」後，即由滬返晉。本想攜眷南下，不料因病中止，在家閑居半載，埋首著述，成書三種：《中國文化小史》、《中國思想小史》、《中國政治制度小史》。其中《中國思想小史》尤為個中翹楚，書中特別指出陰陽家多注重智識的探討，有愛美的精神，與希臘思想近似，大概同屬海國的緣故（齊、燕濱海）。該年秋，上海之青年黨同志，辦了一個文藝性的刊物《長夜》半月刊，每期篇首總有幾篇談思想文化或諷刺政治社會之雜文。燕生期期必有佳作刊布，如〈關於真理問題的一些話〉、〈前期思想運動與後期思想運動〉、〈房龍的人類為思想的權利而奮鬥的故事〉、〈越過了阿Q的時代以後〉、〈荒原的夢〉等等。

18年春，《長夜》停刊，改出《長風》半月刊，性質仍同。燕生於《長風》上之文章有〈民族精力與文化

創造〉、〈蠻人之出現〉、〈悼梁任公先生〉、〈發思古之幽情〉、
〈什麼是今日的反動思想〉等篇。同年春。燕生在家編著《中國財政
制度史》，事畢，旋即赴滬，擔任「知行學院」教授，主講歐洲近代
史及國文。是年秋，赴港出席青年黨第四次全代會。會中燕生特別確
定思想文化的方針為：在消極方面，主張打倒家族主義、個人主義、
階級主義、部落主義四種反動思想；在積極方面，主張建設組織化、
紀律化、民主化、科學化和國際平等化的國家思想。

返滬後，燕生仍在「知行」執教：復兼大夏大學「歷史研究法」
課程，因對於當時大行其道的考據派歷史學頗不以為然，故為學生講
授「歷史相對論」的學說，惜未繼續發揮。本年燕生尚有《聯省自治
之研究》長文，連載於《醒獅》，後彙輯成冊。此外燕生復著手撰
《法蘭西大革命史》，後交中華書局出版。是年冬，燕生返太原。

四、致力黨務活動

民國19年8月，燕生赴津參加中青第五次全代會，會後定居北
平，致力黨務。這一年中，他先後完成了幾部書的初稿，如《西洋文
學簡史》、《文藝復興小史》、《德國發達簡史》、《生物史觀與社
會》。其中尤以生物史觀學說，係針對共黨的唯物史觀而發，是對
付共黨鬥爭的重要反共利器。其主旨在以民族性來解釋歷史文化之發
展，而歸結到以國族鬥爭反對共黨的階級鬥爭。此外尚有論文若干篇
刊於《中華教育界》，內有一篇教育學大綱計劃，為闡述其對教育的

改造理念之作。20年春，燕生為了中青黨務，曾有漢口之行，隨後到河南大學執教，後因受北平「《華北日報》事件」影響而去職。

「九一八」事變起，燕生自豫返平，見國難嚴重至此，儘管黨禁未除，仍公然高唱「野戰抗日」說。他強調野戰是一切弱小國民抵抗強暴最有力的方法，可使日軍晝夜不能安枕，難以充分利用佔領地區，只要國人肯作長期犧牲，最後終能迫使敵人自動退出。本年燕生尚著手撰《社會科學通論》一書，翌年脫稿。「九一八」事變後，中青宣布「政黨休戰，一致對外」。21年，「一二八」淞滬戰役，當時駐守閘北的中青同志有翁照垣、丘國珍和吳履遜等人，日寇來犯，淞滬之役即因翁部之首先發難而揭開。後翁調守吳淞，以一旅之眾，抵禦日寇陸海空的三面攻擊，最後殿軍整旅而退，使敵人從此不敢輕視中國，世界各國對我國亦觀感一新。

燕生認為這是現代民族的一首動人史詩，因作〈翁將軍歌〉以記之，傳誦一時。吳宓教授曾評云：

> 此歌氣格高古，旨意正大，深厚而沉雄，通體精錬，無懈可擊。其序係倣杜甫同元使君春陵行，其詩亦直追少陵及唐賢。惟予細讀之，覺其甚肖李義山韓碑詩，疑作者必於此規撫；至若香山與梅村，皆欲突過之而不屑追步者矣。統觀九一八後兩年中南北各地敘記國難之佳篇，應以常君此歌為首選。

其評價之高可知。稍後燕生又撰〈論新詩〉一文，贊成自由解放的新詩，但對於流行的各派新詩，以為很多走入晦澀堆砌的魔道，他不甚

喜歡。其後燕生又作〈山西少年歌〉，刊於南京鍾山書店出版的《國風》上。燕生嘗自名其詩集為《嶺上白雲齋詩鈔》，蓋取意於陶弘景的詩：「詩中何所有，嶺上惟白雲，只可自怡悦，不堪持贈君」。

是年，國民政府在洛陽召集「國難會議」，中青被邀出席者九人，燕生居其一。茲因當局無意取消黨治，拒不出席。民國22年，長城戰役，燕生仍留北平，其時正值日軍進逼，北平危急，我被迫簽訂「塘沽協定」，乞盟城下之際。燕生憂國感時，作〈故都賦〉以明志，刊登於5月22日天津《大公報》文學副刊，吳宓評云：「此賦有關於歷史國運者至重，蓋今之哀江南賦，真切詳盡，包舉無遺矣。」

23年初，燕生攜眷返晉，時山西教育學院院長郭允叔（象升），因看到燕生的〈故都賦〉大為讚賞，聘為該院講席。時北平《獨立評論》上，有蔣廷黻主張中國需要一個專制的時代，吳景超則強調宜用武力統一中國等論調。燕生睹此，頗不謂然，乃撰〈建國問題平議〉一文，一面批駁蔣、吳二人謬論，另一面則贊同胡適的無為政治，燕生提出建國三時期論：

> 第一是休養時期，其主要工作是裁兵、裁官、減政、減稅、澄清吏治、剷除盜匪，使人民的負擔逐漸減輕，能夠自由吐口氣；在思想上也不妨取同樣的政策，言論、出版、集會、結社一切自由，大家自由說說談談，把不平之氣放出一點，社會上自然減少許多亂子。第二是小規模培植時期，其主要工作是興教育、修路政、扶助人民自動建設小規模的實業，將大建設的人才和條件都預備好了，然後才能進入第三個大

規模建設時期。至於中央政府，可用尊重民意的辦法來逐漸削減地方割據勢力，以完成國家的真正統一。

此文刊於2月4日出版的《獨立評論》。其中論點，深獲胡適欣賞，年底胡適在〈一年來關於民治與獨裁的討論〉文中，尚特別提到燕生的這篇文章，他說：「我絕對相信常燕生先生的從民權伸張做到國家統一的議論」，可見燕生這篇文章影響之大。

由於內外環境的惡劣，中青自21年夏改組以來，黨務漸有陷於停頓的趨勢。24年7月，中青在滬召開第八次「全代會」。燕生先期赴滬參加《國論月刊》籌備工作，欲以之為言論喉舌。會中，燕生當選為中央執行委員，兼任宣傳部長。其時，正值全面抗戰前夕，朝野亟需團結合作，故該刊立場，比過去《醒獅》緩和得多。燕生在《國論》每期都有重要的政論或有關思想文化問題的文章發表，他的文章本著生物史觀的見地，竭力反對個人主義和階級主義的理論，積極提倡國家民族至上的思想，為即將面臨的國族生存鬥爭作精神準備。以後這些文章大都編入《歷史哲學論叢》及《生物史觀研究》二書。

是年秋冬之交，燕生自滬返太原，就任綏靖公署主任辦公室秘書。以他當時在山西教育文化界的地位和聲望來說，此職實屬委屈，友好相勸勿就，夫人亦代鳴不平。但是他說：

> 我的本意並不想做官，我以為一個革命黨人在現有的社會裡，無論做什麼都不過是好比在前臺唱戲，唱戲的扮演皇帝和扮演乞丐都沒有什麼關係。在國、青交換書信以前，一個

青年黨員並沒有承認當時的國民政府的義務，因此在國民黨底下無論做什麼官，既不足為榮，亦不足為恥，只不過是一種達到目的的手段罷了。

在太原期間，公餘之暇，燕生還辦了一個同時反日又反共的刊物《青年陣線》，每期刊登之短評和時論，幾乎均出自燕生手筆。

民國25、6年交，在國內正展開人民陣線與國民陣線之爭，燕生特在《青年陣線》上連續發表文章，指出人民陣線不過是共產黨的工具，國民陣線也只是法西斯黨的化身，前者是偽君子，後者是真小人。中國今天需要的，不是人民陣線，也不是國民陣線，而是舉國一致對外的全民救國聯合陣線，把全國愛國家、愛獨立、愛自由的人民團結於一條戰線之下，但親日、親俄的漢奸國賊必須除外，真是痛快淋漓，一針見血之論。

《歷史哲學論叢》

五、全面抗戰筆政報國

　　民國26年7月7日，「盧溝橋事變」爆發，蔣委員長隨即召集「盧山談話會」，宣佈盧溝橋事件是中國的最後關頭。日軍旋即進犯淞滬，全面抗戰自此展開。時燕生仍在太原綏靖公署任職，目睹敵人佔領平津、砲打南口、機轟京滬，前線將士浴血苦戰之景，內心悲憤，時思有為以報國。然一介書生，請纓無路，不得不於啟發民智，激勵抗戰意志著手，於是發憤著書，於兩個月中完成《老生常談》二卷。年底，山西省政府準備遷徙，燕生離開省府，取道晉南欲與李弗生從事游擊工作。後以中青與國民黨領袖取得諒解，軍中黨部早已解散，停止一切單獨軍事行動而作罷。27年春，燕生受聘四川大學，在史學系開講歷史哲學；另外恢復《國論月刊》，改為週刊。

　　夏，獲遴聘為國民參政員，同時並前往漢口出席中青九全代會。時武漢危急，機關人員紛紛向重慶撤退，燕生懍於身為國家主義者對國家之特殊責任，不願返蓉賦居閒適，遂偕若干同志潛赴大別山區，策劃敵後工作，後以無成，乃於年底由前方回到成都。時《新中國日報》已遷蓉復刊，由燕生總主筆政。方武漢、廣州危急失守後，汪兆銘密謀與敵妥協之意已顯，時在重慶任國民政府中宣部長的周佛海，正釀製悲觀求和之低調。燕生針對此種和談濫調，於《新中國日報》接連發表〈此時還有徘徊瞻顧的餘地嗎？〉及〈正人心、息流言、拒邪說、惟有請政府立即正式宣佈既定國策不變〉兩篇堅持抗戰到底、反對中途妥協的文章。

　　其中尤以後文在12月16日披露報端後，周佛海見及，大為詫異，深知此文殺傷力甚鉅，曾自重慶捎電向報館詢其作者為何？唯遭報社負責人嚴詞拒絕。基於中青和中共之長期鬥爭經驗，雖然國難方殷，雙方暫時休兵言和。然憂時之士咸知，一旦戰爭結束，鬥爭即起。因此為了知己知彼，燕生決定赴延安一探究竟。民國28年3月，在取得中青總部同意後，燕生與《新中國日報》記者呂平章，向西北進發，至西安，先搭第二戰區軍車赴宜川秋林鎮晤閻錫山，隨後赴延安會晤中共首領毛澤東、張聞天、陳紹禹、王若飛、高崗、周揚等人；也參觀了邊區政權機關，包括「抗大」、「魯迅藝術學院」在內。在行程結束後，他批評延安的政治始終都是見小不見大，見近而不見遠；小處近處非常精明，但大者遠者則看不到了。

　　民國29年1月，在燕生主持之下，《國論》再度復刊，改為半月刊。此刊物有幾大特色：(1)支持抗戰到底的國策；(2)闡述「新戰國時代」或「大戰國時代」的理論；(3) 發行憲政運動專號；(4)歐戰爆發後，發行《評論特輯》。這些特色都在燕生的鼓吹下，網羅一流的史學家或政論家所探索討論的文章。是秋，燕生受聘為川康農工學院講授國文。30年起，又在華西大學哲史系兼課，主講歷史哲學。燕生對於抗戰始終是樂觀的，任何前方失利之消息均不足以動搖其最後勝利之信念。

　　他在31年上半年，接連寫了四篇研討戰後國策的文章，因為這時他就整個世界戰局的觀察，民主國家勝利已不成問題，問題在戰後我們能否順利收復失地，確保勝利成果，展開和平建國工作。這就需要事前有充分的研究和準備，而為了預防共產黨的借題發揮，燕生高瞻

遠矚的提出「軍隊國家化」與「政治民主化」兩個政治訴求，而此二口號，後來也成為全國一致努力的目標。在這方面，燕生曾經撰述過〈軍隊國家化的意義〉、〈軍隊國家化的原則〉、〈軍隊國家化和政治民主化的正確意義〉等三篇文章加以闡揚。

34年9月2日，日本正式向盟軍簽字投降。燕生特於是日發表〈以憂勤迎接勝利〉一文，要國人在狂歡之餘，提高警覺，居安思危。12月，中青在渝召開十全代會，燕生當選中央常會委員，兼任文化運動委員會主任委員。35年1月，「政治協商會議」在重慶揭幕，燕生與曾琦、余家菊、陳啟天、楊永浚為中青五代表赴會。會後返滬，是年5月4日，《中華時報》在滬創刊，燕生經常為該報撰寫社論，初呼籲各方面相忍為國，團結奮鬥，後因洞穿共黨及其同路人之陰謀詭計，乃恢復其口誅筆伐之立場。

秋間，回到成都，寫了兩篇重要文章：一為〈民主政治需要獨立的人格〉，代表其晚期的政治思想；一為〈學人與政治〉，強調學人不宜作政治活動以警世。11月，赴南京出席制憲國民大會。36年4月，政府改組，燕生初被提任行政院政務委員，繼又入選為國府委員。6月，由滬返蓉，適逢水災，不意染病，醫藥罔效，竟致不起，於7月26日晨，因大腦炎症病逝於華西大學醫院，享年50歲。

六、思想評介

燕生勤於著述，涉獵範圍極廣，綜觀生平所發表的文章，以論文、專著及詩詞文藝等居多，合計不下四百萬言。其思想著述約可分

為四期：民國9年至12年，多著重教育問題，間亦涉及文化思想問題，主張廢止學校教育，推行社會化的全民教育，要從社會學的立場，建設真正教育學，其主張見於《全民教育論發凡》、《教育上的理想國》等書。13年至17年，致力政治革命，尤注意聯省以建國的問題，間為各書局撰述有關史學之通俗著作，如《三民主義批判》、《聯省自治之研究》、《中國思想小史》等書，皆為此期之作。

民國35年，青年黨出席政治協商會議五代表合影。左起為楊永浚、陳啟天、曾琦、余家菊、常乃惪（燕生）

18年至26年，則專心致力於思想理論的建設與鼓吹，如青年黨國家主義之哲學基礎「生物史觀」，其主張民族性為決定歷史社會的因素，乃有《生物史觀研究》、《生物史觀與社會》二書中加以闡述。27年至逝世，燕生更由社會科學的研究進展到歷史哲學，發揮哲學的理論，尤重於人生觀與宇宙論二者之間的論述。

《社會科學通論》

燕生平素研究以文史為主，不過其興趣廣博，他無意於支離破碎的考據之學，而要建立一套系統整然的歷史

哲學,為新國家的創造指出積極的正確方向。燕生的歷史哲學觀點為「生物史觀」,生物史觀是一種科學的生命史觀,它一方面將人類的社會文化和整個生物界緊緊連繫起來,認為人文現象也受生物學根本法則的支配;一方面它和先哲「天地以生物為心」的觀點,即以宇宙為普遍生命流行化育的觀點,也是一貫的。近代西洋思想的特徵是把高貴的生命價值還原到呆滯的物質機械系統,這是人類精神的墮落,從這裡導出現代的極權暴政是無足怪的。生物史觀即針對此點,積極肯定生命的價值,主張高揚人性,光大國性,發展個性,而歸宿到以民族性或國民性為推動歷史文化演進的因子。

其次,生物史觀的理論基礎,是建築在哲學的有機論上。哲學的有機論和英國懷德黑(Whitehead, Alfred North)的「通體相關的哲學」類似,這種哲學是以生物有機體各部分休戚相關的性質來解釋宇宙及人生;現在有機主義的概念已擴充到物理世界中,認為整個宇宙就是一個有機體,這與古人「以天地萬物為一體」的思想相吻合。換言之:人類、國家、社會、天下都是一有機體的具體表現。

燕生學問淵博,確為一體大思精之思想家,其所發表者,尚不及所蘊蓄十分之一。除上述外,遺著尚有:《社會科學通論》、《德意志民族自由鬥爭史》、《青年的路》、《十九世紀初年德意志的國難與復興》等書。

中青人物

驚天地泣鬼神

——苗可秀抗日殉國記

一、渾身是膽威懾悍敵

當年活動於平津一帶的東北學生軍，是由民國20年「九一八」事變後，逃入關內的東北各大學、中學的一部份學生組織而成的。通常所說的東北義勇軍，差不多把大部份的東北學生都包括在內。他們為數相當龐大，有的是出於自願；有的是由校方指定參加。東北義勇軍的興起，可以說完全是歷史的產物。晚清以降，日俄兩國對東北的步步侵逼，早已令東北同胞咬牙切齒，同仇敵愾。尤以自光緒31年（1905）日俄戰爭以來，日本對東北的侵略行徑，在在令東北同胞恨之入骨，沒齒難忘。兼以東北民性，向以強悍著稱，民初以來在愛國教育不斷的灌輸之下，在東北人的心中，特別是東北青年的心目中，早已滋生著反日、仇日的根苗。

民國20年「九一八」瀋陽事變的爆發，終於激起了東北同胞忍無可忍的抗日武裝運

動；這抗日武裝運動最具體的表現就是
東北義勇軍的成立。它加強了東北人自
衛、自救的決心，於是乎醞釀已久的抗
日根苗，終於日益發芽茁壯，葉茂枝
繁；這其中苗可秀就是那些叢林密樹中
的一株巨幹。

　　苗可秀，字而能，生於清光緒32
年（1906），亦為東北開始遭逢日寇正
式欺凌的後一年。父名長青；一名秀
青，世代以農為業，熱心公益，原籍遼
寧本溪，和鄧鐵梅同縣，後舉家遷居至
黑龍江省的富錦縣。其早年事跡，因史
料闕如，故不甚詳悉。只知道其在20
歲左右，曾肄業於東北大學文科文學
系。苗可秀面貌白皙，恰如女子，有漢
代張良風，但渾身是膽，威懾強寇，誠
大丈夫也。個子高，性沉默，寡笑嚴
肅，尚禮儀。「九一八」事變起，苗可
秀正就讀於東北大學，以國難當頭，報
國心切，乃投筆從戎，約同鄧鐵梅組織
義勇軍，聯合抗日。

　　鄧鐵梅也是本溪人，原任遼寧鳳城
公安局長，又曾任鳳城、岫巖、寬甸、

東北大學

安東、莊河、通化及桓仁等七縣聯防剿匪總指揮，在地方上甚有聲望且極具號召力。與苗可秀共同組織義勇軍時，由他連絡地方人士，由苗連絡東大同學；初成軍時僅有九人八枝槍，但在短短兩個月之中，參加者即速增為五千餘人，到了民國22年間，曾一度擴充至一萬多人，聲勢不可謂不大。這支義勇軍開始組成的時候，由鄧任司令，苗任教育長，負責部隊的組織及訓練，在游擊區，一面作戰，一面訓練。由於苗可秀的軍事長才，前後不到半年的工夫，把這支散漫的游擊部隊，整頓成為一支抗日的勁旅。

鄧鐵梅相當賞識苗可秀的天才，不久即升任其為該部參謀長。鄧部義勇軍以劣勢裝備，憑其高昂鬥志及官兵的愛國精神，在民國20年冬季裡，曾兩次攻入鳳城，一次攻入岫巖，斬獲極眾，人心大振。有一次在苗可秀的計劃策動之下，利用夜暗攻入鳳城，日軍於驚惶中，損兵折將不少，倉皇敗退；因此鳳城的百姓均知道鄧鐵梅及苗可秀這兩位抗日英雄。

二、義勇軍中游擊英雄

關於苗可秀的家世，抗日殺敵情形及死難經過等，世人知者不多。撲其原因不外是：(1)東北義勇軍的活動區域，遠隔內地，聯絡困難。(2)敵後工作，必須絕對保密，不能輕易暴露消息。(3)當年義勇軍在名義上，雖然歸「東北民眾抗日救國會」統一指揮；但實際上國民黨、共產黨、青年黨等都各派有敵後工作人員，各立指揮系統，所以

有時難免「各自為政」。(4)苗可秀為青年黨員，當年的青年黨是一個從事地下活動的革命團體。

「掌握在政府手中的宣傳機構，自來就缺少『揚人之善』的雅量」。所以一直到苗可秀殉難以後，也沒有比較完整具體的消息流佈世間。誠然如是，尤以第四點，其隸屬青年黨人，世人咸都不知。其實在「九一八」以前，青年黨的黨務，在東北地區發展得很快，不到幾年功夫就吸收了成千累萬的黨團份子。當年東北的軍政文教中心在瀋陽，所以青年黨在東北的黨務活動，也以瀋陽一帶為主要基地。文校方面的馮庸大學（按：馮庸亦是青年黨員）、東北大學；武校方面的東北陸軍講武堂、東北陸軍軍士教導隊，就是青年黨秘密活動的四大堡壘。此所以東北軍的中下幹部，東北各大學、中學的學生，當「九一八」前後時期，在青年黨黨員數額中，竟占有絕大多數的比例。

青年黨信仰國家主義，其宗旨是「內除國賊，外抗強權」。對中國而

英勇抗日的東北義勇軍

言，彼時的日本，可謂強權中的強權了，是以一個生長在東北的青年，自幼耳聞目睹暴日侵華之史實，義憤填膺，在所難免。兼以接受許多國恥教育及青年黨的訓練；忽而「九一八」變起，白山黑水一夕變色，家園淪喪，亡國之痛，其毅然決然的奮不顧身，走上抗日救國之路，幾乎是勢所必至的命定歸趨，苗可秀就是在如此這般的環境中孕育出來的。

此外，李璜在《學鈍室回憶錄》〈九一八事變與東北義勇軍〉一章中，也證明苗可秀是青年黨人。李璜說：

> 九一八事變時，我必須繼續在北平及東北一帶訓練青年勇敢同志，不斷的送出關去加強我們義勇軍的陣容。因此我今夜宣布，我們組織一「抗日救國學生軍」，不要馬賊，自求出路。我這一席話，立刻打動了特來北平引我到遵化的苗可秀同志，他首告奮勇，服從我這一指示，率領總部現有之幾位青年同志立刻出關。慎盧對於苗可秀之有勇有謀，自來器重，故留在身邊，今聽他發言後，慎盧即表示贊成。我勉勵他幾句，立刻將我貼身穿的一條夾背心，內縫有中國銀行本票一百張共一萬元，脫下來，令他穿在身上後，我說：「祝你成功！為國珍重，趁天未明時，你們七人就走，其餘六人，以後都要服從苗可秀同志命令，猶如服從黨的命令一樣！」苗舉手敬禮，我與二王同志還禮後，苗率著六人，回身即離小屋而去。慎盧為之泣下，我告慎盧：「此子眉宇間有英氣，而舉止沉著；我自北平與他同來，即詳察其有軍事

領袖才能；此去必有成就的。」……苗可秀是一個難得的英才，我的眼光一點也不差錯！中國青年黨組織東北義勇軍，犧牲青年同志於關外者，計在七百人以上。大家忠心義膽的去殺敵報國，各有其貢獻，各盡其天職，都是效死而無悔的。不過要像苗可秀那樣赤手空拳竟在東北幹出一番比較卓越的殺敵致果的成績，使敵人喪膽，令青年黨增光，結果壯烈殉國，至今令人歌頌，確乎難得！

由李璜的追述，苗可秀為青年黨員殆無疑義。

據中國青年黨黨史粗略的記載，苗可秀的奮鬥經過是這樣的：自鄧鐵梅被捕後，其所部義勇軍即歸參謀長苗可秀統率，仍轉戰於岫巖、鳳城、蓋平、本溪一帶，圖謀截斷日本侵略我國東北的重要工具——南滿鐵路和安奉鐵路。民國21年7月，率青年黨黨員出關殺敵，活動於「三角地帶」各隊義勇軍中。10月，以詐降誘殺敵軍官六人。冬，陷鳳城，攻莊河，使敵偽軍疲於奔命。歲末，團結各部義勇軍，粉碎敵自稱之「第一次大討伐」。民國22年春初，攻莊河，3月，克蓋平；4月，組義勇軍別動隊。

民國23年1月，改組別動隊為中國少年鐵血軍。又組織「中國少年團」及「綠林大同盟」，以是「三角地帶」之抗敵勢力日強。敵駐連山部隊中有：「三角地帶五千義勇軍不足慮，苗部三百別動隊實可怕」之說，敵寇之喪膽者若是。

民國24年6月13日，與敵苦戰於岫巖，傷臀部；21日被執，7月25日，就義於鳳凰城，被寸磔。青年黨黨史所載雖稍嫌簡略，但從其

中不難看出其經過梗概。苗可秀為人沉默寡言，處事則堅決果斷，其對同志忠厚誠懇，對部下和藹可親。善組織，精訓練，暇時總喜歡和隊員在一起聚談，問暖噓寒，如家人焉，故部下均樂為死命。嘗謂部眾曰：

> 有生之年，誓與倭寇周旋到底，一旦不幸戰死或被俘，均將
> 學老人結草抗回的故事，仍將與日寇繼續戰鬥。

職是之故，所以每次作戰，必身先士卒，鄧鐵梅倚如股肱。古語云：慷慨捐軀易，從容就義難。鄧鐵梅與苗可秀在眾寡懸殊下，在軍械窳敗補給缺乏下，歷經數十戰役，始終不屈服。拆毀鐵路，破壞交通，炸毀敵偽後方物資，使敵偽疲於奔命，周旋二年餘之久，誠屬難能可貴也。

三、臨刑鎮定不憂不懼

關於苗可秀死事之慘、之壯烈，可以說在義勇軍當中是唯一無二，空前絕後的。據黃恒浩在〈東北義勇軍四年〉一文中說：苗可秀於民國24年6月23日，在岫巖作戰被炮彈炸傷臀部，於7月21日被俘。苗是義勇軍中之健者，先是在鄧鐵梅部中任教育長、參謀長等職，在鄧未被俘之前，曾單身到瀋陽向日方詐降，日方信之，以為東邊從此無事矣！乃派二日人隨其到鄧部，皆槍殺之，自是日人乃無敢向鄧部試說投降者。

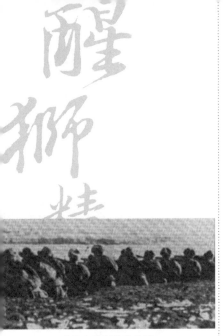

奮戰中的東北義勇軍

馬占山騎馬英姿

　　先是民國22年秋，鄧鐵梅派苗入關向各方聯絡，苗為任務方便計，經黃恒浩介紹，加入「光復東北同志會」。該年冬，又復出關，臨行前，要求東北協會，如果再向關外運械彈時，希望能分給他一部份，允之。時日人急欲招降義勇軍，鄧鐵梅被俘後，苗即與趙侗分領其眾，繼續游擊，苗為軍事奇才，將烏合之眾，訓練組織成為一支精銳的義勇軍。時鄧妾張氏偕陳參事官至苗部誘降，苗拒之，但任其去，蓋欲使其往還通消息，能捕得日人，而交換鄧鐵梅也。苗以鳳城、岫巖、海城三縣交界處山地為根據地，時常出沒於附近各縣，行蹤飄忽，襲擊日軍，使日軍防不勝防，倍感頭痛；招降既不可行，乃改為大規模圍剿。

　　民國24年6月23日在岫巖與日人戰，戰況激烈，苗身先士卒，臀部受傷，即由隊員抬之以行，一夜冒雨行至距鳳城約六十里處一莊子地方，詢謂日軍去該處尚遠，意為可以安全休息矣！不期入室未久，敵大隊騎兵即至，苗令

隊員遠避，自己偽裝為農家的病人，想可以騙過敵人，但仍為漢奸所識破，苗自知不免，乃自承為苗可秀。日軍以苗為一不可多得之鐵血男兒，井上少將乃想盡辦法誘苗投降，可是苗欲法文天祥行徑，堅不肯降，只云正氣千秋。日軍無奈，先送其至安東，續以逼降，苗仍不屈，又送瀋陽，還是不降，最後送回鳳城收監。

7月25日午後2時30分，苗被押到鳳城南公園，先在其身前置木柴一堆，焚其使用之物。敵又勸說：「不降即將被焚，降即任司令」，苗答：「但願一死」，乃云：「中華民族千秋正氣」，即將所預備之中華民國國旗披在身上，大呼「中華民國萬歲」、「中國青年黨萬歲」，旋即被亂槍擊死，遂遇難。據說日人因憤其誓死不屈，乃將他的心肝刨出，祭陣亡將士；在義勇軍中，殉國犧牲如此壯烈者，苗可說是第一人，英烈千秋，如此之人，才是代表中華民族的民族英雄。

四、慷慨就義全城飲泣

另外，據田布衣的記載，雖與黃恒浩大致不差，但死事更形偉大。田布衣在〈東北抗日英雄平話〉一文中說到：苗可秀，趙侗等都是馮庸大學（誤：應為東北大學）的學生，他們約了十幾個同學到鳳凰城一帶組織義勇軍，專門破壞日軍交通線，偷襲日軍糧食和軍火輜重。關東軍的將領們認為東北義勇軍沒有統一的指揮，又沒有現代軍事智識，長期生存下去是不可能的，實在不足畏懼。然而苗可秀等這群大學生，既長於組織，又善於宣傳，最能在東北老百姓和農村中

生根，倒是最難對付的一群，必需先予消滅，乃出動了一個旅團的兵力，四面包截苗部。

苗可秀獲悉日軍大舉進攻後，乃部署應變方略；這群年輕、英勇的抗日英雄們，雖有無比的勇氣和愛國的熱忱，可是究竟在軍事作戰上還幼稚，武器也缺乏。苗可秀把他們的義勇軍分成十股，分道突圍，苗自己留下遺囑，倘若他不幸遇難，就由趙侗繼續領導。

雙方正式接觸，苦戰一日夜，苗可秀正面抵抗日軍，把日軍主力吸引住，使得趙侗和其他義勇軍得以突圍；而苗自己則彈盡援絕，身負重創，終於被日軍俘虜。日軍活捉到學生義勇軍的領袖苗可秀後，如獲至寶，因他已負傷，乃先送至瀋陽陸軍醫院醫治，待把他的傷勢醫好後，乃向他勸降，要他去招安趙侗等義勇軍；苗可秀當然嚴詞拒絕，且忠義奮發痛斥日本侵略。關東軍知道無法說服苗，乃把他交付軍事法庭審訊，他們先把苗押在囚車上遊街示眾，瀋陽人民空城佇立街頭，大家懷著崇仰和尊敬的心情來瞻仰這位年輕的抗日英雄，只見囚車上兩邊站了八名日本憲兵，都是槍上膛，刀出鞘，中間站著一位27、8歲、面貌姣好、微笑從容的青年。他的手反綁著，不時向路旁左右立觀的市民點頭，每過一個街道，他就昂然揚聲大呼：中華民國萬歲。瀋陽市民們目睹這壯烈的一幕，有的怒形於色，有的低頭飲泣。

到了軍事法庭，苗可秀被押下車，他氣宇軒昂，有一股凜然不可侵犯的氣度，從容走上法庭。法官問他話，他宣稱這個法庭不合法，日本軍法怎可在中國領土上設立？問他同黨有多少人？他說全中國人都是他的同黨。日本審判官無可奈何，只得宣判他死刑。苗可秀執行

死刑那天，瀋陽市全城百姓都關門閉戶，好像家家有喪事一樣，日本憲兵把苗可秀五花大綁押赴刑場，苗可秀慷慨赴義，其壯烈精神直可和文天祥、史可法比美。

　　大矣哉！中華民族之靈魂，鳳凰山裏，掩藏無窮，岫巖四郊，埋葬無數英雄。苗可秀以一介書生，激於愛國熱誠，痛心國土淪喪，毅然奮起抗日；出入於槍林彈雨之中，率領愛國青年、志士、學生，作孤軍苦戰，在彈盡援絕流完最後一滴血後，從容就義後作一代青年之模範，立千古軍人之典則。豈有男兒希苟免，從來志士總心殫，誓志復漢業，未能報國仇，長留遺恨在，正氣自千秋，其死事之慘，直可驚天地，泣鬼神；其英風偉業，更可與山河並壽，日月長存。嗚呼！一代人傑苗可秀，正氣千秋，永垂不朽。

五、三通遺書拖孤寄弟

　　茲將他所寫的三封遺書，分別列下：其念弟念妻之情，確是斑斑血淚，令人不忍卒讀，比之文天祥、史可法諸先賢先烈亦未遑多讓！其第一封遺書是與王卓然的，卓然先生彼時曾任東大教授兼教育學院院長，所以他開頭以卓然師稱之，這封遺書是他被日人逮捕後第三天所寫的。

　　　卓然師：生於六月十三日。在岫巖與日軍作戰，當被砲彈中
　　傷臀部，在養傷中，於二十一日又被日軍偵騎所得，此書係
　　臥床伏枕，力疾為之者；一燭螢然，窗外蟲聲唧唧，似悲余

之有志不遂者。而生則以為余之事業，於此已告大成矣。日軍守護士兵，求余數字以為紀念；余書「誓掃匈奴不顧身」詩一首以贈之。日軍翻譯員前山（按：一說為少將井上，井上因敬其忠義，特扣請其題字，以留紀念，苗提筆直書：「正氣千秋」，井上敬其氣節，又感其為人），人甚和善，亦求余書；余書「正氣千秋」四字贈之。彼又頻頻囑余遺書友人，今夜其為余死刑耶？余死固無所慮。所慮者二事：一、父所遺產業無多，為余讀書之故，耗費蕩盡，致令余弟於今竟作流民戶，且負債五百餘元之多，日積月累，將來更不知何如，此皆生不事家事之故也。吾師能為生解決此一問題，生可以少慰吾弟；即生之私心，亦可以少慰於地下矣。二、余妻至愚魯，生一子，今年約六歲，斯子幼失其父，長誰教之？其將與鹿豕同矣！此生之所最痛心者。生擬名此子為「苗抗生」，勉其繼余之志耳；但誰為教之者？生籌思至再，願以此事勞吾師，不識吾師以為何如耳。生意吾師可以義孫視抗生，即令抗生以祖父禮事吾師；余妻即令為吾師作僕婦，人雖愚魯，吾師而善用之，伊尚能任勞苦也。如此，則吾子可以不失教，吾妻可以不失吃飯之所，生自為謀者，至矣盡矣，不識吾師究以為何如耳。吾師待生之厚誼，生惟有圖報於來世。吾弟、吾妻，現流落何處？生亦不詳（按：苗可秀死後，其遺孤隨其妻在黑龍江富錦縣苦度生活，情況甚為艱難，後即無消息矣），但令趙氏叔姪設法，總可以得其梗概也。自生入獄以來，心地坦然之至，此境覺殊不易作到，生不知由何修養得來也。古語謂

「慷慨殺身易，從容赴義難」，自生視之，兩皆易耳，第視
其真知義與否。吾師負整頓中華之責任，至為重大，望努力
而珍重之！不多談。一、賚、衡、辰、醒、光諸公，固此不
另，祝為國珍重！為國努力！二十四年六月二十三日夜十一
時，晚生苗可秀鞠躬。

這種臨危鎮定，不憂不懼的精神，談何容易！非平日義理融貫，
學養有素，具有堅定的革命人生觀，曷克臻此？

其第二封遺書，是他為日軍捕獲第四天所寫的，是寫與雅軒及
忱的。

雅軒、忱二位老弟

　　不見面者二年矣，念念！兄今為日軍階下囚，伏夜自
思，尚堪自慰，可慰者死得其所耳。昨夜秉燭作書，寄與卓
然師，其主要用意在於託孤，但能否到達卓然師左右，則未
可知，今再與弟等詳陳一切。一、被難經過：六月十三日在
岫巖與日軍作戰，兄為砲彈中臀部，創甚劇潛伏後方養傷，
二十一日為日本軍所搜獲，遂罹於難。二、泣託弟等者：(1)
家屬：甲、吾家至貧，弟之所知也，舍弟被吾所累，吾心實
覺不安。吾弟當向卓師及與吾有關係諸公處，懇祈設法少為
賑濟。乙、吾妻至愚，吾子尚弱，教育撫養，無人負責，此
兄最為關心之一事也。昨與卓然師大意如下：「吾子擬名為
『苗抗生』，令吾妻即在吾師家作僕婦，令抗生即以義祖父

禮事吾師，吾師即以義孫視抗生，而善教之。」吾弟以為如何？我身後事，大家要看在我的身上，時時關照可也。丙、我家屬事，找余七弟沛料理，亦係線索。(2)其他之一：弟等可在西山購一臥牛之地，為余營一衣冠塚，豎一短碣，正面刻苗可秀之墓，背面略述余之行事，墓旁植梨樹四五株，建小亭一間。每有休假日，弟等千萬要到此一遊。每到此處，要三呼老苗；我之孤魂，庶可以不寂寞矣。山吟水嘯鳥語蟲聲，皆視為余歌、余語、余泣、余訴，可也。(3)其他之二：凡國有可慶之事，弟當為文告我；國有極可痛可恥之事，弟亦當為文告我（按：這與陸放翁：「王師北定中原日，家祭毋忘告乃翁」的用心，又有何不同呢？）。(4)其他之三：少年團所印諸書，皆係余一手作成，在余被難前，亦曾刪定幾冊，弟等可與趙氏叔姪謀之，付之石印局，少印幾本，分贈我之友好，以作紀念。此外尚有幾篇信稿，亦可付印，文章大致可觀也。(5)其他之四：弟等思想要正確，精神要偉大，不要忘了我們要作新中國的主人，要作重整山河的聖手。作事不可因為一次的失敗，便灰心；不可因為一次的危險，便退縮，須知犧牲是兌換希望的一種東西，我們既然有希望，便不能不有犧牲，不過我們的希望務須正大而已。一手執筆，一手執紙，仰面而書。故筆跡至拙也。不多談了，再會吧。祝你們健康！快樂！希堯，風生……諸兄，同此不另。兄苗可秀手書，六月二十四日。

其第三封遺書，是他最後的一封遺書，在他就義前片刻所寫的。

余妻等不知流落何處？請諸公分神照顧！以妻子累人，此大丈夫之恥也，然而奈何！奈何！肅此，敬祝釋、衡一、雅軒、忱、同偉……諸兄弟努力！卓然師不另。苗可秀拜書，七月二十五日。

巴蜀自古多豪傑

——記魏時珍先生

一、早年及求學

魏時珍，本名嗣鑾，字時珍，筆名康高。四川省蓬安縣周口鎮人，清光緒21年（1895）生。蓬安地近嘉陵江畔，山清水秀，在川北貧瘠地區特稱魚米之鄉，地靈人傑，賢良輩出。時珍之祖父寶珊公即以樸學名家，稱譽於世。時珍因家風故，自幼誠篤聰慧，穎悟過人。光緒34年（1908），時珍15歲，入成都高等學堂分設中學就讀（以後併入成都府中），在理學家劉士志先生門下受「知恥力行」之實學訓練。與王光祈、曾琦、李劼人、周太玄、蒙文通、郭沫若、胡少襄諸友為同學，此輩以後在學術事功皆卓然有成。

民國元年，時珍自成都府中畢業。2年，赴上海，考入同濟醫工學院（即後來之同濟大學），由於天資穎悟，領會特高，於學精進勤奮；力學之餘，時珍又好廣結善緣，同學中除宗白華、鄭壽麟、謝蒼璃、沈怡外；友朋

155

中尚有曾琦、張夢九、李璜、左舜生等莫逆，彼儕均為爾後五四時代頭角崢嶸，領導風騷之才也。

民國7年，時珍自同濟大學電機預科畢業。翌年，王光祈、周太玄、曾琦、李大釗等人於北京發起成立少年中國學會（簡稱「少中」），時珍因其宗旨與自己志趣相合，乃為最早參加學會的會員之一。時「少中」發行《少年中國》月刊，時珍常在《少年中國》月刊發表有關科哲之文章，對當時中國數理科學之闡揚，貢獻不少。又「少中」初創時，會友相勉向學，時珍與曾琦、周太玄、張夢九、宗白華等人組「學術談話會」，每週必聚談各自讀書心得。茲引曾琦〈戊午日記〉數則，便可窺時珍赴德前夕之學問修養。

民國7年11月3日：

> 晨偕時珍、太玄赴法國公園，為學理之談話，時珍所談為「微積分在科學上之價值」，太玄所談為「金本位與銀本位之比較」，予所談為「代議政治」，皆上次會面時，各人所擬題目也，惟予自顧學識譾陋，不及二君精到遠矣。

民國7年11月17日：

> 晨時珍、子章來訪，共為學術談話，時珍所講為「天文學」，太玄所講為「價值與價格」，夢九所講為「國權主權統治權之區別」，予所講為「哲人政治」，子章初入會，僅旁聽而已……。

民國7年12月8日：

> 午後偕夢九、太玄赴吳淞同濟德文學校訪時珍於其校內講
> 堂，共為學術談話，予講「叔本華哲學大要」，時珍講「時
> 間及叔本華哲學之一段」，太玄講「貨幣之數量」，夢九因
> 未預備，故未講演……。

民國7年12月29日：

> 時珍及宗白華君來訪，因留便飯，午後循例作學術談話，宗
> 君談「德國詩人巨特第一名作」，時珍談「思想之缺點」，
> 予與太玄、夢九等因未閱書，故不克標題談述，頗自歉也
> ……。

上述數則日記，再佐以曾琦言：「時珍近於中西學皆有心得，朋
輩中修業之勤，進德之猛，斷推此君為第一矣」，可見曾琦知人之明
及時珍之名不虛傳矣。

二、旅歐歲月

民國9年3月，時珍同陳劍脩等七十餘人，由上海乘法國保來加郵
船赴德留學，初就讀於福朗克府大學，同去者尚有王光祈、張夢九諸
君。由於三人在德生活艱困，乃相謀合作自給之道，其法係由時珍講

解德報所刊佈之內容，而由王、張二人據以撰成中文，分向上海《申報》及《新聞報》投稿，以微薄稿酬，維持生計。民國10年9月，因感於國人對德國文化之生疏，乃與「少中」同仁王光祈、張夢九、宗白華、孫少荊等人，發起「中德文化研究會」，以介紹研究中德兩國文化為宗旨。

民國11年，時珍轉往哥丁根大學繼續深造，專攻數理，師從著名數學家希爾伯特（David Hilbert）和波朗（Max Born），學習偏微分方程，在當時的數學物理領域前沿作深入的研究。時珍是我國最早研究偏微分方程的學者之一，以後著有《偏微分方程論》及論文若干，在數學界具有重要影響。在校期間，時珍最感幸運的是，能受到第一流大師希爾伯特教授和波朗教授的關愛器重，另外更在哲學家列而松（Leonard Nelson）等權威學者的門下，親聆教導，受益匪淺。

時珍興趣廣博，除攻讀數理之學外，也酷愛哲學。曾在哥丁根大學學

《魏嗣鑾先生科哲論文集》〈目錄〉

生會講演比賽中，以「康德與馬克斯對話」一題，用數理邏輯及康德思想，大事批判馬克斯之唯物辯證法，語驚四座，一時風靡哥大。時珍既醉心於數理之學，因而他對於愛因斯坦（Einstein）的「相對論」也產生濃厚的趣味。二十世紀初期，「相對論」學說已在歐美相當盛行，但在中國知識界仍十分陌生。為此，時珍決心要將這學說傳播到國內，民國12年，時珍在《少年中國》月刊三卷七期特自編〈相對論專號〉一期，專門介紹「相對論」學說，一時國內學術界爭相傳誦，國人最早了解愛氏之說，時珍可謂第一人。

三、參與中國青年黨

民國12年5月，適有山東臨城發生孫美瑤劫車綁架案，內中有外人數十位，案發後，西方輿論大譁，列強主張共管中國鐵路，法國巴黎各報更是誣中國為「匪國」。李璜有見於此，憂心忡忡，急電在德養病之曾琦，請其返法，共謀對策。曾琦返法後，一面與何魯之等人組織「旅法各團體救國聯合會」外，又鑒於中國旅法共黨份子之囂張，痛心之餘，更覺有組織之必要，中國青年黨，就在這樣的背景下醞釀誕生。

關於加速曾琦組黨的決心與腳步，李璜曾說：

> 慕韓早有意於建黨救國，旅法以來，見其所最器重的青年活動分子如趙世炎、李合林等，不聽其勸告，而竟加入共產黨，不告而去俄，慕韓甚為痛心。他深感青年人愛活躍，只

憑理論，而無組織，無行動，絕不足以維繫之。即其於本年
赴德赴比游歷中，已在秘密與好友鄭振文、王建陌、魏時珍
諸人談及組黨事。

而曾琦在〈自訂年譜〉中也述及：

> 中國青年黨乃於是年（按：指民國12年）12月2日，成立於巴黎
> 郊外玫瑰城共和街，予於李不韙、張子柱、李璜、胡國偉、
> 梁志尹、何魯之皆當時發起人，然予組黨之動機，實起於柏
> 林養病時，鄭振文、王建陌蓋最先參預者也。

文中雖未提及時珍，但以曾琦與時珍之交誼，兼佐以李璜之回憶，筆
者敢大膽假設，曾琦創立中國青年黨，時珍扮演最早獻策謀劃之人當
無疑義。此年，另有一事值得一提，時共產黨人朱德及老同盟會員孫
炳文俱在德國留學，因不諳德語，時珍受邀為其德語家庭教師，由此
可見，時珍程度之高與德語之流暢。

四、回國活動

民國14年，時珍得哥大哲學博士（按：德國大學制度，理科概屬哲
學院）。次年，取道柏林經西伯利亞回國，同行者有鄭壽麟等人。行
抵上海，旋即應聘任其母校同濟大學教授；並為青年黨的《醒獅週
報》主編「科學特刊」，直至16年11月，始離滬返成都。

　　成都大學創立於民國13年，17年春，時珍初任該校教授。在此之前，時珍之友人應聘任教於該校者，有李璜、曹四勿、呂子芳、鄭壽麟、謝蒼璃、胡少襄、周太玄、陳啟天諸先生，益以時珍來成大任教，一時德法返國碩儒，盡薈萃於斯，極其鼎盛，暇時亦至師範大學兼任數學教授。時珍初到成大時，即經李璜之介，加入中國青年黨，從此畢生成為一忠貞的青年黨員。18年，時珍任成大數理系主任，19年再升理學院長。

　　21年，成都大學與師範大學、四川省公立各專門學校合併為國立四川大學，首任校長為王兆榮，繼為任叔永、張真如。王、任、張三位校長知時珍為名重當世的數理權威，皆禮聘時珍繼續執教，並一度繼任川大理學院院長。22年9月，時珍受「中華教育文化基金」董事會之邀，復赴德進修。旅德期間，曾晤好友王光祈，光祈責以「君回國七年，儼為大學教授，以君之能，余以為亦且有所表現，而顧寂然無一語告人，君得無辜負社會與其所學也耶。」時珍適桌上有國內新出雜誌若干種，即取一冊以示光祈說：「如此者，亦得為文耶，黃茅白葦，彌望皆是，余固不願與此儔同類而并稱也。」其不輕易著書為文，故作高論之謙沖心態可見一斑。

　　23年冬回國，仍任川大講座，時共黨紅軍亂川，時珍執教如常，不為所懼。24年，「中國數學會」成立時，時珍即當選為理事兼任雜誌編委會委員。26年抗戰軍興，政府召開「廬山談話會」，時珍與曾琦、李璜、左舜生、陳啟天、余家菊、常燕生獲邀參加，獻替國是意見。27年，張真如未能真除川大校長，教育部任程天放掌川大，並以疏散為由，遷峨嵋授課，時珍亦從此結束其與川大十餘年的任教關係。

時珍自從加入反共的中國青年黨後，黨內同仁愛其才華，常互囑不以黨務煩之，俾其安心講學著述，影響青年思想。然時珍究係性情中人，盧溝橋事變以來，「中青」與政府共赴國難，奔走於前敵後方不息。眼見同志紛紛戮力報國，奮勇殺敵，時珍基於知識份子憂國憂民的良知血性，自不能置身於抗戰之外，乃毅然決然出任青年黨四川省黨部主任委員兼黨辦之「敬業中學」校長，並常以己資接濟校務發展。調動督導，宵旰勤勞，工作之繁重，倍於往日，但時珍卻甘之如飴，應付裕如。

關於此點，雲孫在〈懷魏時珍先生〉一文中曾提到：

魏時珍與友人合影於成都（1986年）

就中青創建和發展的經過說，教師和學生，差不多是黨的主要構成份子……以四川成都而論，李璜、陳啟天兩先生之到成都大學任教影響是極大的。可惜他們在成大任教的時期都

很短，李僅半年，陳僅三月，便在一黨政治的重壓下，被迫去職，離開成都了。任教時期甚長，能夠經常為中青吸收成都和全川優秀青年的，要算魏時珍、何魯之、彭雲生三位先生。就中時珍先生，因為多年主持成大、川大理學院、私立敬業中學和國立理學院，及其前身川康建設學院、川康農工學院的緣故；對中青西南黨務的發展，更有特殊的貢獻。

柳浪先生也說到，青年黨四川黨務，以李璜、魏時珍、楊叔明三先生出力最多。不僅如此，於黨務之暇，尚注重農工教育之提倡，為了此事，民國28年，時珍專程赴渝晉謁蔣委員長，面陳四川農工建設之重要，得蔣委員長允助其私人興學，造就川康農工人才，此即「川康農工學院」肇基之始。29年7月22日，川康農工學院董事會在渝正式成立，董事為張群、陳布雷、王世杰、張道藩、李璜、左舜生、任鴻雋、鄧錫侯、劉文輝、盧作孚、黃季陸、胡次咸及魏時珍。董事會推張群為董事長，並通過時珍為院長，院地設於成都三槐樹街。是年秋，即招生開學，計有應用化學、農墾、工商管理三系。

除了忙於黨務，創辦學院外，抗戰中期，時珍目睹國力有再衰三竭之勢，為激勵士氣，振奮人心，乃於講學治事之餘，抽暇為成都大、中學生演講「進化原理與人生價值」；及見共黨勢力日張，人慾橫流可慮，復發為己立立人之義，駁斥盲信。凡此講演大綱，具發表於成都《新中國日報》，試圖經由輿論之宣傳，導彼時左傾之激進青年，迷途知返，回歸正道。抗戰勝利後，民國35年，時珍因川康農工

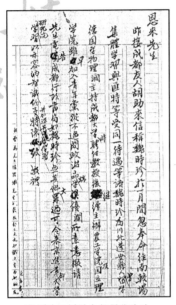

張瀾致函周恩來保釋魏時珍

魏嗣鑾著《孔子論》

學院經費短絀，為謀學校生存，赴南京請教育部長朱家驊幫忙解困，唯迫於形勢，無功而返。

幾經磋商，決定採取權宜之計，於該年秋天停辦私立川康農工學院，另由教育部籌措專款，利用農工學院的教學設施，新辦國立成都理學院，仍由時珍主持院務，專門為國家培養數理基礎學科的高級人才。時珍從川康農工學院到國立成都理學院，始終堅持學人辦學，任人唯賢，尊師重道，為國育才的宗旨，倡導樹立尊重科學、尊重真理，嚴格教學，認真讀書，刻苦實踐，勤奮探討，由約而博的學術研究風尚，為川康地方建設造就了一批優秀人才。

35年11月，時珍代表青年黨參加制憲國民大會，36年，當選行憲後第一屆國民大會代表。38年秋，自蓉飛粵，參預閻錫山內閣所召集之全國教育會議。未幾，共禍氾濫，川東、川西相繼陷落，戰事逼近成都，危城落日，旦夕難保。時政府急備撤離專機，接運重要人士，時珍由朱家驊、杭立武急電請

其飛離危城，然時珍以教職員遣散經費未能領取發給，責任在身，不肯離去。

38年底，成都陷落後，國立成都理學院合併於四川大學。40年1月25日，時珍因曾任青年黨的中央委員及國大代表的關係，被捕送入成都南較場「政訓班」隔離審查，學習改造。幸勞改未久，得友人胡助的幫忙，找時任中共國家副主席的張瀾設法營救，張乃寫信給周恩來，後由周恩來通知川西行政當局妥為處理，6月24日，時珍終於平安返家。該年8月，四川大學正式聘任時珍為數學系教授，從整個五〇年代到六〇年代初，時珍先後在川大開設了「偏微分方程」、「數學物理方法」、「理論力學」、「相對論」等課，作育英才，貢獻良多。

民國59年，75歲的時珍，離開杏壇，撰長篇自述〈我的回憶〉，退居家舍，安度晚年。退休後，時珍深居簡出，每天定時看報、閱覽、聽廣播、看電視，自得其樂。值得一提的是，民國66年，時珍83歲，尚竭力完成《孔子論》一書，論述孔子仁政愛民、有教無類、禮樂修身，啟蒙後世，功不可沒。73年春，時珍已將屆90高齡，德國哥丁根大學為這位六十年前獲得該校數學博士學位的第一位中國留學生，專門頒發了金禧博士學位特別紀念獎狀，以表彰他在半個多世紀中從事數學科研工作，為增進中德之間學術文化交流作出的卓越貢獻。

74年及76年，時珍友人德國科朗數學研究所所長漢斯、柴咸教授及美國加州大學數學大師陳省身教授也分別至川晤時珍，為孤寂晚年帶來不少安慰。民國80年11月，其半生老友李璜病逝臺北，時珍得知

倍感哀傷，兼以染上惡疾，身體日差。民國81年6月8日，時珍終因食道癌病逝於成都第八人民醫院，享年97歲。

五、學術思想

　　時珍處世待人以誠，重己然諾，常謂「君子可以欺以其方」，蓋有人隨時藉其君子性格而欺瞞之，其覺察亦不在意也。其為人謙遜，不寡言亦不多言，言必有據，言之有物。其言邏輯推理，科學層次，條理謹嚴，井然有序，蓋學科學數理故也。善文而少文，惜墨如金，亦時珍文章一大特色。其文學素養極佳，涉筆成趣，洗鍊謹嚴又不失情逸氣遄，豪邁磅礡，治事不苟，以短小精悍著稱。左舜生曾說：

> 時珍天性近於治學，不僅對於他的本行數理造詣甚深，即對於一部分的中國讀書也比別人讀得有心得。他所發表的文字，無論是談數理，或其他普通問題，都能深入淺出，從條理上可看出一種樸素的美。

　　時珍原學數理，但也愛治康德之學，歸宿於忠恕之道，篤信孔道與康德學，認為二者相得而益彰。在人生問題上，時珍以為德人康德的學說與我國儒家的孔孟見解大致吻合。據康氏的學說，凡物的價值，皆有所待，是相對的，獨至人生，假如它有價值，則其價值是絕對的，它無所待。康氏曾將命令分為兩種：一是假言命令，一是定言命令。自然科學上的自然律，是假言命令；倫理學上的道德律，是定

言命令。自然物的價值，是有所待的，故無自性；嚴格說來，它有存在而無價值。

人生在世，他能自決，有服從道德律，也有違反道德律。服從者，謂之善人，或有價值的人生；違反的人，吾人斥之為惡人，或無價值的人生。因為道德律所待，故滿足道德律的人生，其價值亦無所待。它是有自性的，絕對的，它才算是真正的價值。此論頗似孟子所言：「仁義禮智，非由外鑠我也，我固有之也，弗思耳矣。故曰，求則得之，舍則失之。……故有物必有則，民之秉彝也，故好是懿德。」孟子所謂則，即是我們所謂道德的最高原則，他所謂固有，即是我們自有的理性。

而此道德理性卻是「君子所性，雖大行不加焉，雖窮居不損焉，分定故也。君子所性，仁義禮智根於心……。」換言之，人生的意義與價值是內在的，無待於外的，孟子所言，時珍以為和康德所見異常相近，中西兩大儒的人生哲學居然不謀而合，可見人同此心，心同此理。

此外，時珍的倫理哲學觀，頗受康德派哲學家列而松（L. Nelson）的影響。列而松的倫理哲學，共分兩部：一曰義學；一曰仁學。他以為義是命令，而仁則是一種期望。義是命令，故義不可以達；及乎義者，方能稱為君子，其不及乎義或違反乎義者，斯則謂之小人。仁是一種期望，故仁可以不及，達於仁者，固是美德；其及乎義而未達於仁者，亦不得謂為惡行。因為美德是機會的巧合，故我們只能期待，而不能求全。善行是人類行為所能勉強，故我們不但期待，而且還要責備。我們可以概括的說，盡義是人生的善化，達仁是人生的美化，這便是康德派論仁的大意。

在政治思想方面，時珍主張吾人要有狂熱的信仰，此乃成功之要素。他說：

> 假如我們把歷史上的大事業，在其成功上去觀察一下，我們便會覺得，他們在客觀上，其存留於社會的影響的善惡，雖往往有天與地的分別，但是在主觀上，他們的首領與黨眾，都有一種共同的、淪肌浹髓的信狂。這些首領與黨眾，不管其外界的仇敵與譏笑如何，他們對於其所信仰的，總是九死一生，百折不撓的去求其實現。這些首領與黨眾，不管其理想之遠近與險易如何，他們對於其所蘄嚮的，總是始終如一，繼續不斷的去共同努力。
>
> 當他們運思凝神，選擇手段的時候，誠然是用剝繭抽絲的理智，以求其期於至當。然而當他們怒馬彎弓，實地作為的時候，他們便用如火如荼的感情，拋去一切的游移。這樣的信狂，是成就任何歷史大事業所必需。

換言之，時珍以為，在一定條件之下，信狂是大事業，尤其是革命事業成功的充分條件；所以吾人欲革命，不可不有主義上的信狂，吾人於敵黨，雖不可不攻擊其主義上觀察的內容，但不可蔑視其主義上主觀的信狂。

也因這種對主義上的狂熱信仰，時珍對青年黨國家主義之信仰十分篤信。他曾說：

青年黨的主張絕對正確，必會放射它的光芒，而致成功的一
日，但完成不必在我。我的一生覺得信仰國家主義而為中國
青年黨的一員，感到十分安慰與光榮。

所以他是相當反對馬列共產主義的。他說：

馬克斯的唯物史觀以為經濟的現象，是隨正、反、合進行
的，則是經濟也是變動不居的，問題是經濟是隨時變遷，不
知唯物史觀是否有無變遷。假定其不變，則依馬克斯之意，
唯物史觀只是經濟的映影，形既變了，影烏得不變？苟其
不變，還能稱為映影麼？假定其變嗎，則唯物史觀便不能
成立。

因此時珍以為馬克斯以正、反、合的辯證法來解釋唯物史觀的經濟型
態，根本是自相矛盾，不合邏輯的。

　　時珍研究學問，喜歡將數學、物理、哲學三者，混成一道討論。
時珍以為單習數學，往往偏於太玄；單習物理，往往偏於太實；單習
哲學，往往偏於太空。若是將他們三者揉成一氣來研究，那麼，玄者
不至於太玄，實者不至於太實，空者不至於太空。而且從玄之中，可
以見其精；從實之中，可以見其理；從空之中，可以見其常。因此他
以為吾國青年最乏者，即科學思想，將來當作革新青年思想之努力，
務必將吾國青年空泛之腦筋加一番密緻之陶鑄，使其對於事物，皆不
作膚淺之論調，時珍一生以科學報國，其道即在此。

翁照垣

——一位值得表彰的青年黨人

翁照垣，原名輝騰，字照垣，以字行。清光緒18年10月28日（1892年12月16日）生於廣東省惠來縣。自幼家貧，其父係以打石子營生之勞工。翁出生後，因家中生齒日繁，衣食之費常不貲，乃父在不勝負荷之情況下，將他棄之僻巷中，里中善人見而憫之，慨予收養。年事稍長，自慚身世原一棄兒，不敢歸依雙親膝下，曾與地方乞兒為伍，四處流浪，然艱困環境未曾磨損其壯志。成人之後，立志從軍，投入粵軍行伍為列兵，此民國10年以前事也。

翁自幼失學，罔知詩書，但從小嘗聞江湖俠義之事，受其影響頗深。入伍以後，盡忠職守，待人真誠，尤以任勞任怨，臨陣勇猛，迭受長官好評。是以由列兵而累升至排長，最後輾轉進入陳炯明之援閩軍中。民國9年，陳回粵驅逐桂軍之役，翁以戰功，擢升營長，頭角嶄露，聲譽日隆。

香港《工商日報》刊出翁照垣遺影

民國11年6月，陳炯明背棄孫中山，砲轟總統府，翁奉命返粵。民國12年，陳炯明被滇桂軍逐出廣州，退守東江，將軍升任第一支隊司令。民國14年，革命軍第二次東征，徹底解決陳之武力。民國15年春，翁賦閒香港，經中國青年黨人，名政論家關楚璞之介紹，加入青年黨。同年秋，矢志東渡求學，以補自幼失學之憾，因得友人之助，順利考入日本陸軍士官學校騎兵科就讀。在校期間，努力向學，日有長進。

民國18年秋畢業，復轉赴法國，進慕漢尼航空學校，研習航空。民國20年春，畢業返國，至廣州。時陳銘樞掌粵政，設立民兵式的保安團若干，翁經由曾任陳炯明參謀長黃強之介紹，推薦於陳銘樞。陳與翁一席晤談，驚為異才，佩服不已，即挽翁暫任保安第4團團長之職，集訓黃埔。翁為人尚義氣，以陳一見傾心結交，推崇備至，認為平生知己，自當竭力圖報，就任保安團長職務後，悉心整訓，辛勤擘劃，成績卓著。

　　豈料民國20年，胡漢民幽居「湯山事件」發生，粵軍不睦，兩廣遂自成立「西南政務委員會」，不奉南京正朔。陳銘樞原為蔣先生親信，因此事故，不安於位，被陳濟棠驅逐離粵，避居香港，粵政遂落於陳濟棠手中。時翁所領之保安團駐紮黃埔一帶，陳濟棠派人示意於翁，命其交出部隊，願以十萬元相償，若能投效其下，則將畀以高位，翁拒之，說：

　　　我是受陳前主席之命，領軍保護桑梓治安的，軍人若隨便將
　　　所領部隊，拱手移交他人，就是失職，非翁某所願為也。

濟棠聞之大怒，即以水陸空三軍進攻翁部，鏖戰兩日，翁卒以勢孤不支，乃去。

　　時蔣先生接到陳銘樞之報告，得悉翁不願賣主求榮之義舉，甚表贊許，認為翁乃國家不可多得的干城之才，即約二人晉京晤面，詢以願作何事。翁言國家今後必須發展航空事業，願赴外國學習航空，以備他日抗禦外侮之需。蔣先生以其志可嘉，讚譽不已，唯希望翁先致力於軍旅之事，乃命其往晤警衛軍軍長馮軼裴，接任警衛軍第88師之旅長，翁雖不願，然以大義所在，只有就任而已。

　　既而陳銘樞率19路軍入江西勦共，乃要求蔣先生將翁調至其麾下服務。蔣先生初以翁係警衛軍得力將領，未即應允，而警衛軍軍長馮軼裴亦不願翁離開。嗣以陳銘樞再三懇求，且謂如不獲翁來相助，19路軍對前方戰事，殊不敢說有制勝之把握，蔣先生不得已，乃准如所請。

章炳麟贈翁照垣墨寶

陳即檄調翁入贛，擔任19路軍第78師156旅旅長，從事勦共工作。平情而論，陳銘樞才學俱平庸，並非創世開業之才，唯以對翁之至誠賞識，卻有慧眼識英雄之明，而士為知己者死，翁對陳之識拔，亦感激不已。「九一八」事變發生，日軍侵佔我東北，19路軍自江西調駐京滬路警衛，翁部奉命防守上海閘北。民國21年1月28日，日本軍閥進攻上海，掀起「一二八」事變，19路軍以守土有責，奮勇抗戰，予日寇以重大打擊，譽滿全國。而翁旋以一旅之眾，據守吳淞口砲臺，首當其衝，艱苦鏖戰，關係甚鉅，功績尤為輝煌。

民國22年，陳銘樞利用19路軍之威名，在福建有異動之念。以翁之平日滿懷愛國思想的個性，且亦曾蒙蔣先生之不次拔擢，於理當不能同意的。但時江西共軍已攻陷閩北重鎮建甌，有南下竄擾福州之勢，人心惶惶，翁適於此時抵榕，乃臨危受命，出任福州城防司令，使共軍聞風遠遁。及「閩變」發生，翁雖牽於陳的知遇之情，被迫出任閩南民

軍司令，維持地方治安，擔任沿海警
戒，然非所願也。這不能不說是翁這種
俠士的悲劇性格所致。不久19路軍因
「閩變」而解體，然自此翁亦不為蔣先
生所信任，兼以此時翁之青年黨身分亦
被查悉，蔣先生不欲再使其率領師干。

　　翁若在「閩變」之前，為弋取功名
富貴而退出青年黨，則情況或有不同。
然翁不作如此想，其所作所為，完全是
基於道義精神，表現了從一而終、堅貞
絕俗的人格典範。這也是從「閩變」迄
於抗戰期間，翁始終投閒置散之故。
「閩變」以後，翁解甲賦閒，不事奔
競，本其素志，倡導航空救國主張，曾
在上海創設「航空學會」，廣事宣傳。
迨日寇謀我內蒙，日諜在華北公然勾
結舊時軍閥官僚，從事「華北特殊化」
運動，翁報國有心，請纓無路，後由李
璜之推薦，張學良任之為117師師長，
後在古北口及灤東一帶，與日軍作戰匝
月，斬獲甚多。嗣以「塘沽協定」簽
訂，局面趨於緩和，且翁係南方人，與
東北軍素少淵源，兼以黨派關係，時有

翁照垣字跡

憂讒畏譏之虞，乃不屑枉尺直尋，作一安享尊榮之師長，而形同「伴食宰相」，因此翁遂告退，還我初服。

抗戰軍興，翁受第一戰區司令長官程潛之命，北上參戰，擔任前敵總指揮，駐軍保定。正幸得償夙願，不料被敵機炸傷，身負重創，不得已南下至香港，醫治至次年（27年）夏，方告痊癒。本擬北上繼續抗戰，因第一戰區司令長官已易人，戰區亦已南移，在無可如何的情況下，翁乃接受粵方抗戰統帥余漢謀之命，出任東江游擊司令，在沿海一帶從事對日游擊作戰，迄於日本戰敗投降。

勝利還都後，翁已無心問政，在家鄉經營礦業，利濟民生，決意終老一生。復以大陸突告淪陷，故長官陳銘樞靦顏投共，共產黨對翁亦多方引誘，百般糾纏，冀其效陳之行徑。但翁卻大義凜然，不為所動，旋即率眷避難香江，在港島大埔墟置有住宅一椽，農田數畝，賴此維生。惟老母不願離鄉，遭中共折磨至死，痛哉！翁避難香江二十餘年，平時深居簡出，謝絕交游，從不參預一般華人之政治活動，抱持與世相忘的態度。民國61年10月8日，因心臟病逝世，享年81歲。

語云：「仗義盡屬屠狗輩，負心多是讀書人」，每誦斯言，不禁感慨萬千。翁雖幼年失學，鮮讀詩書，然卻具有中國傳統文化重志節、尚俠義之風。平心而論，其對國家有戰功，無慚德；對長官，重道義，守晚節；平生立身處世，有為有守，尊道崇義，不因個人之榮枯而易其志，此種精神實足以鍼砭澆俗，激勵後人。吾人若能捐棄黨派私見，廓然大公，對此一有功於國家民族之青年黨人——翁照垣將軍，能不給予一客觀公正之歷史評價嗎？

西南保衛戰的擎天一柱

——唐式遵將軍

唐式遵，字子晉，清光緒11年（1885），生於四川省仁壽縣五皇場。父輔臣，係前清秀才，兄弟四人，式遵居長。幼年肄業私塾，就讀縣城鰲峰書院，於國學頗具根柢。時值晚清末季，國事日非，將軍救國心切，乃投筆從戎，於光緒32年（1906）考入四川陸軍小學弁目隊，翌年入軍事講習所。34年（1908），以資優成績考入四川陸軍速成學堂，同學中有楊森、劉湘、王纘緒、潘文華、賀國光等人。

宣統2年（1910），清廷派鍾穎統兵入藏，將軍奉調隨行，任職排長。辛亥武昌起義，民國成立，西藏達賴喇嘛受英人嗾使，反抗漢軍，發生變亂。將軍所率士兵皆戰死，藏人逐屍搜索衣物，將軍匿屍叢中獲免。亂事稍平，民國2年，將軍始由印度繞道返國。

回國後，時同學劉湘任川軍第1師營長，以作戰有功，升任團長，將軍以同學故，應邀至其部任連長職務。5年，四川陸軍第1師改為陸軍第15師，劉湘升該師第29旅旅長，將軍升任營長。7年，熊克武任四川督軍，改編四川部隊，委劉湘為第2師師長，將軍升任團長，率部駐合川。

　　9年，四川發生「倒熊同盟」與「驅滇運動」之戰，劉湘部參加驅滇運動，5月，升任川軍第2軍軍長，將軍升任旅長。8月，劉湘被推擔任川軍前敵各路總司令，將軍隨軍轉戰各地，10月，滇黔軍終被逐出川。10年，將軍與劉湘、但懋章等聯名，宣佈四川自治。同年8月，將軍參加川軍發動的「援鄂之役」，聲援鄂人，謀推翻湖北督軍王占元的殘暴統治，唯因發動較遲，致川軍不支而退，將軍所部退駐夔巫。

　　13年，楊森出任督理四川軍務善後事宜，將軍駐紮萬縣。3月，北京政府令授將軍為陸軍中將。是年北京政府據萬縣各界請求，依據中英「馬凱爾商約」，明令開放萬縣為商埠，成立商務督辦公署，將軍奉命兼任督辦。15年6月，四川善後督辦劉湘自成都移駐重慶，將軍所部亦由萬縣調駐重慶市郊。

　　11月，國民政府蔣總司令發表劉湘為國民革命軍第21軍軍長，將軍時任川軍第1師師長，隸屬本軍。16年，兼任重慶市政督辦。19年起，又兼任渝簡（重慶至簡陽）公路總局總辦，至22年完成通車。23年，中共徐向前部竄擾川東北一帶，全川震動，將軍奉命出任四川剿匪軍第5路總指揮，負責川東地區之剿匪軍事，至24年底卒告肅清。

　　25年，西安事變，張、楊劫持最高領袖蔣委員長，全國震驚，同聲譴責。川局自劉湘以下力持鎮靜，將軍與鄧錫侯、孫震等聯名通電，有「欲於國難嚴重之今日而求生存，國力不可不保，國體不可不顧，國家整個機構不可不備，領導軍民之領袖，尤不可不共同擁戴」等語；義正辭嚴的昭告張、楊。西安事解，川康局勢愈趨鞏固。

　　26年「七七」變起，全國軍民敵愾同仇，浴血奮戰，將軍時任第21軍軍長，首即表示請纓殺敵，並將其成都住宅捐獻國家，以作軍費。滬戰開火，川軍奉命出征，劉湘出任第7戰區司令長官，將軍升任第23集團軍總司令，開赴京郊廣德、泗安、吉安一帶，與敵作戰。27年初，劉湘病逝漢口，將軍改隸第3戰區，升任戰區副司令長官兼集團軍總司令，第3戰區轄蘇南、皖南及浙、閩兩省。

　　抗戰期間，將軍率部始終駐守青陽、屯溪一帶，與敵大小數十百戰。30年初，皖南「新四軍」叛變，將軍奉命圍剿葉挺、項英部，頗有斬獲。蓋將軍之仇共、恨共，淵源甚早，民國24年與中共徐向前在川東的交手，將軍便已知悉中共禍國殃民之本質，故終其一生，始終以中共為未來之大敵為憂。31年夏，浙贛會戰吃緊，全線曾一度淪入敵手，但將軍此時仍穩紮穩打，步步為營的屹立於敵後，不稍動搖。32年至34年，將軍率領第23集團軍在長江南岸，阻止日軍西進及由長江登陸，迄於日本投降。總計將軍自26年10月出川，至日寇投降，在外轉戰殲敵已垂八年之久，不僅實踐其臨行出川所言「敵寇一日不出境，川軍一日不還鄉」之誓言，也表現了中國軍人為國忘家之最佳典型。

唐式遵

35年，應蔣委員長電召晉見，並於重慶南溫泉辦南林學院，自任董事長，36年秋季開學。11月，當選仁壽縣國大代表。37年3月29日，行憲第一屆國民大會在南京揭幕，將軍前往出席。時中共已全面叛亂，國內各地軍情緊急，將軍根據以往經驗，深知中共狡詐成性，對國事甚感憂慮，主張加強勦共工作，以掃除行憲建國之障礙。

38年，大陸形勢逆轉，10月，政府再遷重慶，戰亂逼近西南，四川淪陷在即。時將軍已正式退役，子女亦赴美留學，或勸其遷居臺灣；或前往外國居住，但將軍執意不肯。謂彼從軍近五十年，此為其最後報國之良機，決心留川，號召舊部與同袍，準備和中共周旋到底。11月30日，重慶陷落。其前數日，將軍已在渝開始號召舊部，向成都撤退，至成都，其夫人羅子桓女士即入昭覺寺，削髮為尼，以斷將軍後顧之憂。將軍盡散家財，購置器械，各地舊部亦聞訊來歸。12月7日，奉政府任命為西南第2路游擊總司令，8日，蔣總

裁召見於成都中央軍校，將軍慷慨陳詞，誓以死報國，旋兼任西南軍政長官公署副長官。

25日，成都失陷後，即開始積極部署，率部往川康交界各縣游擊，且在仁壽、大邑、新津等地集合團隊民兵三千餘人，大肆活動，曾先後攻入新津機場，光復彭縣縣城，逼近成都南郊。共軍賀龍，大感震驚，嗾使降將劉文輝、鄧錫侯、潘文華等聯合致函將軍，勸其停止游擊，前往成都，並絕對保障其安全與地位。將軍予與峻拒，謂：「寧為文天祥，不作降將軍」，其大義凜然之氣，實令彼時諸多降將靦顏羞愧矣。

39年，時西南軍政長官公署撤遷西康省之西昌，由胡宗南代理西南軍政長官。西康自劉文輝叛變後，賀國光奉命出任西康省政府主席，省政府亦移設於此。將軍為謀與西昌方面取得聯繫，乃會合游擊隊之母趙老太太，翻赴冰封雪凍之大相嶺，於2月抵西昌。胡宗南與賀國光，以將軍年事已高，均勸其先至臺灣，再隨政府共圖匡復，但將軍卻執意不從，一面洽請援助，一面派人分赴川康邊境各地，暗中部署。迄3月，滇川共軍分由南北兩路向西昌進迫，西昌兵少援絕，已奉命於必要時撤運海南。

27日，西昌正式撤守。前一日，胡宗南、賀國光再勸將軍隨同撤離，將軍仍再堅拒，並於是日下午率領所部百餘人離開西昌，當晚乘車抵達離西昌六十里之禮州，至此棄車步行，經瀘沽、入越雋境，擬由此回川，展開游擊活動。不意於28日，在越雋西南之登相營附近，遭共軍與夷兵夾擊，將軍與沿途招集之三百餘健兒，全部壯烈

李璜

成仁，殉國時，年66歲。事聞，總統特於9月20日明令褒揚，以彰忠烈。

將軍原係國民黨人，然其與青年黨亦有一段淵源，原因是青年黨人昔時在四川頗為活躍，勢力也不小。將軍行伍中，士兵隸屬青年黨籍者不少，如參謀兼副師長曾南飛、秘書張葆恩等均是。其中尤以參謀兼別動司令伍道遠更是將軍左右手。根據李璜《學鈍室回憶錄》的記載，將軍曾加入青年黨，加入之由，係將軍部隊遭編遣後，閒賦在家，38年底，大局日非，川局亦日趨混亂，將軍感到中共一旦打入四川，必然糜爛鄉里，玉石俱焚。

為保鄉救國，願犧牲家財性命，號召舊部，自組一軍，從事游擊。因念昔日在前線抗日，與青年黨同志共事，冒險犯難，生死以之，最為難得。所以欲加入青年黨，請李璜助其一臂之力，成立隊伍，待川局危險時，脫穎而出，與共軍一拼。李璜以其態度誠懇，為人忠實，立允其加盟入黨。由伍道遠作介紹

人，且親為之主盟，並相約只有在場渠等三人知此事，不洩於同志中，以便從事秘密建軍。

李璜更記得將軍填入黨表格，寫其歲數為32「公歲」，並自嘲說：自己沒出息，年已64，如此大之年紀，早已知不符青年黨「青年」之資格，填32「公歲」，乃為助其增長勇氣也。由李璜之記載，更可知將軍係一傑出青年黨員，殆無疑義矣。

昔曾國藩有云：「前者覆亡，後者繼往，赴義恐後而不悔者，何哉？抑此死義數君子者為之倡，蹈百死而不辭也」。這一段話，正可引述將軍之寫照。將軍秉節剛方，處心忠亮，秉青年黨愛國、民主、反共之口號，毀家紓難，與中共周旋，不顧年邁之歲，慷慨誓師，轉戰邊陲。雖屢蹶屢奮，猶力戰捐軀，其凜然之氣，足式千古。

語云：「疾風知勁草，板蕩識忠貞」，觀將軍一生行誼，乃此句之最佳註腳。西南保衛戰係政府在大陸之最後一戰，坊間書籍多著重國軍之描述，殊不知青年黨同志在此一戰中亦貢獻良多。筆者以為，唐將軍雖係晚年入黨，然以其志節忠貞，英風偉烈，不僅為青年黨之反共鬥爭史寫下最可歌可泣的一章，亦是政府西南保衛戰的擎天一柱，此種讚譽，想必不為過吧！

盧作孚，四川合川人，清光緒20年（1894）生，出生於小商人之家，幼時生活艱困，養成其後苦幹實幹之精神。合川初級師範學校畢業，14歲赴成都補習數學、英文，欲有所為，後因他故，又折返家鄉。初曾任教於合川、江安等地中學教員有年；後在重慶創辦《長江日報》，又任成都《群報》、《川報》主筆多年。

民國8年7月1日，少年中國學會成立於北京。翌年，作孚經陳淯、劉泗英等人介紹，加入「少中」。同年冬，楊森以川軍第9師師長兼川南道尹，延作孚任道尹公署教育科長，期間作孚大力整頓，不僅注重社會及學校教育，且曾創立瀘縣圖書館、民眾教育館、通俗圖書館等措施，裨益民智之提昇，影響甚大。13年，楊森任四川軍務督理，兼主省政，又延作孚任通俗教育館館長。

民生公司總公司

盧作孚

14年，劉湘任四川善後督辦，亦任作孚為江、巴、璧、合四縣特組團務局局長，至20年止。作孚一直身負嘉陵三峽的治安責任，並在當地督練團隊，以期將其建設成一現代鄉鎮典範。同年，作孚在劉湘大力支持下，在故鄉合川創立民生實業公司，資金僅八千餘元，經營水運，有意取代外國輪船公司對於川江航運的控制權。翌年，並訂造「民生」淺水輪一隻，資金亦累積至五萬元。

15年夏，「民生」輪完工，隨即下水服役，定期往來航行於渝、合兩地，並自辦修造輪船之機器工廠。18年，又添購輪船兩隻，加闢渝、碚航線。同年，作孚又出任川江航務管理處處長，因不習宦場，乃於次年辭職，決心全力經營擴展民生公司，並將公司遷往重慶，以利航運，增加資本。其後數年間，又陸續合併接受國人及外商公司之船隻，規模漸大，根基日固。

至抗戰前夕，民生公司已擁有大小輪船四十六艘，定期航行於上海、重慶

之間。除經營民生公司外，19年，作孚也於合川附近之北碚創立「中國西部科學院」，自任院長，對於科技人才之培育，不遺餘力。24年，任四川省府委員兼建設廳長，為期一年半。

26年，抗日軍興，國民政府由南京撤退武漢，再轉駐重慶。這段時期，舉凡政府部隊的輸送、人員、武器、物資、工廠的輸運；圖書、器材的搬遷，民生公司都盡其所能的為國家服務，對抗戰的貢獻良多。除此之外，在抗戰最艱苦的時期，作孚亦棄商從公，任交通次長一職，輔佐張公權部長，對戰時交通的規畫、建設，殫精竭力，厥功至偉。

28年冬，作孚任三民主義青年團社會服務部部長。29年至30年兼任中國有史以來第一任的全國糧食管理局局長，期間且曾一度主持全國水運事業，對抗戰期間糧食的管理、水利的營運，精心擘畫，宵旰辛勞。

31年，因病辭卸所有本兼各職，回任民生公司總經理。34年，赴美出席國際通商會議。抗戰勝利後，為擴展公司業務，向美國購買十六艘登陸艇；向加拿大政府貸款訂購九艘河輪，與金城銀行合組太平洋輪船公司，並購買遠洋輪船三艘。至37年，民生公司已有船隻一百三十七艘，總載重量達六萬五千多噸。

民生公司之關係企業甚多，尤其是抗戰時期對於民生造船廠的擴充、天府煤礦公司的改善、渝鑫煉鋼廠的扶植、大明紡織廠的設立，均使民生公司的組織日益龐大，影響力日增，不再是一單純的航業公司。37年，作孚當選第一屆國民大會代表。翌年，大陸易守，轉往香港繼續經營在港分支機構，因急於償付加國貸款，被中共以資助承諾

誘返重慶，然該公司已由中共「西南軍事委員會」接管。41年2月8日，因不堪共黨壓迫及親信之叛離指控，服毒自殺，享年59歲。著作有《中國的建設問題與人的訓練》、《工商管理》等書行世。

觀作孚一生，雖受教育不多，然其勇猛精進、好學不倦的精神與毅力，卻是中國現代實業家之最佳楷模。其對效率之追求、對工作之投入，艱苦卓絕、不屈不撓，在在均顯示其超凡之處。他的實業經營理念為「個人為事業服務；事業為社會服務」；「個人的工作是超報酬的，事業的任務是超利益的」。由這兩句口號，可以想見作孚之以國家社會利益為先的思想了。

作孚雖是個實業家，但根據左舜生在《萬竹樓隨筆》一書中的記載，其和政治亦頗有淵源，從早年之加入「少中」到爾後在國民政府供職，作孚均是個稱職的工作者。其與青年黨亦關係密切，左舜生說：

> 他確曾進過青年黨，且曾在重慶參加處理黨務，後來因為專心經營民生公司，對黨無暇過問，乃漸疏離，但青年黨之同仁對他亦頗能諒解。

以左氏稽古之勤、考史之功，又貴為青年黨主席，所言當不虛。兼以作孚一直抱以實業救國之理想，這不僅是實踐「少中」「本科學之精神，為社會之活動」之宗旨，更是具體發揮闡揚青年黨國家主義之最佳註腳。職是之故，吾人表彰此一以實業報國之青年黨員——盧作孚，豈不理所當然，且更具意義嗎？

記一顆早逝的彗星——鄧孝情

提起鄧孝情，國人可能覺得很陌生，原因無他，因其只活了短短的二十八年，即如一顆閃爍的彗星，劃破長空而逝。論孝情之法文程度，在二〇年代的中國，可謂首屈一指；論孝情對共產主義認識之透徹，實與其年齡不成比例，因他才20餘歲，能有如此深入看法，可說是先知先覺者。二〇年代的中國，共產主義正大行其道，多少知識份子為其瘋狂；多少青年學子為其蠱惑，其中尤以留法勤工儉學運動之學生，有不少以後更是中共之骨幹份子，如周恩來、鄧小平、李維漢……等。但同在異國的環境裡，孝情以一個未及弱冠之年輕人，即已對俄國及共產黨那套騙人伎倆，洞若觀火，不能不說是異類，以下筆者即以相當有限的資料，敘說其短暫的一生。

鄧孝情，諱孝勤，字爾耕，號叔耘；亦號力農，湖南臨澧縣人。清光緒30年（1904）

醒獅精神

鄧孝情

甲辰10月11日生，祖父玉圃公，秀才出身，半生在鄉設館授徒，唯家中仍不廢田作。父竹銘公，亦為一廩生。孝情出生時，其祖父適由館回家督僱人耘田，故號叔耘；蓋以家中無人能任稼穡，頗望其能習耕田作。唯孝情天資穎悟，並非適農之材。光緒31年，廢科舉，其祖罷館居家，一意督耕，暇則以餘力課諸孫讀書。孝情於兄弟中排行第三，由於幼聰慧，漸得祖父鍾愛，4歲即攜在身邊課讀，冀紹書香。

宣統2年（1910），孝情6歲時，其祖已漸授其《四書》、《左傳》，背誦時雖偶有忘記，然能以己意補足之，或易置字句，往往可通。其祖喜其能解文理，不僅未加責備，反嘉獎之。宣統3年（1911），孝情7歲，其祖間授以坊間國文，則不喜讀，謂不如《四書》、《左傳》易於記誦，其嗜好文學，若具夙根。辛亥鼎革，孝情隨父轉徙縣城及澧水北岸之合口、新安二鎮，當時他父親任臨澧縣立中學校長，孝情隨乃父就學。民國4年，年11，父應辰州中學之

聘，乃留孝情於家，繼續從祖父讀書。唯孝情志大才高，已不能滿足舊式傳統教育，特書「封閉私塾」四字榜於門上，其祖喻其意，遣送他至新安高等小學就讀，該校距家三十餘里，孝情恆隻身往返，無懼無畏。

民國5年，12歲，父竹銘公參湘軍戎幕，許孝情往侍，遂至合口買舟結伴前往。年13，負笈長沙，考入湖南省立第一中學，在校期間，相當活躍，曾積極參與一切愛國運動，嶄然已露頭角。旋旅歐勤工儉學之議起，為遂乘風破浪之志。民國9年，得其父之許可，以16歲之齡，即隻身赴滬，因盤纏不夠，先依父執輩林上將浴凡兄弟寓所，林上將復助之兩百金，遂成行。

民國10年，孝情至法國，先在里昂大學就讀，後轉入巴黎大學文科。在校期間，以其過人的智慧，兼以勤奮有加，課外自修苦讀，程度遠超過同班同學，對文學造詣尤深，因享有「中國羅曼羅蘭」之譽。彼時國內公私費留學法國者，不下數千人，惟能精通法國文學者，僅孝情與謝東發二人耳。民國11年，因為經濟拮据，不得已乃與同學數人發行《留學月刊》，藉由筆耕以餬口，他所發表之論文，外國人見者，以為雖法蘭西宿學為之，亦不過如此。

民國12年，國內軍閥內爭日熾，中山先生領導之國民黨，在國內尚未能公開活動，僅於海外各地組設支部，時聯俄容共之說甚囂塵上，多數愛國青年，炫於共產學說，欲試行於中國。5月，山東臨城劫案發生，孫美瑤綁劫外人若干，國際輿論大譁，紛誣中國為「匪國」，並倡國際共管之說。留法學生曾琦、李璜輩，遂於是年底，在巴黎成立中國青年黨，主「內除國賊，外抗強權」之議，「國家主義派」於焉形成。

鄧孝情與左舜生（右）攝於法國

馬克斯主義與愛國精神

鄧叔耘

鄧孝情（叔耘）發表於《醒獅週報》
161期文章

孝情在法，年少穩健，以中山先生大同理想，一時未易實現；而共產學說，絕不可試行於中國，故於民國13年，經曾琦介紹而入中國青年黨。彼時中國青年黨在法刊行之《先聲週報》，為與共產黨在歐洲論戰之主要喉舌。民國14、5年，《先聲週報》以銷行日增，又添設法文版，此法文版之編輯，即委孝情負責。他在法文版上所寫之論文，擲地有聲，連法國人都驚詫佩服不已。他所持論言，實多偏袒國民黨，而攻擊共產黨，然對國民黨聯俄容共政策之弊端，尤抉發盡致。

民國16年，孝情年23，得巴黎大學文科碩士學位，以旅法已將近八載，又國內形勢丕變，乃毅然束裝歸國。返國初任職於《醒獅週報》，該報為當時青年黨之主要機關報，在法時，他即屢有文章披露，著名的如〈蘇俄政府與第三國際〉，《醒獅》第九十二號、〈愛爾蘭新芬黨人的心理〉，《醒獅》第九十三號；及〈蘇俄帝國主義的鐵證〉，《醒獅》第九十六號等論文，毫

不留情的直陳「俄國的革命是共產黨乘戰時政局飄搖機會，利用勞農痛恨舊制的心理所造成的，其名義為全世界無產階級謀利益，其隱衷在實行大俄羅斯政策」；又言「惟列寧派的帝國主義非常隱藏虛偽，且有多數被買的黨徒為之掩飾，遂使一般人莫名其妙」，以一個甫及弱冠之齡的年輕人，對俄國及共產黨人認識之透徹，可謂是先知先覺了。

是年秋天，上海愛文書店印行李璜所編著的《國家主義淺說》一書，其中有列〈國家主義的政策大綱〉，裡頭關於政治政策，共有十項具體主張：舉凡職業選舉、總統民選、聯省自治、廢督裁兵、婦女參政等等議題均有提及，而其中關於選舉，則主張廢除地方代表制，改採職業代表制，此職業代表制論述之鼓吹，當時即由孝情負責研究，而孝情對職業代表制之精闢見解，衡之當時國內，無人能出其右。

民國17年2月，李璜與張君勱在滬聯合創辦《新路半月刊》，該刊立論宗旨著重批判共黨政策之誤及農民暴動之非，兼亦反對國民黨「黨外無黨，黨內無派」之謬。孝情於其上曾發表〈民主政治與階級政治〉一鴻文，以淵博的學識，旁徵博引各家之說，反駁用生物學為資產階級制度辯護，是自相矛盾的，批判人種社會學者攻擊民主政治的戰術非常狡猾，但其費盡心力以求證明民主政治思想與事實違背的證據是靠不住的，他以為：

> 其實真正民主政治的實現並不需人人平等；人的天才不能相等是沒有問題的。民主政治者所要求的，不過是有才者不至沒有機會表現，無才者不至強佔這些機會而已。

所以孝情強調：

> 無論你是怎樣的一個人物，生物學不能預言你的子女將來是
> 怎樣；人的精神是有彈性的。後天才能，職業技藝的遺傳
> 性，迄今尚待證明。凡閉關自守的階級或種族，無論他們的
> 本質如何優良，是非退化以至絕滅不可的。

而這些論點，他以為足以推翻一切建築在遺傳論上的階級學理，一切
以遺傳論反民主政治的學理；民主政治制度廢除階級間的障礙，使大
眾有各盡所能的機會，使異種有結合的可能，誠然是運用天才的好制
度。誠然是便利自然淘汰、救濟種族衰落的好制度。年僅24歲之孝
情，天才橫溢，由此可見。

除在《醒獅》及《新路》撰文謀生外，孝情亦在上海各大學任
教，由於用功過勤，旋得咯血病，臥滬兩年，其故人多因黨派成見，
無一當路在勢者，醫藥之費，挪借無門，但堅決的他，不願苟且取媚
於權貴，不得已乃歸鄉養病，間亦在湖南大學任教。民國19年，湘省
適有紅軍之禍，孝情再奔滬上，鬻文療病。民國20年，左舜生在上海
主持《申江日報》，孝情亦常有詞刊於文藝欄中，風格頗有溫、韋之
姿，以其留法多年，詞作如此之佳，國學根柢之紮實，斐然已有名家
之勢。

於此同時，他還勉力為《中華教育界》及《現代學生》等刊物，
翻譯有關社會教育學的文章多篇，文筆亦瀏亮雅麗，平實厚重。民國

21年，因久困於病，復萌歸意，唯病已入膏肓，延至該年12月20日，終歿於家，年僅28歲。

　　孝情一生未屆而立之年，天才不壽，悲夫！常燕生為青年黨之理論大師，平生不輕易稱許於人，唯對孝情曾言：

> 我半生所遇的朋友裏面，天才最高，最使我心折的，莫過於已故多年的鄧孝情先生了。……他是我眼中曾見過第一個天才絕頂的人，可以當得起「才子」兩字而無愧。

李璜亦曾對筆者言及：「中國近代學人中，當以鄧孝情及李青崖法文程度最佳了」。惜天不假年，一個天才的死亡，如彗星般，在燦爛的夜空一閃即逝。其平生論著未輯成冊，多散見於《先聲週報》、《醒獅週報》、《新路半月刊》等刊物中；而較具代表性者有〈馬克斯主義與愛國精神〉、〈民主政治與階級政治〉等文章。

從「少中」到「中青」的見證人

——張夢九先生

張夢九，原名尚齡，嗣改名潤蒼，字夢九，以字行，別署赤松子。祖籍陝西，寄籍四川，清光緒19年（1893）4月17日生於成都。先祖敏行，號勉齋，父張繼，以光緒丙子翰林，轉任四川諸府知縣，迭有政聲。尤以四川盜匪如毛，魚肉鄉里，官兵束手無策，張父屢用奇招，撫勦並施，收效甚著，深得川督丁寶楨、劉秉璋、鹿傳霖之賞識。

夢九8歲時，其父逝世，此後讀書，多賴苦讀，初入私塾，繼入新式中小學及成都英法文官學堂習日文，同學李璜則習法文。夢九年少風流倜儻，民元，成都兵變後，奉母命與華女士倉促成婚，但夢九卻與青梅竹馬的麗娟小姐戀愛至深，然因雙方家長反對導致分離，不得已由麗娟小姐籌款交夢九出走上海。

夢九於民國2年抵滬，而麗娟小姐終未隨來，感傷之餘，在江南及北京觀光遊歷一年

後，乃決定留學日本，一展長才。留日期間，是決定夢九一生事業前途的轉振點。在日本，除了原先早已熟識的陳愚生、雷眉生兩位朋友外，夢九更經由他們的介紹，認識了爾後中國青年黨的領袖曾琦。由於兩人均是以天下為己任的知識份子，雖個性有所不同，但在救國立場的一致下，不久便成莫逆，成為生死患難的好朋友。

民國3年，歐戰爆發，西方列強無暇東顧，日本則趁此機會逞其大慾，亟思謀我。7年3月，曾琦為抵制日本通訊社之操縱東亞輿論，提議留日學生在東京辦一通訊社，將日本陰謀，揭發報告國人，以防患未然。因此乃約唐有壬、易君左、莊仲舒、馮若飛、瞿仲彌、雷眉生、張夢九等人，共組「華瀛通訊社」，每月發稿八次，由唐有壬擔任經濟、雷眉生擔任外交、張夢九則負責政治方面的通訊，藉供國內報紙採用刊載，以謀抵制日本詭計。

其後段祺瑞又與日本寺內內閣簽訂「中日軍事協定」，喪權辱國，莫此為甚。留日學生群情激憤，乃組織「留日學生救國團」於東京，發起學生罷課歸國運動，夢九被推為六所大學代表回國請願。後因段氏高壓解散及學生內部分裂，「留日學生救國團」成效並不彰。然夢九並不因此而灰心，反而於5月在上海創刊《救國日報》，以王兆榮任社長，自己擔任總編輯之職，積極鼓吹抗日救國活動。

不僅如此，於同年6月30日，化宣傳為行動，與曾琦、雷眉生、陳愚生、王光祈、周太玄、李大釗等人發起少年中國學會，主張「本科學之精神，為社會之活動，以創造少年中國」，並要求會員要守「奮鬥、實踐、堅忍、儉樸」四大規約以遂其目的。8年7月1日，少年中國學會正式成立，旋即展開宣傳，招集會員，由於入會標準相當

嚴格，故能入會者並不多，但能入會者，均是五四時代知識份子的一時之選，其中有不少會員，更是以後中青的創始者及骨幹份子。

民國9年，夢九決定赴德留學，乃由上海乘船赴馬賽，再改乘火車經巴黎轉德國。留德期間，學習德文，研究時事，並經常為上海《新聞報》寫通信稿，報導國際新聞。民國12年，曹錕賄選國會議員當選總統，國內政象黑暗，海外人心激憤。此時適有山東臨城土匪孫美瑤綁劫外人之案發生，國際輿論大譁，詆中國為無政府之「匪國」，主張共管中國鐵路。旅法各團體在身受國際輿論的刺激下，忍無可忍，於是由曾琦倡導，組織一旅法各團體救國聯合會，以伸民氣。後曾琦又於該年12月2日，在巴黎近郊創立中國青年黨，主張國家主義，以「內除國賊，外抗強權」為宗旨。

13年，夢九應曾琦邀，加入青年黨，同年7月，與李璜、曾琦、羅世嶷等「少中」同仁自法返國。9月抵滬後，隨即聯絡左舜生、陳啟天、余家菊、王崇植等人，於10月10日創刊《醒獅週報》，宣傳國家主義。同時於大夏大學及法政大學兼課。此時，青年黨欲在國內有所作為，亟思覓得一革命基地，幾經研商考察的結果，發現雲南為一理想之地。乃於15年秋，派夢九與張子柱同赴雲南發展，辦理民治學院，惜未及三月，即因政變停辦。

16年1月，夢九由昆明陸行，5月抵成都，這是夢九於民國2年出川後第一次回川，返鄉時，因四川青年黨員甚多，故倍感親切。時川籍名人張瀾在劉湘的資助下辦成都大學，延夢九執教，教席中有昔日「少中」同仁魏時珍、周太玄等人，皆俊彥之士。後因政治立場問題，又匆匆東下上海，轉赴北京，謁見梁任公，亦在北師大及民國大學授課。

時國民革命軍北伐，北洋軍閥的命運已日薄西山，夢九以北方情勢不利青年黨發展，乃赴瀋陽任東三省《民報》總編輯，至「九一八」事變後離去。21年至35年間，夢九任四川省銀行顧問、西南實業協會顧問及《國民公報》主筆等職。抗戰勝利後，於36、7年間，任經濟部顧問，39年至41年間，任經濟部商業司長，嗣以年老退休。解職後仍從事編輯與著述工作，63年4月21日，以82歲高齡，無疾而終。

夢九歷年在報上發表的社論及通訊稿皆未成集，至於其編著之書籍，抗戰前有《近代世界外交史》、《上海閒話》、《各國民族性》、《世界年鑑》；來臺後有《民國春秋》、《民國風雲人物奇譚》、《人海滄桑六十年》等書。

觀夢九一生，風流儒雅，瀟灑不羈。早年投身於政界，對「少中」及青年黨均貢獻不少。21年後，則置身於金融界，與政界稍疏遠，對青年黨黨務亦不較早先熱心。然其一生忠於青年黨，不為任何政治名位所誘惑，堅守崗位，不偏不倚，誠為青年黨書生人物之一。

張夢九（赤松子）著《人海滄桑六十年》

楊效春，原名嘯椿，字澤如，浙江義烏人。生於清光緒23年（1897）丁酉，世代務農，讀私塾數年，因家境寒微，屢學屢輟。父係佃農，效春為家中長子，每命耕牧，皆不善，其母見之，知其不宜耕農，徒然打罵，無濟於事，乃告貸親友，籌借學費，勉其努力向學。

由是，效春始得負笈入小學，後由小學升入浙江省立第七師範就讀。畢業後，在故鄉小學服務兩年。民國7年8月，考入國立南京高等師範學校教育科。在校期間，孜矻於學業，木訥寡言，不喜與人交往。8年，時值新文化運動勃興，惲代英發表〈兒童公育〉一文，效春受哲學家劉伯明影響，著文駁斥之，文章披露後，其才華學識，旋贏得師友刮目相看。

9年底，效春加入了彼時最大、最重要的學術團體——少年中國學會。後並與王衍

康等人創辦《少年社會》於南京。因泛覽教育、社會、經濟、政治、法律、宗教等書，並與學術界人士時相過從，學養因以猛進。10年7月，南高畢業，即應四川教育界邀請，至重慶暑期講習會講演，此行雖不過兩月，然效春精湛的教法，予川渝教育界人士極佳之印象，無形中奠定爾後在四川辦學的基礎。

同年9月，到宣城任教半年。翌年2月，再至渝，與蒙裁成、陳淯等，組全川教育改進會，創《教育獨立》月刊，並籌設重慶公學。凡所作為，皆得賢明人士的支持及青年們的擁護。12年春，改掌四川省立第二女子師範學校教務。薰陶所屆，渝瀘學風，頓呈新穎活潑氣象。比國立東南大學附屬中學，延聘返寧，復在母校東大繼續進修，廣究社會科學，主編刊物，領導青年，熱心國事。

時適值上海發生「五卅慘案」，全國民情激憤，由於民族主義的高漲，迸發出澎湃洶湧的反帝國主義浪潮，而由反帝所衍生的是，知識份子大規模的反宗教運動及收回教育權運動，在這股驚天動地的潮流中，效春無疑是盡到其知識份子憂時愛國的使命。先是在《中華教育界》雜誌與陳啟天等人合作，全力積極倡導收回教育權主張；其後又在中青刊物《醒獅週報》為文，駁斥護教人士之謬論。

「少中」晚期，中共與中青已壁壘分明，劍拔弩張，兩派由意識型態的分歧，已演變成言論宣傳的鬥爭，學會的分裂至此已不可免。然效春仍一本初衷，為學會的生存發展而努力，由其膺任學會執行部主任，兼以主持學會第六次年會等事看來，在在均顯示出效春是「少中」後期的主要人物。

14年秋，效春又到江蘇鎮江第六中學去主持訓育，前後三個學期，建樹良多。15年冬，國民革命軍即將底定江浙，曉莊師範學校正籌備開學，陶行知、趙叔愚堅邀效春主持教務，篳路藍縷，胼手胝足，多方擘畫，夙夜未遑。以鄉村子弟，從事鄉村教育，興趣盎然，遂樂為所用，輔佐二氏，創立劃時代之理想學校，其個人之教育理念，至此亦煥然丕變焉。曉莊之事甫畢，17年秋，效春至徽州，為安徽省立第二中學高中部主任，兼附屬小學校長。

18年，三度入川，任國立成都大學教授，復創立一實驗學校。19年秋，居喪里第，徇邑人請，整頓義烏縣立中學，該校士風，為之大振，而效春善辦教育之令譽，亦名聞遐邇。時梁漱溟、金仲華等在山東鄒平籌辦鄉村建設研究院，請效春襄理院務，效春因喜其業，遂允北上，在此三年有半。舉凡研討計劃、編輯教材、督導學生、聯絡社會，皆不遺餘力，全神投入，故鄒平鄉教之成就，效春之貢獻，功不可沒。

24年春間，應張治中之聘，任其家鄉巢縣黃麓鄉村師範校長，黃麓地近巢縣，與合肥接壤，地曠民貧。效春本校門敞開之旨，從事建設，其計劃，折衷於曉莊、鄒平之間，在商得教育廳與原創辦人同意後，大抵以「注重訓練青年，使能教育民眾，建設鄉村，以圖復興中華民族」為宗旨。

至於其教育設施，則一反常態，既將學校公開於社會，又將社會當作學校；既使課程實際化，又以實際生活為課程；既聯絡地方士紳相助，又設法革新士紳思想觀念。重心所在，厥為：改進鄉村社會，推進全民教育，樹立青年服務鄉村信念，培養人民保鄉救國能力。學

梁漱溟

校與社會，打成一片；以少量經費，辦多種事業，故馳譽海內，實非偶然。

效春勤於治事，儉以持己，耿直廉介，取與不苟。然曲高和寡，人不易隨，亦不易諒。抗戰軍興，首都淪陷，結束黃麓校務，正欲赴六安省政府所在地報到，途經合肥，突被仇害者所誣，以其黃麓師範學校藏有日本國旗及軍用械彈等罪名羅織，指為漢奸。而省府當局亦不察究竟，遽將效春逮捕，於27年1月予以槍決，年僅42。

事後教育界朋友梁漱溟、江恆源、黃炎培、盧作孚、陳禮江、俞慶棠、高陽、楊開道、朱經農、左舜生、李璜、唐現之、趙晃等在漢口為之登報辯誣，查此違禁品係張治中將軍於淞滬作戰時所俘獲日軍之勝利品，攜歸陳列於故里以炫耀其戰績者，豈奈查辦單位人員，竟敷衍了事，草率斷案，卒造此冤獄。

抗戰勝利後，35年12月，制憲國民大會代表集會首部，曹篛等六十九人，聯名呈蔣主席，請明令為效春昭雪沉冤。經飭國防部三次派員查明，確係

〈為楊效春先生辯誣啟事〉

冤獄，奉批示：「優予撫恤，主辦該案之宋世科等應依法懲處」，效春在天之靈，當可以稍慰矣。

　　綜觀效春一生，其教育理論，一本陶行知「生活教育」學說；對於中國鄉村社會之剖析，則頗受梁漱溟之影響。平日生活嚴謹，刻苦耐勞，淡於名利，愛好農村。其愛國思想，則推崇國家主義，堅持以國家民族利益為優先，自教書期間，便加入中國青年黨，積極為黨為國奮鬥，雖不直接以政治為報國途徑，然以教育百年樹人之大計，其貢獻影響更大矣。走筆至此，吾輩對此人才濟濟之青年黨員，利用各種不同方式，苦心孤詣之報國決心，能不肅然起敬耶！

記一位青年黨籍的史學家

——陶元珍

陶元珍，字雲孫，四川安岳人。生於清光緒34年（1908）農曆9月17日。祖父雲門公，以進士宦遊魯、皖，曾出守鳳陽府，政聲卓著。父幼雲公，任縣參議會議長及縣農民銀行董事長等職。平時熱心地方教育，建設鄉里，不遺餘力。元珍幼承庭訓，品行方正，一言一行，悉本規矩，無稍踰越。讀書則焚膏繼晷，孜孜不倦，兼以稟賦聰穎，異於常人，尤以記憶力為佳。

13歲時，即讀畢《資治通鑑》。民國13年，就讀於四川省立一中，因閱覽彼時青年黨創辦之《醒獅週報》，深覺該刊立論、思想與其精神頗相契合，由是信仰國家主義，奠定其一生愛國、民主、反共之思想基礎。16年夏，中學畢業，隨即考入國立成都大學舊制預科甲部一年級肄業，並經友人介紹，加入中國青年黨，積極參與團體活動。

陶元珍

陶元珍發表在《思想與時代》文章

19年初，因見赤禍日深，共產邪說蔓延於一般士子之間，成都大學亦不例外，元珍耽心若不對此邪說有所匡謬糾正，恐怕陷青年學子誤入歧途的危險，因此創辦《學府論衡》刊物，與共黨展開理論鬥爭。刊物甫發行，即得學生支持喜愛，是以銷路日佳；職是之故，亦深為學校左傾分子所嫉，雙方甚至大打出手，作過一次大規模武力鬥爭。元珍所屬雖大獲全勝，但卻遭當時親共校長張瀾強迫輟學，力爭不果，不得已乃離川東下，考入武漢大學史學系，繼續作一面讀書、一面從事救國的努力。

民國21年，日本繼「九一八」事變後，又發動上海「一二八」之役，全國震動，輿論大譁，青年學生更是義憤填膺，紛紛請纓報國，武漢大學學生會發表之〈抗日救國宣言〉，即出於元珍之手。不僅如此，元珍更與教授周謙沖、同學朱祖貽等創辦《現代青年》半月刊，大力鼓吹抗戰及青年愛國精神。除參與愛國救國運動外，課餘之暇，元珍亦不忘研究學問，努力讀書。

曾撰有〈東漢末中國北部漢族南遷考〉及〈三國食貨志〉二文，後者曾發表於北平學術地位甚高之《燕京學報》，深得胡適、傅斯年等人之欣賞。23年夏，武漢大學畢業，旋赴北平投考北大研究院，不料該院是年停止招生，後經文學院院長胡適介紹，特准為特別研究生；翌年夏，始考入北大研究院文科研究所史學部為正式研究生，並破例獲得優厚獎學金。

26年7月，盧溝橋變作，元珍由平間關南歸，從此獻身教育，先後任中央政治學校專任講師，國立中山大學、東北大學教授。32年秋，到貴州遵義國立浙江大學執教；翌年底，因湘桂戰局吃緊，浙大有遷川之議，元珍乃返川。34年秋，到陝南城固國立西北大學任教，並主持史學系。抗戰勝利後，任國立湖南大學史學系教授兼系主任，桃李滿天下，為國家培育人才無數。35年冬，元珍被遴選為制憲國民大會代表，一年後，當選行憲後第一屆國民大會教育團體代表。

38年秋，大局逆轉，元珍應國立臺灣大學聘，來臺任教。唯時大陸變色，家國淪陷，元珍所受刺激至深且鉅，因是終日鬱鬱，不久即病。病後，身體仍未痊癒，病情時好時壞，曾先後在新北投萬盛橋、林森南路賃屋而居，但泰半時間則臥病醫院。在病室中，仍照常閱讀各種報刊，剪存資料，購買書籍。於40年至52年間，尚撰就政治性論文三十餘篇，蓋閱讀寫作之書生習慣，初未因病而有所改變也。

對於國民大會歷次會議，除67年之第六次會議外，亦均扶病出席投票。晚年因步行不慎，跌斷臀骨，雖經接骨手術，仍是行動維艱，且終年纏綿病榻，心臟日衰，心情鬱悶，69年6月30日晨，逝世於臺北空軍總醫院，享年73歲。

觀元珍一生，精通文史，博聞強記，觸類旁通，尤擅長中國古代經濟史，對明史及近代史亦有造詣。為文則詳徵博引，辨析錙銖，文不加點，倚馬可待。好讀書，但不忘救國；平日生活嚴謹，情感內蘊，傷時懷人，閒情偶寄，一一發之於詩。其人自奉甚儉，而待人寬厚；遵奉固有道德，亦篤信科學新知；對人極為誠懇，有諾必達，決不輕諾寡信。倘有健康之身體，憑其超凡之天資與努力，必有所成，對學術界亦必有更深遠的影響與貢獻。無如世變方殷，書生報國有志，而適應乏術，卒至災病連年，齎志以歿。每思及此，不禁慨嘆如此遭遇，豈獨元珍個人之不幸哉！實亦國家學術界無可補償之損失也。

革命情侶、湖南雙傑

——記李不韙、童錫楨伉儷

李不韙，字印農，黨號大雄。原名韙，因與同黨同志安徽李韙（醒凡）同姓同名，故加「不」字於姓下為李不韙。世居湖南長沙東鄉白沙塘，家世耕讀，忠厚傳家。生於清光緒12年（1886），少雄武，貌魁奇，性耿介，尚俠氣，為人豪爽，有燕趙之士慨。年逾弱冠，適戊戌政變起，湘中豪傑譚嗣同、唐才常相繼死難，湘人憤之，不韙亦義憤填膺，痛恨清政不綱，蓄志革命，踵繼前賢之心，油然而生。

辛亥武昌起義，長沙率先響應，不韙隨焦達峰、陳作新兩先烈起義，攻入湖南督署，奮勇先登，當仁不讓，湘省遂告光復。民國2年，湘省政府嘉勉不韙起義有功，准以官費派赴日本留學，冀他日畀以重用。在日期間，不韙不負所託，孜矻學業，戰戰兢兢，不敢稍怠。

民國4年，學成返國，一度從事教育。然教學之餘，尚感學有未逮，乃毅然辭去教職，於民國8年，應吳稚暉、李石曾等人在法提倡「勤工儉學」運動，偕湘中有志青年二十餘人，赴巴黎留學。途中經黃仁皓之介，結識曾琦，雙方有志一同，興趣相近，相契甚歡，形同莫逆。

留法勤工儉學會，是民國元年由吳稚暉、張靜江、李石曾、齊竺山等人發起於北京，原意是在為國家培植人才，以勤工儉學的方式完成學業。勤工儉學會在法組織，分設執行、評議兩部以司其事。不韙曾被大家推舉為執行部長，就任之後，本其一貫負責盡職的個性，對推進會務發展，不遺餘力。是時中國共產黨徒藉勤工儉學機會，潛往法國者甚多，周恩來等人更是竭力爭取勤工儉學生，屢發謬論，蠱惑僑民。不韙睹此局面，深感憂慮，除與之對抗外，並常與曾琦密商對策。

民國12年夏，山東臨城土匪孫美瑤攔劫津浦火車，綁走若干乘客當人

李不韙伉儷

質，其中有英、美、法、德、義外僑數十人。案情甫經披露，國際輿論大譁，詆為「義和團」之再現，呼中國為匪邦，瓜分之説，甚囂塵上。不韙義憤填膺，兼以平昔痛恨共黨必將為禍中國，而北洋政府又顢頂無能，於是就商於曾琦，思圖集中青年力量，積極救國。

而唯一的救國之道，捨組織革命政黨外，別無他途。因此在民國12年12月2日，不韙與曾琦、李璜、何魯之、張子柱、黃日光、胡國偉、周宗烈等人，於巴黎郊外玫瑰城共和街，正式組織成立中國青年黨。這個政黨以揭櫫國家主義相號召、以愛國、民主、反共相勗勉。揭示宣言，以「內除國賊、外抗強權」，力爭中國之獨立自由，謀全民福祉為宗旨。自是厥後，不韙屢膺青年黨中央執行委員兼組織部長；暨中央執行委員會、中央檢審會主席，奔走呼號，數十年如一日，來臺後復膺選為黨主席之一。

民國13年春，旅法勤工儉學生總會，召集各團體舉行救國聯合大會。大會選舉結果，青年黨大勝，共黨分子嫉之甚恨，悍然欲停開以為威脅，並要求修改「內除國賊、外抗強權」之救國宗旨。初則舌戰，繼而棒毆，不韙見此，湖南「騾子脾氣」頓發，仗義高言，徒手搏鬥，致共產黨徒以石擊傷其頭部，血流如注。然慷慨義憤，凌厲無前之大勇，仍不稍退縮，故黨內外識者交口稱譽之。

曾琦日記便有記載曰：「予邇來閱世漸深，感人情冷酷，若李君之真摯醇厚，為朋輩中所僅見，予以是樂與深譚」；又曰：「李君篤實誠懇，不可多得之良友也」；其贈別詩云：「三湘七澤多豪俠，駭浪驚濤獨見君，風雨同舟今兩度，暫時分手亦銷魂」，仰仗器重之情，溢乎言表。此外李璜也説：「在我初組黨時，不過激於印農之被

打，打得頭破血流之一事」；又説：「印農為人堅忍質樸，誠為剛毅木訥近仁之一派，不高言論，而尚篤行，其長處尚多。嗟夫！士君子堅苦卓絕之行，感人之深，與影響後來之巨，有如此者。」

民國16年，不韙回國，仍為反共、爭民主、謀青年黨務之發展，奔馳南北，歷盡艱辛。民國17年，在李品仙軍部工作，駐北京堂子胡同八號。公務之餘，仍廣交朋友，擴展黨務。抗戰軍興，赴雲南昆明工作。勝利後，35年，任制憲國民大會代表。36年，為監察委員，柏署高風，清譽流芳。

來臺後，除克盡柏臺之責外，仍憂劬勞瘁於黨國之務，其間曾任青年黨主席，排難解紛，為謀黨的團結和諧，鞠躬盡瘁。民國55年，偶感不適，時癒時劇。56年，卒因肺炎而長逝不起，一代忠良，就此埋骨寶島，不僅為青年黨莫大損失，且是國家樑棟之摧也。

觀不韙一生，畢生為黨，志切收京，為國效勞，誓死反共。其於政府以諍友自居，每攸關家國重務，莫不捐棄黨見之私，全力從公。平居靜默，不喜為文，然於國學，則植基甚厚，長金石書法，品論精倫，個性耿介絕俗，剛毅慎行，與人無爭，對國事黨事，竭智盡忠，唯一遺憾，為未能親睹神州光復矣。

夫人童錫楨女士，字契塵，湖南寧鄉人。祖父兆蓉公，曾任前清浙江溫州兵備道，廉潔剛正，政聲迭著，為《清史》〈循吏傳〉有載。父紫珊公，為邑名諸生，以書法佳，甚得時譽。紫珊公有二男三女，錫楨即其季女也。

錫楨幼齡時，伴諸姊讀書，因其天資穎悟，稟性優渥，為家人稱羨。為文章，不作閨閣語，有不櫛進士之目。民初結業於長沙周南女

中，即慨然於我國教育之不彰，女權之
待啟，欲藉他山之石，奠此丕基。乃參
加留日公費考試，獲錄取，旋負笈於東
京高等女子師範學校，前後八年，成績
優異，不僅為中國爭光，亦令日本女
子側目，許為華夏不可多得之奇女子
也。

李不韙（右1）與劉東巖（左1）

　　畢業後，不慕異國流連，毅然返
國，報效鄉梓，欲以所學，全心全力投
入教育工作，當道亦欽重有加，延聘接
長湖南稻田女子師範學校。湘省宿儒
耆老，咸無間言，閨中群彥，顧而相勗
曰：「有為者，固若是」。湘中豪傑之
美名，不徑而走，爭相執贄受教。咸、
同以還，湖南人文薈萃，然女教未開，
猶有偏失。自錫楨振鐸啟牖，傳經擊
蒙，而後風氣大開，巾幗中人才輩出，
乘時赴運，宏濟艱難，其締造經綸之
功，信深且博也。

　　錫楨掌校既四年，而赤禍起於湖
湘，蓋彼時正值北伐之際，因共黨陰
謀奪權，另樹中央，造成寧漢分裂。
兩湖沃土，盡彌赤流，農不安畝，賈

不安市，絃歌亦輟於講舍，錫楨不得已乃隨家走滬濱，直至民國18年才返湘。時不韙甫自巴黎歸國不久，經人介紹相見，抵掌談國事，若合針芥，遂訂鴛盟。不韙志節宏毅，肝膽忠義，勇於任事，深為時論崇美。錫楨為人嚴正，於人少許可，而聲應氣求，唯於不韙則欽其雅度。結褵後，閨門之內即高談暢論政治之所，於我國民主運動發皇中，不失為一段佳話，一門雙傑，革命情侶，誠非不實之譽也。

民國26年，抗戰軍興，兵禍遍地，黎庶流離，哀鴻遍野。錫楨慨然有感於寇深國危，不可因家室而忝攘夷大義。遂出任南岳難民工廠廠長，撫輯流亡，以工代賑，於安定流離，增加生產等工作，貢獻頗多。惜戰局逆轉，工廠撤銷，未克大展素志爾。34年8月，八年艱苦抗戰，終獲勝利，中國榮登國際四強之列，普天同慶，薄海歡騰。我政府踐還政於民之諾，公佈憲法，施行憲政。錫楨經青年黨推薦，當選國民大會湘省婦女代表，不韙亦順利當選監察委員。

國會柏臺，一門雙傑，一言諤諤，以政府諍友自居，而和光同塵，又能折衷調和歧見，以供當道抉擇，誠所謂黨同而不伐異者矣。從容廟廊之上，抉幽發微，肅官箴而勤民隱，不負所託，載籍自當大書特書，無煩詞費也。

大陸淪陷，告青昌披，錫楨來臺後，初執教於屏東女子中學，旋因監院在北，不韙工作繁冗，且須兼董黨事，隻身孑居，生活殊為不便，為照顧計，遂辭職北上，躬主中饋。而於家國大事，凡所應致力者，莫不一本至誠，奮發完成。雖不求聞達，然守正不阿，猛志固常在也。

不韙於56年謝世後，錫楨雖寡居，然童氏紫珊公子孫均隨政府來臺，皆有成就。諸姪及孫輩共數十人，平昔趨庭侍候起居，故晚年生活尚不感寂寞。錫楨學養深厚，工詩文，字習黑女誌，頗富功力。性淵默，寡言笑，鮮酬酢，寵辱得失，均不縈懷，故能克享天年，蓋所得者厚也。錫楨生於清光緒21年（1895），歿於民國70年，享壽87歲，福壽全歸，實為「積善之家有餘慶」之證明也。

自古湘中多豪俊，睹不韙與錫楨，一為柏臺，一為國大，同屬湘籍，同隸一黨，聲通氣同，鴻案相莊，志同道合，鶼鰈情深，革命情侶，湖南雙傑，盡瘁黨國，傳為美談矣。

嚴保三任勞任怨

嚴際鑑，字保三，後以字行，生於清光緒25年10月13日（1899年11月15日）。保三為湖北黃岡望族，父遵坼公早逝，時保三甫四月，猶在襁褓。祖父用烈公為使孫輩能得正常教育，辭松滋縣教諭，在家課讀，督導孫輩，以迄成人。保三幼聰慧，年13，已畢《五經》、《四書》。年14，同邑金殿丞，設館於里，保三遵祖父命，參加館課，同窗門生二十餘人，保三最幼而成就最大。後就讀府立啟黃中學，又轉荊南中學，繼入湖北法政專門學校攻讀，在學期間曾身兼武昌育才小學教員、夏氏族立小學校長、楊裴區立小學校長等職。

民國12年，於完成學業後，考取北京地方法院學習書記官。然時值北洋當政，軍閥橫行，內戰頻仍，外侮日亟。中山先生開府廣州，宣言申討，保三認為機不可失，立即響應南下，任職石井兵工廠。然未幾，楊（希

閩）劉（震寰）變起，廣九全面罷工，保三不得已乘間往梧州省岳丈萬荇湄。時廣西境內亦群雄割據，滇軍入侵，李宗仁、白崇禧等力謀統一，起用青年才俊，只問能力，不分畛域。鄂籍人士在桂者，以胡宗鐸為首，計有李石樵、林逸聖等數十人，保三抵梧州，經荇湄引見晤胡，經胡推薦，留桂服務。初由隨軍書記幹起，以後歷遷龍州、憑祥等縣政府秘書、科長，及鎮南三屬財政清理處第一科科長。

15年春，蔣總司令誓師北伐，鄂籍留桂人士，均隨軍出發，保三亦趁此機會，毅然辭職，隨軍效命。曾先後擔任第7軍第8旅書記官、第19軍第2師主任軍法官，兼漢口市警察第二分局局長、第18軍軍法處長。17年春，受命署理湖北隨縣縣長，在任一年，因病辭職。嗣後保三又任兩湖禁煙總局主任秘書，時北伐已屆底定，武漢歸桂系第4集團軍勢力範圍，是以兩湖禁煙總局，隸屬於武漢政治分會。18年秋，禁煙總局終隨第4集團軍之解散而結束。

21年春，保三任陸軍第13師少校軍法官，隨軍調駐漢口，適夏斗寅接掌省政，乃延聘保三為湖北省銀行出納科長。此任務實為保三人生之另一里程碑，蓋保三對金融係屬門外漢，只因老成持重，辦事條理明晰，深得長官賞識，故畀予重任。到職之初，一方面小心謹慎執行業務，另一方面廣蒐經濟金融等書籍，晝夜研讀，並虛心就教於學者專家。先後在金融界服務達十八年之久，配合政府，發展地方建設，倍受各界推崇。

期間重要貢獻有，22年夏，籌設宜昌分行；此外又商承總行，設辦事處於宜都、巴東、恩施各縣。其中尤以籌設恩施辦事處最為重要，原因係時值賀龍共軍竄擾川湘鄂邊區，蔣委員長設行轅於宜昌，

派陳誠為行轅主任，指揮何鍵、徐源泉、孫連仲三路大軍圍剿。恩施為前線指揮所，頓形重要，惟該地僻野，生產貧瘠，一旦大軍雲集，餉糧運濟至感艱難。因此陳誠乃急電中央，請速派中央銀行，設立恩施分行，以配合軍事行動。但中央銀行不敢深入不毛，情商由財政部電令湖北省銀行，妥籌辦理，省行則又轉電宜昌分行承乏其事。保三不避艱難，親往視察，並將調查實況結果，除呈報總行，並就近商呈陳誠，提出籌設辦事處、趕建機場、興築施巴公路等意見，深蒙陳誠採納。不僅如此，保三並自告奮勇，在公路未完成前，親自押機運鈔，時押運之事至為危險，自是軍事得以順利進展。

29年，宜昌淪陷，宜行於安全撤退後，保三旋奉命籌設湖北桐油貿易公司，擔任協理，後升任經理。緣國內生產之桐油，多年來已取代絲茶，運銷歐美，躍居出口貿易第一位。抗戰之初，政府與美訂約，借款五億美元，指定以出口桐油抵償，但戰事發生後海口遭封閉，桐油無法外運，內銷又不易，於是由財政部貿易委員會主管之復興公司，聯合湖北省銀行，合資組設湖北桐油貿易公司，負責收購鄂、湘、陝南之桐油運往四川，然後再由復興公司轉向滇緬公路出口，以維持國際信用。

唯西南後方山高水急、地瘠人稀之區，對此流質桐油收購、存儲、裝運，困難萬分，但保三接手後，卻能排除萬難，對各種收購、存儲、運輸等事項，均做妥善安排。31年夏，因受滇緬戰爭影響，桐油出口更形艱困，而內地桐油產量亦減少，保三為免疊床架屋之弊，乃建議結束湖北桐油公司，改由復興公司在原址設收購站一所，照舊作業，蒙當局採納，遂將公司結束。統計營業僅及年餘，購運桐油達

五萬公噸，淨利超過資本一倍，結束之後，員工各就其才，分派至復興公司及湖北省銀行任用。

而保三本人則因歷年勞累，雖經上峰迭委重任，不願再負重責，乃再三懇辭，始得擺脫。在萬縣休息養病將近一年，適鄂籍人士，為謀戰後地方經建起見，在渝集資，成立江漢企業股份有限公司，公推何雪竹任董事長，南經庸任總經理，保三與劉逸吾任協理，惟此時已屆抗戰末期。

39年10月，保三由港來臺，適行政院籌設設計委員會，保三夙為陳院長（誠）所器重，又得中國青年黨之推薦，乃於40年1月，被聘為該會委員。43年，光復大陸設計研究委員會成立，被聘為委員，兼國防研究院特約編纂。56年底，依法遞補國大代表。

保三於民國18年參加中國青年黨，歷任各級黨部委員，及中央黨部執行委員、副秘書長、常務委員、評議委員、政策顧問。民國70年8月12日因病逝世，終年83歲。

民主鬥士夏濤聲

夏濤聲，原名葵如，字濤聲，以字行，安徽懷寧人。生於清光緒25年（1899）10月14日，幼失怙，秉承母教，以穎悟逾恆，為祖父所鍾愛。稍長，肄業於安慶六邑中學，以成績優異為師友所重，舉凡學生社團及青年愛國運動，無不踴躍參加，且居領導地位，故當時皖垣青年咸以濤聲為模範。職係之故，其後濤聲於安徽蕪湖第五中學就讀時，深得該校教務主任；也是中共早期要角高語罕的賞識。

民國10年11月，蘇俄為了對抗「華盛頓會議」，假第三國際之名，召開所謂的「遠東勞苦人民會議」於伊爾庫茨克。高語罕路過上海見陳獨秀談及斯事，陳問高，安慶可有人才，高向陳推薦濤聲，以濤聲係當地學生會負責人，且又與陳同為懷寧人。陳獨秀聞之甚喜，旋即命周佛海（彼時為共產黨員）奉黨命赴安徽，攜陳親筆函找濤聲，遊說濤

醒獅精神

夏濤聲

聲至俄參加該會，一則可遊歷；再則亦可留下讀書。周在蕪湖五天，不斷慫恿，然濤聲以畢業在即而不肯，後周央請學校校長劉希平（國民黨人，為陳獨秀和高語罕之好友）出面從中勸濤聲，濤聲才接受。

同行中有中共黨員張國燾、于樹德、夏曦、王燼美、鄧恩銘、胡公晃、宣中華、鄧培、林育南；屬於國民黨者有張秋白、王樂平、賀衷寒、蔣伏生；此外還有無政府主義的黃超海（凌霜）及黃璧魂和江亢虎。到達俄國後，由於濤聲洞知共黨陰謀，不僅不為所惑，且在會場中發表反共的激烈言論，全場為之錯愕不已，主持人更是驚惶無措，尷尬不堪。最後乃令中共代表團團長張國燾，以黃超海和夏濤聲是著名無政府黨人名義為由，謝絕招待，不得出席大會，任其自由離俄。

在此情況下，濤聲只有偕同友人，越俄蒙邊界間道返國，歷經諸多艱險才抵達北京。隨即以兩個月的時間，閉門溫習功課，於民國12年下半年考入北

京大學政治系。時國內軍閥混戰方酣,政治紊亂,共產黨人陳獨秀、李大釗以濤聲係一不可多得之人才,積極延攬他入黨,並告以張國燾對其事處理之不當。但濤聲有此一段曾經受共產黨蠱惑,而親往俄國才看清蘇俄真面目的經歷,不僅不為所動,反而轉入共產黨的對立陣營──醒獅派,且毅然決然加入青年黨,畢生致力於反共救國。

民國13年,青年黨的領導人曾琦、李璜自海外歸國,致力於北京地區黨務的拓展。14年春,青年黨北京支部成立,接著成立「國家主義青年團」北京團部,團部隸屬於黨部,團的名稱對外是公開的,黨的名稱對外是秘密的。黨部團部成立之始,由林德懿擔任黨部執行委員會委員長,濤聲任內務部主任,內務部管組織,是極重要的部門。民國15年夏天,濤聲接替林德懿為執行委員會委員長職務,正式負起實際推動青年黨務之責任。

民國15年秋冬,雲南軍政首長唐繼堯,託章太炎介紹人才,太炎和曾琦商量後,介紹張子柱及張夢九前往。太炎聲明他們兩位是國家主義派的身份,唐欣然表示接納。曾琦覺得這是青年黨在雲南開拓黨務的契機,旋即由四川、北京、上海等地,徵調志願進雲南講武堂肄業之幹部同志前往,濤聲亦奉命派遣到雲南工作。可惜民國16年的春天,雲南發生政變,唐繼堯失勢,濤聲隨即離開雲南,回到北大繼續修業。北大畢業後,復唧命至安慶、南京、上海、廈門各地,藉教書掩護開拓黨務。民國19年,曾一度於下關旅館中被捕,解送蘇州下獄,旋獲保釋。

民國20年,「九一八」事變發生;次年「一二八」淞滬戰爭繼之以起,大敵當前,國難方殷。此時,在救國第一的前提下,捐棄黨派之私,濤聲以青年黨上海特別市市黨部執行委員會委員長名義,以青

年黨同志為基幹，號召組織「抗日急進會」、「鐵血義勇軍」，一面與上海各界組織的抗日團體聯絡；一面從事募集軍用品和救護宣傳等支援工作，收功厥偉。21年夏天，青年黨在北平召開第七次全國代表大會，曾琦、李璜、左舜生、陳啟天等歷來主持青年黨中央黨務的諸先進，共同提出他們不再連任而改選新人接替的意見，說服代表予以接受。

在該次全會中，成立了新的青年黨中央黨部組織，于復先任中央執行委員會委員長，夏濤聲、王師曾、張炳心、樊伯山任中央執行委員會常務委員會委員；周謙沖、林可璣、劉靜遠等任中央執行委員會委員。中執會設政治部，濤聲兼任政治部部長。其後，濤聲曾先後與李璜、王慎盧、王師曾、王嵐僧等組織義勇軍，於長城各處進行抗日宣傳。23年秋入閩，供職於福建省政府，嗣奉派赴日本考察研究兩年，藉以覘其虛實。

26年春返國後，曾向當局條陳長期抗戰爭取最後勝利之方策，識者韙之，旋出任莆田縣長。未久，「七七」變起，省府內遷。次年調任主席辦公廳主任，復奉派赴香港辦《大眾日報》，未及一載，返閩仍任原職。30年秋，省府改組，濤聲入川，受命為行政院參事。34年抗戰勝利，奉調為臺灣省行政長官公署宣傳委員會主任委員，於省政之啟迪，中央政令之推行，無間朝夕，盡心竭力以赴，對《臺灣新生報》之創刊，貢獻尤多。

35年冬，制憲國民大會開幕，濤聲由青年黨提名為制憲國大代表，赴京出席大會，抒忠竭智，獻替極多。閉幕後，乃回臺辭去宣傳委員會職務，改任立法院立法委員，參加行憲法規之審議，深謀遠慮，極具卓見。36年，青年黨中央黨部移設上海，濤聲以中央常務委

員兼組織部長，負責黨務重任，並在上海創辦《風雲半月刊》，作民主反共之鼓吹。其間且經常往來於京滬之間，視察全國各地黨務，輔導選舉，風塵僕僕，勞怨不辭。

37年回皖，參加行憲第一屆立法委員競選，38年入立法院任職。不幸赤禍披猖，神州板蕩，乃復入川籌組「反共志願軍」，決心發動人民武裝，從事游擊反共。詎以局勢逆轉，首都淪陷，而軍事生活，又非其所長，不得已乃毅然追隨政府由京而穗而渝而臺，抱風雨同舟之赤忱，作患難與共之諍友。來臺後專任立法委員，先後參加外交、財政、經濟等委員會。並於39年10月，創辦《民主潮》半月刊，抒蓋籌以弼憲治，建讜論以贊中興。

其後為了落實臺灣的民主政治，濤聲不畏權勢，無懼橫逆，與雷震及「自由中國」諸同仁往來甚密。民國47年7月，濤聲與李萬居、

民國35年新年，圍遊於台北賓館。後排：李萬居（左4）夏濤聲（左5）與謝東閔（左6）沈雲龍（右3）葉明勳（右4）

郭雨新、吳三連、高玉樹、王地、楊金虎、許世賢等七十八人，發起組織「中國地方自治研究會」。此會的組織，實源於民國46年5月的「選舉檢討會」，該會檢討第三屆縣市長與省議員選舉，認為弊端太多，咸認距離理想太遠，於是決議籌備臺灣地方自治法規修改意見研究會。民國49年5月18日，濤聲參加在臺北民社黨總部召開的「在野黨及無黨無派本屆地方選舉檢討會」，會中主張成立一個反對黨來辦好選舉，發揮民主的力量。

6月15日，「選舉改進座談會」發表聲明，決定團結海內外民主人士，並與民、青兩黨協商，立即籌備新黨為民主反共而努力。6月26日，正式開始新黨組織工作，並發表李萬居、高玉樹、雷震三人為發言人，且推舉濤聲及李萬居、高玉樹、雷震、吳三連、郭雨新、齊世英、李源棧、楊毓滋、王地、許世賢、黃玉嬌、楊金虎、石錫勳、郭國基、謝漢儒等十七人為召集委員，開始在全省各地舉行座談會。9月12日，「中國民主黨籌備會」正式成立，濤聲亦為新黨的主要領導人物之一。

但是因為當時的政治環境故，新黨不得不胎死腹中，但濤聲對推行民主憲政的決心與堅持是不容置疑且令人感佩的。然也因經過這一連串的頓挫後，濤聲漸趨消極。民國50年後，幾乎停止了政治活動，他辭掉了《民主潮》發行人職務，改由張希為繼任，在立法院的表現也不若往前活躍，對有關黨務亦不聞問，不久且纏上病魔。52年6月初患中風，病情初屬輕微，經治癒後，於53年1月復發，病情轉遽，從此長臥病榻，帶病延年三年多，57年1月舊疾復發後，延至8月24日溘然長逝，享年69歲。

《江青前傳》作者「日本通」崔萬秋

崔萬秋，清光緒30年（1904）5月16日生於山東省觀城縣，家世務農，為當地望族。民初創辦新學，萬秋嚮慕之，曾不辭辛苦，離家遠赴縣城求學，就讀於山東省立一中。民國10年，萬秋自省立一中轉學於省立六中，民國13年夏，萬秋自山東省立六中畢業。結業後決定赴日留學，行前因欲一睹中國新文化之二重鎮上海與北京，遂展開二地之遊。然因旅費不濟，僅能先至上海（北京之行，已在民國14年春）。上海之行，萬秋先造訪二位昔日中學時期通信不輟之筆友，一為在東京留學之田漢（後為有名戲劇家，死於中共「文革」）；一為仕上海商務印書館編輯《學生雜誌》之楊賢江。

田漢是少年中國學會和「創造社」的會員，常在《少年中國》月刊及《創造季刊》發表作品。楊賢江則是早期的共產黨員，富於組織力；對向《學生雜誌》投稿的人，常

寫信鼓勵，萬秋因此遂與其成了筆友。民國13年的上海之行，萬秋因暫居田漢家作客，由田漢介紹，認識了左舜生、陳啟天、張聞天等人。

此次萬秋在上海只逗留兩個星期，便回到濟南，準備赴日的行裝。9月初，萬秋從青島乘大阪商船公司的「泰山丸」赴東京。同行的留學生有十餘人，多半為自費生，只有二、三位是官費生，其中一位是北大畢業，以後曾在商務印書館任職，抗戰期間參加汪偽組織，且任偽外交部長的李聖五。到東京後，萬秋和田漢、楊賢江及新結識的友人左舜生、陳啟天等仍保持聯繫。那時左舜生常把剛創刊的《醒獅週報》寄給萬秋看，而楊賢江也不定期的將《嚮導》及《中國青年》寄與他，在這些國家主義與共產主義鬥爭尖銳的刊物中，萬秋的思想逐漸傾向於《醒獅週報》。也因為這樣，很自然地和《醒獅》主編曾琦、發行者左舜生及主要的撰稿人李璜、陳啟天、余家菊等建立友誼。

就在這層關係上，民國14年8、9月之交，萬秋經左舜生、陳啟天二人之介紹，加入了中國青年黨。參加「中青」後，萬秋旋即被膺以拓展黨務重任。未幾，萬秋在其就讀之所在地廣島，成立了支部，並介紹兩位長崎高商的學生翟溫橋及朱世龍參加青年黨。此外，萬秋又利用同鄉之地緣關係，網羅不少優秀青年入黨，如薛澤生、張微星、夏劍秋等人。民國15年7月，「中青」第一次全代會在上海召開，海外各省市代表三十餘人出席，萬秋以旅日黨部代表出席。在此次會議中，萬秋結識了幾位心儀已久的青年黨領袖，如曾琦、李璜、余家菊、張子柱、張夢九、李不韙諸人。

《江青前傳》作者「日本通」崔萬秋

留日十載，萬秋對於日本明治維新後吸取西方文化，提倡實業，富國強民的經驗教訓，領悟甚深。民國22年，萬秋畢業於日本廣島文理科大學。學成歸國後，在上海參加曾虛白主持之《大晚報》，擔任該報副刊主任，編輯文藝副刊「火炬」及影劇副刊「剪影」，活躍於文化界。在主編《大晚報》文藝副刊期間，萬秋自己還自撰長篇小説〈薪路〉及〈群鶯亂飛〉在該報連載。在這段期間，萬秋尚有意外的兩件事，與四十年後中共的「四人幫」中的兩人有關。一則是萬秋在主編《大晚報》副刊期間，認識了毛澤東的遺孀江青，那時江青原名李雲鶴，後改名為藍蘋，由洪深之介，獲識萬秋。萬秋也因山東同鄉之誼，有心獎掖後進，替藍蘋在報上大加揄揚，使她在話劇界嶄露頭角；並轉介給田漢。

這段萬秋捧江青的故事，中共竟列入「叛徒江青的歷史罪證」。萬秋晚年隱居舊金山，為澄清這段流言，從民國71年1月始，開始在香港的《百姓》雜

《醒獅週報》封面

誌逐期發表〈上海歲月話江青〉長文，民國75年又在美國西岸的《國際日報》連載，頗為轟動，最後且以《江青前傳》為名，由香港「天地圖書公司」出版。哈佛大學的中國問題專家Ross.Tirril教授稱：「這是一部具有寶貴個人經驗，研究毛江的重要著作」。另有一事，也是與「四人幫」有關，民國25年，萬秋在主編《大晚報》副刊「火炬」時，發表了一篇張春橋（化名狄克）批評魯迅的文章，題為〈我們要執行自我批判？〉，中共「四人幫」倒臺後，中共在「張春橋的歷史罪證」文件中，又加上一條說：「這是張春橋以反動的《大晚報》副刊『火炬』編輯部為據點，在崔萬秋的指使下圍攻魯迅，從事文化特務活動的證據。」真是欲加之罪，何患無辭。

民國26年，抗戰軍興，萬秋以深諳日本國情，精通日語，為中宣部董顯光部長延攬，任國際宣傳處第三科科長，負責對敵宣傳工作。時國際宣傳處人才濟濟，陣容鼎盛，如後來任國府駐美大使的沈劍虹，及八〇年代任外交部長的朱撫松氏。由於萬秋通過文藝與文化的鑽研，對日本社會及民族性有深入的了解，因此在宣傳對日作戰時，就能做到「有的放矢」，針鋒相對的地步。他主持的對敵科，每天除負責收錄日本廣播，編成參考資料外，有時還要作分析判斷，送當時的蔣委員長和各部會官員參閱。「中國之聲」（The Voice of China）的對日廣播，由對敵科人員擔任，廣播質量被國際上公認是最好的，顯示了萬秋的領導有方。

在主持對敵宣傳的同時，萬秋在重慶還先後兼任《時事新報》副刊「青光」和成舍我主辦的《世界日報》副刊「明珠」的主編。曾以徐州會戰、保衛武漢為背景，撰寫成〈臺兒莊會戰〉、〈保衛大武

漢〉的中篇小説《第二年代》。民國32年，抗戰後期，萬秋深入蘇
魯豫皖邊區戰地，湯恩伯在河南葉縣創辦「政治學院」，萬秋受聘為
學院教育長，擔任教學工作。不幸次年夏季，日軍集中華北、華中兵
力，發動中原戰爭，葉縣陷敵，學院被燬，萬秋在戰火中仍盡力率領
一部份學生，輾轉至陝西南鄭交由教育部接收安置。

　　民國34年8月，抗戰勝利，日軍投降，湯恩伯奉命主持京滬地區
受降工作，電邀萬秋參與接收工作，委為司令部少將高級參議，飛
滬負責指導辦理接收日本在滬文化事業，並策劃創辦日文《改造日
報》，作為對日僑日俘進行再教育的措施，直到受降遣僑遣俘任務結
束為止。

　　民國37年在上海，萬秋與左舜生共同創辦《中華時報》，並以副
社長兼任總編輯。於此同時，萬秋主編由成舍我創辦的上海《立報》
副刊「言體」。自己也撰寫中篇小説〈睡美人〉，此外又在《中華時
報》連載其長篇小説〈重慶美人傳〉，一時傳為佳頌，膾炙人口。同
年，因陳啟天任經濟部長，萬秋由友人兼同志朱世龍之薦，獲邀為中
華民國駐日代表團商務代表（團長為朱世明）。當時適值日本戰後，對
日貿易，日方無償付能力，交易收採易貨方式，商人經營困難重重，
但因萬秋熟諳各業情形，從中排難解紛，對僑商做了許多有益的事。

　　民國41年，中日和約成立後，代表團易名為駐日大使館，老上司
董顯光出任駐日大使，委萬秋為一等秘書、政務參事，負責與日本外
務省交涉及與國會、內閣聯繫。此工作一做就是十二年，直到民國53
年始調外交部，任亞東太平洋司副司長。民國56年外放駐巴西大使館
公使，民國60年退休，移居美國，藉讀書寫作以自遣。民國79年因動

崔萬秋伉儷與張群合影

崔萬秋八秩大壽，攝於長子志凱家
（1983年）

脈瘤動手術引起肺炎，於9月10日下午3時，不幸於舊金山加州大學附屬醫院逝世，終年86歲。

萬秋出身日本國立大學，本擬從事學院派之研究生活，故先後在復旦、滬江（上海）、中央（重慶）、中國文化（臺北）等大學講學。著有《通鑑研究》、《日本廢除不平等條約小史》（均由商務印書館出版）等學術著作。其文學思想師事日本白樺派領導人武者小路實篤，曾翻譯其作品〈母與子〉、〈忠厚老實人〉、〈孤獨之魂〉、〈武者小路實篤戲曲集〉。並譯有日本最偉大之作家夏目漱石的代表作〈草枕〉、〈三四郎〉，井上靖的〈死與愛與波〉，藤森成吉的〈誰逼她如此？〉，女作家林芙美子的〈放浪記〉。此外尚有二書《日本見聞記》、《東京見聞記》（臺北皇冠出版社出版），專門介紹日本的山川、人物、歷史與文化。萬秋與青年黨內著名文學作家劉大杰、胡雲翼、盧隱女士、左幹臣等，均成名甚早，對二、三〇年代有卓越貢獻。

治學嚴謹的朱延豐

朱延豐，字漢新，別號季子，世居江蘇蕭縣之老朱集，父述曾，母王氏。延豐生於清光緒32年（1906），兄弟四人，延豐行四，故父母特鍾愛之。歷代書香耕讀，髫齡就傅，即畢四子書。民國8年，入縣立第一高等小學。11年，入南京東南大學附中。14年，方在高二之年，即以高中畢業同等學歷考入國立清華大學歷史系。在校時，因慕國家主義學說，因同班同學楊伯安之介，加入中國青年黨，同時加入者尚有宋益清、羅興林、李樹庚等人。

18年，延豐以優異成績畢業，旋即進入清華研究院深造，同時兼任歷史系助教。24年，通過中英庚款留學考試，乃負笈英倫牛津大學專研近代史。26年，獲碩士學位；再入法國巴黎大學專習歐洲史一年。27年，應德國波昂大學之聘，任（Lektoy）講座，講授中國史，為期兩年。延豐任滿後，波昂大學

原欲續約,延豐以我對日抗戰形勢正值艱困之際,不應逗留海外置身事外,乃婉拒聘約,專程返國,赴陪都重慶,決以所學貢獻國家,並以教育為復國之本。

初應國立東北大學之聘為專任教授,31年,轉任國立中央大學教授,33年至35年,又任四川大學教授,35年至38年,則為中山大學教授兼歷史系主任。在此十年間,政府中人屢擬延攬其從事行政工作,但延豐始終以教育與學術為素志,予以婉拒。

36年,政府籌備行憲,全國舉辦中央民意代表選舉,延豐經中國青年黨提名,當選第一屆立法委員。任職以還,多參加立法院教育委員會,每遇涉及國家重大興革或國民權益諸要政,靡不仗義執言。來臺後,除任職立法委員外,復兼任國立臺灣師範大學及私立東海大學教授。48年,曾獲傅爾布萊特交換教授赴美,先後於卡諾拉多大學及佛羅里達州立大學講學,專授中國史一年。

朱延豐編著《歷史唯物論批判》

　　延豐諳英、法、德諸國語文，論政講學之餘，則喜從事寫作，除曾受教育部委託編纂多年高中歷史教科書外；42年，復因感受共產邪說之迷惑大陸青年，尤以利用「歷史唯物論」來麻醉下一代知識份子，其為禍我國家民族至深且鉅，乃毅然決然將昔時用以授課教材的德國費登（Karl Federn）教授的「歷史唯物論」，編著成《歷史唯物論批判》一書，批駁共產主義「唯物史觀」之毒素。其他論政文章則散見於《民主潮》及《現代國家》兩雜誌。

　　延豐歷任中外大學教授，畢生殫精竭智致力於學術研究，獎掖後進不遺餘力。任立法委員二十餘年，公忠謀國，廉謹自持，平日衣食居所儉樸，不失學人本色，對民主政治尤有深刻體悟。嘗語人曰：「余在立院有年，就體驗所得，益信議會政治須以政黨為主體，而政黨活動又須以議會為重心」。延豐正期有為之年，思想逐漸成熟之際，不幸卻於民國58年3月23日，因心臟病突發逝世，終年63歲。

《先聲週報》創辦者胡國偉

胡國偉，號公俊，筆名谷懷，清光緒24年（1898）生於廣東省開平縣。開平與臺山、新會、恩平合稱四邑。四邑人多往海外謀生，尤以旅居美國和加拿大為多，國偉先君德有公僑美數十年，頗為殷富。國偉年少時，肄業於廣東省立第一中學，與同學組織詩社，吟咏詩作，對國學已略窺門徑，曾任廣東省政府主席之李漢魂及留學美國之譚伯揚，當年均與國偉時相往還。民國9年，國偉攜眷赴法留學，賃居於巴黎近郊之玫瑰城，與李璜、梁志尹等人遊。

民國10年，國偉返國主持《開平公報》筆政。民國11年秋復到巴黎學習新聞學；同年冬，友人梁志尹向國偉提及，巴黎中國青年會有一架待售油印機，引起了國偉辦小型報的動機。經與梁志尹、黃日光、林秉照等人會商後，認為為使法人多了解中國，遂決定辦一份中法文的《先聲週報》。11年12

月，《先聲週報》在巴黎發刊，由國偉任社長兼總編輯，黃日光任法文編輯，林秉照任發行，梁志尹撰述；後又有胡瑞圖、胡瑞燊二人加入撰述工作。12年，報社陣容更為堅強，旅德學生周宗烈、張子柱等人至法，先後也加入報社。

同年7月，適值山東臨城發生土匪孫美瑤劫火車、西人被綁票案發生，列強譁然，主張派兵共管中國鐵路。旅歐學生聞此警訊，群情激憤，曾琦自柏林趕歸巴黎，立刻發起「旅法各團體救國聯合會」。7月16日，旅法各團體代表開會於巴黎，國偉亦以《先聲週報》主持人名義來與會，共商內除國賊與外抗強權。12年12月2日，在曾琦的領導下，胡國偉與李璜、李不韙、張子柱、梁志尹、何魯之、周宗烈、段震寰、王建陌、周道、古國銑等人，在巴黎近郊玫瑰城秘密的成立了中國青年黨，黨號為「一之」。

中國青年黨成立後，即由發起人分別以同鄉、同學等關係，吸收黨員，至民國13年3月底，入黨人數已超過六十人，故於當年4月，即行籌備召開黨員大會，於4月20日，在巴黎正式召開青年黨第一次全體黨員大會，是日到會者共五十二人，分別由曾琦、李璜、張子柱演講，並由到會者填寫入黨志願書，及選舉青年黨幹部，國偉被選為訓練部長。國偉自從參加青年黨後，不僅以其《先聲週報》奉獻給黨，成為青年黨的機關報，且積極的參與青年黨與中共在巴黎的武裝鬥爭。

緣中國青年黨建黨後，在言論上反對國際共產主義與階級鬥爭及一黨專政，初而《先聲週報》與中共在巴黎所辦的《赤光》半月刊為理論鬥爭；繼而雙方兵戎相見，互以武力相向。國偉自被選為訓練部

長後,更是自告奮勇,復兼「中國反共
青年鐵血團」團長,每週兩次率領鄔剛
如等人赴巴黎凡爾賽射擊場習射,不惜
以武力和共產黨人抗爭到底。

13年後,青年黨創黨人物先後回
國活動,國內救國團體風起雲湧,極一
時之盛。國偉則續留巴黎,一面準備考
取學位,一面主持青年黨旅歐黨務,並
繼續與共黨份子周旋。17年,國偉畢
業於巴黎社會學術研究院新聞學系,論
文題目為〈中國新聞學〉。18年,國
偉學成返國,由法抵港,在港籌辦《香
港時報》及《探海燈》週刊,一紙風
行,暢銷港粵,成為家喻戶曉之刊物,
連當時《大公報》三巨頭之一的胡霖亦
讚不絕口。

19年,國偉回廣州任僑大校長,
並兼廣州國民大學新聞系教授,迄於抗
戰。26年,全面對日抗戰爆發。27年
10月21日,因日軍攻陷廣州,國偉避
難香港,因深感輿論救國之重要,乃專
心致力於新聞事業,並創辦新聞學校,
培育新聞人才,以資報國之用。抗戰末

胡國偉與友人合影

胡國偉編述《中國青年黨簡史》

期，國偉在赤坎辦《雷聲報》，積極鼓吹抗日言論，及至抗戰勝利。35年，國偉北上京滬，任制憲國民大會代表，出席大會，參加制憲。

不久大陸淪共，國偉隨政府播遷來臺，任光復大陸設計委員會委員。來臺之初，且主編《新中國評論》與《民主潮》，並在《現代國家》發表文字，抨擊共黨，評論時事，立論中肯，分析深入周詳，凡讀其文，莫不佩服。58年，中國青年黨召開第十二屆全國代表大會，國偉與余家菊、陳啟天、左舜生、李璜同被推為主席。63年，因肺癌住院三次，雖罹患絕症，但國偉卻充滿求生意志，企圖在殘餘之年，將畢生所見所聞，筆之於書，記錄下來以傳後世。

果然從63年起，他就計劃將其所有著作輯印成書，名為《谷懷全集》。全集計分為三大部分，一為「政治之部」，包括：《美蘇對立問題》、《美蘇的外交戰》、《國家主義詮真》、《中國國家主義史觀》、《中國青年黨簡史》、《巴黎心影》、《寶島十年言論集》，一共七冊。二為「佛學之部」，包括：《含笑山房隨筆》、《菩提小品》、《拾趣》、《慈航法師成道紀念圖文集》、《慧苑叢譚》，一共五冊。三為「文藝之部」，包括：《紅姑娘》（長篇小說）、《西遊記擷微及其故事》、《傻人筆記》、《口語文藝叢談》，一共四冊。

此外編妥待印的書目，尚有：《雋園詩稿》、《儒佛思想綜合研究》、《含笑集》、《小觀園散文集》、《如如小品》、《政治論文集》、《中東問題》、《美蘇的冷戰》等書。65年1月17日，在未見光復大陸及全集印妥時，國偉終因肺癌含恨病逝於臺大醫院，享年79歲。

王師曾足智多謀

王師曾，譜名家豐，字師曾，以字行，四川涪陵人。生於清光緒28年（1902）12月20日，先世由楚遷蜀，為涪陵望族。師曾幼嘗就讀族設私塾，卓然為七房子弟之冠，深獲其父永安公寵愛。民國7年，入縣城四川省立第四中學肄業，始接受新式教育，課餘讀梁任公《飲冰室文集》，受其思想啟迪甚大。8年「五四運動」爆發，全國響應，師曾被推舉為全縣學生聯合會會長，年紀雖小，從容指揮，充分展現其組織能力及領導長才。10年，師曾出川負笈東下，至南通就讀於江蘇省立第七中學高中部。

12年，北上考入北京中國大學，專攻法律。13年，因偶閱中國青年黨刊行之《醒獅週報》，深儀其國家主義、全民政治及反共反俄之號召，經由創黨人之一李璜的介紹，與林德懿、夏濤聲、姜文光、劉肇文、周倫超等十餘人，一起加入中國青年黨。14年

初，師曾與北京大學、農業大學、中國大學、清華大學等校學生林德懿、夏濤聲、宋益清、陳翰珍等數十人組織「國魂社」，以研究國家主義為目的。15年，發行《國魂週刊》，積極鼓吹國家主義思想及反英運動（因五卅慘案故）。該年春天，青年黨北京支部成立，接著成立國家主義青年團北京團部，師曾膺任團部執行委員會委員長，負責青年黨在華北的黨務。

師曾擔任委員長不久，15年3月10日，在北京大學第三院禮堂，恰值由青年黨與共產黨挑戰所召開的「反俄援僑大會」，中青與中共兩黨黨員，一言不和大打出手，雙方多人俱被打得頭破血流，青年黨勝利，是為青年黨反共硬幹之第一次，幕後之負責人，乃師曾與夏濤聲二人也。同年夏，師曾自北京中國大學畢業，旋即至孫傳芳所辦的金陵軍官學校任政治教官，同志中尚有王慎廬、成志達、解中蓀、羅澤邦、齊冰池等人。17年夏，孫軍全部覆敗，金陵軍校撤退至奉天，移交東北講武堂接收，師曾亦隨之至東北講武堂任教。

20年「九一八」事變之後，青年黨懍於國難重重，特為組織四川黨務特派委員會，師曾與楊叔明、彭雲生三人被遴選為特派委員會委員。21年夏，青年黨在北平召開第七次全國代表大會，師曾以四川代表參加，並且當選為主席團主席兼軍政部部長。其後師曾以軍政部長之職，與王慎廬及李璜等二人，從事長城義勇軍的抗日工作。緣師曾曾在東北講武堂任政治教官數年，深得學生愛戴，宣傳及收錄學生近千人加入青年黨團部，「九一八」事變發生後，東北講武堂學生，平日受青年黨國家主義的薰陶，義憤填膺，不待黨的命令，已紛紛投入馬占山等抗日部隊中。青年黨有感青年學生的愛國血忱，又怕學生空

有滿腔熱血而無組織，容易被敵人各
個擊破，乃命師曾與王慎廬及李璜三
人，負責組織學生軍，從事抗日義勇
軍工作。

　由於師曾之能忍、能謀、能寫、能
戰，故頗獲黨魁曾琦之賞識，常倚為左
右手。24年，師曾奉曾琦命，在四川
從事協助剿匪及地方行政工作，其中且
一度出任西康省康定縣縣長。29年，
師曾受國府當局之命，化名王維常，間
關由川經港來滬，執行特殊任務。30
年12月8日，太平洋戰爭發生，曾琦由
港逃難來滬，寄居法租界，對外不公開
住址，但時邀留滬幹部商量維護淪陷區
黨務及救助同志，命師曾主持其事，
以迄抗戰勝利。36年，青年黨舉行第
十一屆全國代表大會，師曾膺選中常委
兼宣傳部長。

　38年，閻錫山奉命組閣，青年黨
參加政府，師曾經青年黨提名為行政
院政務委員。大陸淪共後，政府播遷來
臺。39年3月1日，蔣介石復行視事，
推陳誠繼任行政院院長，繼續邀請青、

王師曾文章〈論國魂〉

王師曾

民兩黨參加，師曾經青年黨推薦入閣，民社黨推楊毓滋入閣，陳內閣仍象徵是三黨聯合的內閣。然不幸的是，青年黨來臺後，自民國40年曾琦病逝美京後，便一直處於分裂的局面，有很多人因對黨灰心失望而不再過問黨事，只有師曾仍一本初衷，為黨的團結排難解紛，不遺餘力。其早期之所以能與王潛恆、王慎廬並稱「三王」；晚期之所以能與王嵐僧、林可璣、夏濤聲合稱「王王林夏」四友，蓋與其對青年黨出力較多故也。

綜師曾早歲參加青年黨，舉凡由黨務而至政治；由教育而至文化；由基層而至中央，靡不奉獻其一己之精力，亦莫不獲輝煌之成就也。茲舉數例為證，黨務：歷任青年黨中央執行委員會常務委員兼黨史委員會主任委員、青年黨宣傳部長、秘書長、幹事長。政治：嘗深入基層，任西康康定縣縣長、制憲國民大會代表、立法委員及閻錫山、陳誠兩屆行政院政務委員。教育：歷任金陵陸軍軍官學校、東北講武堂教官；天津健行中學校長。文化：曾主編北平《國魂週刊》及瀋陽《東方公論月刊》、天津「中華通訊社」、《香港時報》、上海《中華時報》主筆及成都《新中國日報》董事長。來臺後常為《民主潮》及《新中國評論》兩刊物撰述文章（逝世後其夫人蕭傑英女士曾蒐羅其遺文編輯《王師曾先生文集》一書行世），72年1月2日，師曾病逝臺北，終年81歲。

鐵髯詩翁王世昭

王世昭，小名宇官，號肅明，後改世昭，字鐵髯，居港時筆名王化文、王宗用、荃翁、老荃、長青等。生於清光緒31年（1905）正月初3日〈西曆2月8日〉，福建福州市西門外馬坑村人。祖仁堪，光緒丁丑科狀元，父兆冰、母周氏，育子女七人，僅世昭成長。7歲，母教《三字經》、《千字文》，嗣從族叔王鳳冠讀經史。民國10年3月，與其姪前往雲南探望任馬龍縣縣長的堂兄。11年，世昭充任元永井鹽稅局代理漢文科長。14年，應東陸大學入學試，考入中文系，為石屏袁嘉穀教授之入室弟子，勤讀經史，精研詩文，常撰文發表於學校刊物。

15年，法國出兵江心波，世昭組織「抵制法國出兵青年團」，任宣傳部長，發表文告號召青年，在法人辦的醫院，拋投炸彈以示警告。旋又組「救國團」，被推為委員長，繼續抗法工作。時中國青年黨在雲南，

王世昭書法

雖未正式公開活動，但徵得軍政首長唐繼堯元帥的同意，暗中卻活躍異常，吸收有志青年。彼時適逢青年黨黨員張子柱、張夢九、黃晃、李不韙、李天福、鄒次安、向大賢等人在東陸大學及雲南講武學校任教授、教官或受訓，發現世昭熱心勇敢，愛國能文，誠為一不可多得之人才，故積極爭取之。而國、共兩黨亦亟思網羅世昭，然世昭因醉心國家主義，乃毅然決然的參加中國青年黨。

17年，世昭自東陸大學畢業，旋即應荷屬廖島「端本實務學校」之聘，初為教員，後繼任校長。18年5月3日，因懸掛國旗，紀念蔡公時殉難週年，殖民政府派警察到校干涉，搜去大批《醒獅》、《孤軍》等國家主義書刊，並傳世昭到府詢話，直認愛國青年，被逐回國。世昭被逐後，經港抵汕頭，旋潛返香港。19年，奉派赴昆明辦報，未成。居河口任教中學，吸收同學十數人，因與國民黨人員爭辯三民主義，被報省府為不受歡迎人物，不得已

乃轉回香港北上天津，暫時執教於健行中學，後又奉派北平，任教愛國女中，並參加五百人之遊行大會。

20年，世昭奉青年黨天津總部派赴廣西籌組黨務，過漢口，謁見陳啟天，介紹黎淑貞同學，引介桂林警備司令陳恩元之夫人，隨同入桂，暫寓陳家。旋與許雲如女士結婚，受聘省立廣西法政專門學校教授及省立桂林三高中專任教員，因酷愛文藝，與報社社長及教授同學四十餘人組織「灘聲社」，在桂林廣西《民國日報》副刊上，常有其文章刊載，甚得好評，後且由該報週刊為世昭出單行本問世。

23年，世昭應南寧實驗中學及女中聘為教員，冬，與林既聞、楊怡士等到香港，籌辦建南中學。24年2月，公推世昭為校長。25年5月，世昭前往南洋，籌募建校基金，後因日軍侵港，該校乃停辦。26年，「七七」事變起，世昭建議桂省當局，迅速招募華僑子弟回國參軍，桂省當局允之，並奉派世昭至中央軍官學校第六分校十五期，專責東南亞招考新生事宜，甚得當地青年踴躍參加，計錄取百餘名回桂。不久，世昭又膺任第16集團軍總司令部主任秘書，兼負責訓練幹部。抗戰勝利後，世昭兼任柳州《大時代日報》社長及代理大道中學校長，後又在南寧創辦黃花崗紀念中學，出任校長，有學生千餘人。

36年3月，國民黨與青年黨、民社黨三黨聯合聲明發表後，世昭以主任委員名義在柳州《大時代日報》發表〈中國青年黨廣西省黨部公開宣言〉以為響應，並先後成立各縣市黨部凡六十餘。37年7月，世昭奉中央任命為國大代表及立法委員廣西選舉事務所簡任委員。38年2月，任總統府簡任參議。回桂，復刊《探海燈週刊》。4月23日，中共渡江，首都失守，廣西省會軍政民眾團體組織「反共委員會」，

世昭任副主任委員。7月7日，該會擴大舉行反共大會，省府主席黃旭初、桂林市長韋端霖等公推世昭為大會主席團主席，到會軍政民眾約五、六萬人，世昭提出「反侵略、反賣國、反專制」之反共三原則，宣告軍民。

是年冬，中共進攻桂省，南寧緊急疏散，世昭亦側身於群眾逃難中，行抵小董，車隊不前，步至小村，為中共俘虜，化名身份，瞞過共軍，幾經艱難，始於39年1月7日，逃抵九龍。得友人資助，於荃灣西樓角，搭蓋竹居棲身，日夜寫作詩文，在港、九各大報章雜誌發表，以微薄潤筆之資賴以為生。

世昭博學工詩，書擅眾體，背臨各家帖，略無凝滯，皆能得其神似，深獲書法大家于右任的賞識。51年5月，于右任堅邀世昭回臺舉行書畫展，世昭應約返臺，于右任且親到機場迎接，下榻陽明山官邸月餘，書畫展開幕，于右任親往剪綵。56年4月25日，世昭在菲律賓，拜祭第二次世界大戰陣亡將士墓，作長歌一首，為中國榮獲國際桂冠詩人第一人。除此之外，世昭還榮頒贈文學博士及國際公民和香港傑出詩人。

世昭在港三十餘年，盡力中國文化復興工作，曾經前往東南亞各地展覽家藏書畫碑帖文物，為國民外交達五十餘次，甚得各國器重。70年，世昭又以唐筱莫致贈其父唐繼堯元帥生前至愛之「古硯」，背有「長生無極」四字之珍寶，加刻自己之書跋轉贈與國立歷史博物館永久保存。世昭生平為人謙和，少有厲色，忠黨愛國，熱心堅強。唯自避秦來港後，黨務紛擾，無所有為，且生活清苦，妻兒分散，狀甚淒涼。73年11月9日，偶患小疾，不食而終，年79歲。

世昭勤學不懈，生前著述頗多，主要有《歐洲文學思想史》、《思想的國防》、《中國國防新論》、《南歸詩集》、《南遊散記》、《中國詩人新論》、《中國文人新論》、《屈原傳》、《屈原創作新論》、《菲遊散記》、《南遊三記》、《無名氏自傳》、《吳越風雲》等十三種傳於世。

王世昭榮獲國際桂冠詩人

漸被遺忘的小說家左幹忱

左幹忱，又名左幹臣，原名敬，譜名宗棟，字幹忱，後以字行。另有筆名茅以思、能能子。祖籍湖南長沙，清光緒34年（1908）3月21日，生於長沙東鄉一世代書香之家，為左舜生之胞侄。幹忱自幼家貧力學，志大才高，嘗誦某時人詩：「男兒立志出間關，學未成名死不還，埋骨何須鄉土地，人生無處不青山」以自況曰：

> 眷戀家園，憚於闖蕩，不知埋沒幾許英才。人生不能挽強弓，騎怒馬，立功異域，要當如太史公歷覽名山大川，往來南北，牢劇目怵心於寫作者，殆非無因。

民國6年，幹忱甫10歲，隨其二伯父懷懂公之南京，入小學，功課冠於同儕，故躍等以進。12年，幹忱自中學畢業，旋考入北平

醒獅精神

大學，在校期間因酷愛文藝，奠定以後
寫作之興趣。16年，幹忱卒業於北平
大學。次年，懷慬公棄養，幹忱盡哀塋
葬，侍母居喪，蟄伏經年。唯此時發表
慾強，亦開始有小說披載於各文藝刊
物。首篇處女作，短篇小說〈男性的悲
哀〉，發表於謝六逸、耿濟之、趙景
深、鄭振鐸等人主編的《文學週報》第
7卷第15、16期。是年底，其長篇小說
〈情人〉由上海亞細亞書局出版，此書
可謂其第一本著作。

18年，幹忱以中國青年黨工運領
袖馬致祥被共黨份子殺死之可歌可泣的
故事，寫成小說〈創痕〉，集結成冊，
交由上海亞細亞書局發行。其後又有
〈他瞎了〉及〈火殉〉兩篇小說，委
由上海啟明書局付梓。是年秋，幹忱又
兼任青年黨在上海所辦之青年文藝刊物
《長夜》月刊之創刊人。19年1月，幹
忱以一篇〈被打靶的人〉獲得在當時文
壇頗有影響力的「新月派」之欣賞，並
將其文刊登於《新月月刊》第2卷第11
期上發表，至是更激發其創作潛力。4

左幹忱

月，其在上海所撰之小說〈創痕〉，獲《臺灣新民報》之青睞，轉載
於學藝欄，在309、310兩期刊載，此為幹忱小說初次呈現於日據時代
臺灣民眾之前。隔月，幹忱另一短篇小說〈刺的玫瑰〉亦在《臺灣新
民報》314、315、316期連載，對於一個初試啼聲的大陸作家，其作
品頻頻披露於彼時臺灣唯一的言論喉舌，這份殊榮實頗具意義。

　　20年，幹忱又接連寫了不少膾炙人口的小說，〈女健者〉是一本
新詩劇，以木蘭從軍為題材，鼓舞國人的抗日意識。〈金鳳喜〉則是
描述上海梨園中的悲歡離合，將下層社會小人物的心聲表露無遺，此
小說頗獲好評，曾刊載於著名的《新生命》雜誌。另外如〈征鴻〉、
〈二孤女〉、〈第四者〉等，均以苦悶時代的男女戀愛之情為主的故
事，內容細膩感人，文筆亦清新流暢。這些小說，其後以《春之罪》
為名，交由上海新文藝出版社印行，而作者署名為「茅以思」，據幹
忱自述：「茅以思」其湘語之意即為「沒啥意思」之謂。

　　21年，幹忱應廣東《海豐日報》聘，任社長，評議時政，針砭末
俗，聲譽鵲起。偶為小說雜文，尤清麗絕俗，傳誦一時。22年，幹忱
辭《海豐日報》社職，轉赴山西任孔祥熙創辦之「銘賢學院」中國文
學系教授。銘賢學院隸屬華北基督教聯合教會，主校務者，不乏外籍
人士，且類多跋扈，輕視國人。幹忱忿其所為，一怒辭去，改任福建
集美學院（陳嘉庚創辦）教授。23年，幹忱應友人邀，兼體諒其二伯母
東返意，乃又轉任江蘇省立鎮江師範教職。由於幹忱蜚聲文壇，獲當
時揚州維揚望族鄒楚臣所激賞，欲以女妻之。幹忱本以一介布衣，菽
水之奉不遑，安敢言娶婉辭之。唯鄒楚臣執意甚懇，幹忱感其誠，24
年遂與鄒楚臣之女結褵。

是年，因幹忱之叔左舜生在滬主持中國青年黨黨務，有令名，朝野翕然推崇，並於上海創辦《國論月刊》，亟需文學之材，乃力邀幹忱入黨並負責《國論月刊》文藝欄之編輯工作，幹忱文思敏捷，寫作益勤。7月，以〈失蹤的孤獨者〉短篇小說，發表於《國論月刊》第1卷第1期，其後佳作頻傳。〈秦老太〉刊登於該刊第1卷第4期；〈小店〉則披露於第1卷第5期；另有〈師弟〉一文刊載於李小峰、趙景深編輯的上海《青年界月刊》第8卷第1期。

25年1月，幹忱撰〈母親的復仇〉中篇小說於《國論月刊》第1卷第7期；抗戰前夕，對彼時國內的「國防文學」路線之爭，發表〈國防文學發展的路線〉一文，闡述自己的看法。該文於《國論月刊》第2卷第1期刊出，幹忱沈痛的呼籲：「國防文學是一個新的文學運動，現在局勢是不容許我們作家逍遙浪蕩，更不容我們的作家冷眼旁觀了。我們要積極的幹，要有所為而幹，要在這危殆的局勢之下，喚醒國民的昏聵，振作民族的精神，使全國的人能團結一致，大家有一個中心的信仰，那末國家或者可以能渡過這難關。」

6月，幹忱又在《青年界月刊》第10卷第1號，發表〈當衣記〉一文；9月，幹忱以「九一八」東北淪陷五週年之悲劇，慷慨激昂的奮筆疾書，以〈民族血〉劇本，刊登於《國論月刊》第2卷第2期。民國26年1月，幹忱在《國論月刊》第2卷第5期發表〈手〉短篇小說。其後，又於該刊第2卷第9、10期撰寫〈詩石之夢〉中篇小說，此外尚有〈兩人〉一篇亦披載於該刊。7月，抗戰爆發，《國論》停刊。

27年初春，幹忱由鎮江輾轉至長沙，居九儀里，參加青年黨湖南省黨部工作；並以「能能子」為筆名，在易君左所辦的《國民日報》

撰長篇小說。3月29日，左舜生在長沙辦《國光旬刊》，幹忱平日寫作都集中在文學方面，這時也抓著與抗戰有關的問題在《國光旬刊》上盡情發揮，以期有助於抗戰。像〈如何根治第一期抗戰所表現的弱點〉、〈把握住我們的民眾〉均為鼓吹抗戰建國的代表之作。

是年5月初，幹忱從長沙遷往武漢，一面為《國光旬刊》繼續寫稿、編校；一面為辦《新中國日報》而奔波。6月15日，《新中國日報》終於創刊問世，7月底，旋因武漢危急而停刊，且決定遷往成都出版。職係之故，幹忱乃與林可璣、黃欣周等人搭民生公司輪船前往重慶。未幾，又偕黃欣周動身赴成都，會同宋益清一起籌備《新中國日報》之復刊，是年「九一八」，《新中國日報》終於在蓉復刊。宋益清負責社務，張希為編要聞版，黃欣周主國際版，幹忱專責省市版兼編「動力」副刊，此三者可謂《新中國日報》的三大臺柱。

《國論月刊》封面（民國25年）

左幹忱全家福（民國51年）

28年，幹忱任川康建設計畫委員會秘書，並短暫兼《新中國日報》社長，且在光華大學任教。29年，幹忱除了夜間編報，白天編副刊外，創作慾望仍甚濃，〈中尉之妻〉、〈死約〉等篇即於此時出版，內容仍多以抗戰為背景，生動的描述出大時代兒女的悲壯情懷。30年，其長篇小說〈上帝的傀儡〉脫稿，此書可謂幹忱小說的登峰代表作品。

　　34年，抗戰勝利，幹忱舉家復員抵滬。35年5月4日，青年黨在滬另創《中華時報》，由左舜生負責，委幹忱為總編輯，並任暨南大學教授；11月，幹忱代表青年黨參加制憲國民大會，並被聘為「憲政實施促進委員會」宣傳委員。36年4月，左舜生代表青年黨參加政府，掌農林部，延幹忱任農林部顧問，兼部屬水產公司總稽核。37年春，幹忱隻身在滬維持《中華時報》，為反共文化事業作最後之苦撐。

　　38年5月，退往臺灣，旋又離臺赴粵，後轉香港，籌備在大陸邊緣樹起反共的旗幟。曾在港任《中聲日報》總編輯及《中聲晚報》社長，論五〇年代青年黨在港、九的反共鬥爭中，幹忱是出過不少力的。49年，幹忱以心懸故國，不耐僑居，因出席第三次國民大會之機，偕夫人返國定居，並執教於世界新聞專科學校，暇時仍事寫作。豈料次年尋得癌症，經診治後，一度好轉。54年尚撰〈中青的醒獅時代〉及〈一幕血的鬥爭〉二文，交《中聯公報》發表，此二文可謂其絕筆之作。是年底，舊疾復發。55年初，猶力疾參與總統選舉投票，3月入臺大醫院求治，住院月餘，略見起色，詎8月病情轉惡，群醫束手，至9月22日，卒告不治，於凌晨2時40分逝世，終年59歲。

謝澄平與第三勢力

謝澄平，原名承平，字海若，又字澄平，後以字行，筆名盛超，黨號深造。以「澄」易「承」，據澄平自言：蓋以國難當頭，何「承平」之有？有何可「承」之「平」？故不如化消極為積極之意，以「澄」代「承」為佳。清光緒31年（1905）8月17日，生於安徽省當塗縣采石磯；後舉家移居南京的老虎橋。父蔭階公，母姚氏。堂兄謝循初（承訓）為「少中」會友，亦為一著名教育學者，時常督課澄平讀書，故澄平言：「堂兄引我上求學之路，其為人師表的嚴正風度和心理學的深入研究，對我為人治學之影響，至為深遠。」

辛亥鼎革，澄平入家鄉小學就讀，以舊學根柢紮實，深得師長器重。民國7年，澄平入南京東南大學附屬中學，在校期間，穆濟波教導其先秦諸子與新文學；束天民導其以《孟子》書及鄭樵《通志》之精讀。故11

年，澄平以〈孟子教育學說〉為其中學
畢業論文。澄平言：「研讀孟子且養吾
『浩然之氣』，對『富貴不能淫，貧賤
不能移，威武不能屈』之大丈夫心嚮往
之。」

12年，澄平考取上海自治學院而
未讀，但得該院院長張君勱許其拜之為
師，並承張氏介紹澄平為梁啟超弟子，
澄平喜其「屈原精神」、「中國民族
之研究」及「海外中華」之說。與此同
時，澄平尚與南京名士胡小石遊，胡小
石勉其讀劉義慶《世說新語》，故遂以
小名士、狂狷小子自居焉。13年，澄
平考取北京大學，受教於胡適之、王國
維、梁漱溟等大師間。澄平言：「胡適
之對其入學之初，即指導其由文學好尚
轉為專攻史學。」而王國維由文哲而深
入史學，且創始以現代材料比證古書，
是以身教我，受惠良多。另陳漢章的
《漢書》學、《史通補註》，梁漱溟之
《東西文化及其哲學》，湯用彤之佛學
史，皆對澄平思想之激勵裨益甚多。

晚年的謝澄平

　　13年底至14年初之間，北京各大學學生，因閱讀《醒獅週報》深受感動，乃決定組織一個標榜國家主義的團體，發行定期刊物，以與《醒獅週報》相呼應，並作為青年黨的外圍組織。此一團體即為「國魂社」，其所發行的刊物名為《國魂週刊》。「國魂社」正式成立於14年春，參加分子北大有澄平及夏濤聲、林德懿、譚伯揚、林炳坤、劉天樞、廖虹甫、龔從民、紀清漪、譚慕愚等人；另農大學生有陳翰珍、樊伯山、林華；中國大學學生有王師曾、易維精、姜蘊剛、陳价卿、陳諒叔、劉輝訓；清華大學學生則有宋益清、楊從江、朱漢新、陳光泰等，共約三十餘人。「國魂社」為以後「中國國家主義青年團北京團部」的骨幹，而其中主要活動份子，迨為澄平、夏濤聲、姜蘊剛、王師曾等人。

　　17年，澄平自北大畢業，獲文學士學位。因感於學有未逮，旋赴美入哥倫比亞大學深造。在哥大期間，深受海斯教授之歐美國家主義論與社會運動史、蒙芝國際關係與帝國主義、蕭特威之「西洋史學史」，民族性與國際社區、波瓦斯之人類學；及紐約新社會科學院巴恩斯教授之「史學與社會科學之相互關係」等理論所影響。暇時亦飽覽英國學者威爾斯之《世界史綱》，湯恩比之文化史；與夫拉斯基之《政治典範》等書。澄平言：「威、湯二氏對中國及東亞文化的推重，與拉氏對權威之限制及基本人權之保障論的觀點」，皆給予他新的啟示。

　　19年，澄平以兩年的時間，獲美國哥倫比亞大學文學碩士。隨即啟程返國，首先至成都大學任教，與蒙文通、何魯之等人遊，而蒙文通之《古史甄微》與何魯之的《歐洲近古史》對澄平頗有影響。20

年，澄平應暨南大學聘，離開成都大學，旋因暨大與其教育理念不合，是年底，復離暨大改就廣東中山大學聘，並主持「南洋研究」工作。21年，因慕上海復旦大學李登輝校長「自由教育」辦校之精神，專程辭廣東中山大學聘而至復旦大學，並在光華大學及南京中央大學等校兼課。此期之同好者，呂思勉之「中國民族史」和沈剛伯之「希臘羅馬研究」，對澄平史學程度之提昇，獲益匪淺。

此時中國國家主義青年團，已正式公開黨名為中國青年黨，澄平以政治理念相契合，乃正式加入中國青年黨。民國22年，澄平為對侵華之日本有進一步之瞭解，乃暫離教職，赴日本入東京帝國大學大學院，為博士班研究生。在「東大」三年期間，日本新史學祖師白鳥庫吉之「東洋文化史大系」，與和田清之「日支交通史」等書之研究方法，對澄平之治史、教學，啟迪甚鉅。澄平日後言：

> 日本史家雖有其軍國主義及分化中國的論調，其史識有時不免陷於褊狹乃至曲解，但日本史家對史料考證之勤，究其東洋諸國之比較觀及其淵博的史料與考古學、人類學之引用，即至今日，對日本、美國之後進「東洋通」猶多影響。

24年，澄平在「東大」學業尚未完成，以日本侵華日亟，及青年黨不斷徵召，乃於是年夏天返國。時青年黨《國論月刊》已創刊，黨務工作日有起色。澄平以為應該辦一不沾黨之色彩，而專以青年讀者為對象之刊物，冀能喚醒中華兒女，負起時代自立、自強、抗敵、反共、救國之使命，此即是年10月10日《青年生活》半月刊創刊之

由來。該刊由澄平任主編，撰稿者有張葆恩、張希為、陳咸森、夏爾康、黃欣周、陳善新、陳任、春暉女士等人；封面圖案設計，則出自大師聶世仁之手筆，由於堅守為民喉舌的原則，銷路頗佳。

其時，澄平除主持《青年生活》半月刊外，尚在復旦大學講授西洋史並兼「國論社」之研究員。25年，澄平復回東京帝大，結束課程返滬。6月，澄平參加「上海市文化藝術工作者聯誼會」，討論上海市籌組作家協會事宜，以該會均為張天翼、何家槐等左翼份子及同路人把持，澄平認為此一組織可能為中共地下工作人員所控制，故澄平加入不久即退出，後來證實，該聯誼會與「左聯」關係密切。

26年夏，澄平為培育英才，興起辦學之念，時適值上海有一私立中學，名為「大中中學」欲出讓，校址在虹口北四川路，澄平以機不可失，乃與杜崇法、李守黑等人集資將其買下接辦，並當即遷校於租賃的極司菲爾路50號，開始招生。孰料「七七」事起，時局緊張，人心浮動，招收新生大受影響。迨「八一三」滬戰爆發，學生更紛紛離去；及至入冬後，已所剩無幾，不得已只好宣告停辦。

《青年生活》半月刊於抗戰爆發後，已無法續辦。澄平於結束《青年生活》半月刊工作後，隻身逃出上海，抵漢口。後以〈救救中學生〉一文刊登報端，引起當局重視，因而獲一枝棲，受聘「珞珈山特訓班」教授。與此同時，澄平巧遇袁素芳女士，志同道合，在武昌共營新居。28年，澄平偕袁素芳入湘，應藍田國立師範學院之聘，任教史學系。澄平除勤於治學外，對獎掖後進亦不遺餘力，曾介紹夏爾康、余文豪二氏至該系任教。後因牽涉到歷史系系主任之爭而引起學潮，遭人誤會排擠，憤然去職。

29年秋，澄平離開藍田國立師範學院，間道入川，先至江津國立女子師範學院任職，國立女子師範學院院長謝循初，為澄平之堂兄，對澄平頗多照顧，後以流言蜚語，旋又離江津。31年，澄平到三臺，受聘為國立東北大學教授，仍授西洋史。由於澄平教學認真，學問淵博，故頗得東北大學校長臧啟芳倚重，教學之餘，澄平關愛同儕，喜提拔後進；黃欣周、徐漢豪即由澄平推介至東北大學任教的。

　　33年，澄平離開三臺，前往成都，任四川大學教授；並兼《新中國日報》總主筆。34年6月，澄平隨李璜參加舊金山聯合國制憲會議，在舊金山，澄平邂逅美籍華裔周劍芳女士，雙方一見鍾情，兩心相悅，當即由李璜證婚，結成連理。是年底，抗戰已勝利多時，澄平隨李璜經歐洲返國。35年春，澄平與杜崇法重辦在抗戰前曇花一現的上海「大中中學」，澄平為校董，張葆恩為教導主任，實則總攬全校校務，並將其移地到南京中華門外，以便就近照料。

　　是年秋，「大中中學」獲准立案，當即開始招生，由於時間倉促，地點亦嫌偏僻，故學生不多。唯澄平仍不改對教育事業熱誠，蓽路藍縷，艱辛維持。該年12月25日，澄平代表青年黨參加制憲國大。36年4月，青年黨參加政府，曾琦、何魯之、常乃惪、余家菊四人出任國府委員。左舜生、陳啟天二氏則出任行政院政務委員，並分掌農林、經濟兩部。由於澄平平日行政能力頗強，甚為左舜生所激賞，故延攬澄平為農林部政務次長。是年11月，政府舉辦第一屆國民大會及立法委員、監察委員之選舉，澄平代表安徽當塗，高票當選國民大會代表。

38年，戡亂軍事失利，政府南遷廣州。農林部改制，易部為署。澄平辦理部務善後事宜，率少數職員，設辦事處於廣州德政北路。該年底，澄平至香港九龍，時《自由陣線》週刊正創刊於12月3日，社址在九龍鑽石山456號。該刊原本是由左舜生所負責，後因經營不易，勢難久持，方由澄平繼任。澄平接手後，首先將《自由陣線》增加篇幅，每週出版，繼則成立「自由出版社」，發行自由叢書。接著擴大英文版《自由陣線》雙週刊，又設立平安書店、福利書店、田風印刷廠、《中聲晚報》、中共問題研究所等一連串措施。

文化事業發展之速，單位之多，包羅之廣，真是一日千里，令人側目。澄平領導的《自由陣線》週刊，在港、九樹起了反奴役、反暴政、反極權的大纛。時值紅朝新貴彈冠相慶之際，澄平卻在其臥榻之旁的東方之珠，帶頭發出了「沒有自由絕無生路，結成陣線才有力量」的反共怒吼。自由出版社

《自由陣線》週刊封面（民國38年）

謝澄平宣揚「第三勢力」著作《新階級在中國自由人民革命運動》

後來與友聯出版社及亞洲出版社，為港、九及海外鼎足而三的反共文化事業。

39年，澄平在美方支持下，與顧孟餘、張發奎、伍憲子、徐傅霖、翁照垣、唐筱蓂、許崇智、童冠賢、劉德溥、張國燾等人搞所謂的「第三勢力」運動。標榜反國、共兩黨大旗，以中間力量不作左右袒的立場出現。5月18日，澄平與何魯之和美國駐香港領事館之吉賽普晤面，並且達成協議，由《自由陣線》週刊和美方合作，先從文化方面作起，建立重點，再由文化運動進而發展到政治運動，最後再進而及於軍事的運動，形成「第三勢力」的整體架構，以達成反共復國的使命。

40年，澄平在美方經費援助下，先在香港成立「中國戰鬥同盟」組織，並辦《中國之聲》、《獨立論壇》、《大道》等刊物，積極鼓吹「第三勢力」之理論。此外，澄平又與馬義、齊星士等人合辦「自聯社」，並延請年輕才俊之士如徐東濱、丘然、徐速、侯北人、關頡仁、余英時等人入《自由陣線》編輯陣容，大大的發揮《自由陣線》的言論影響力。42年，澄平在港又策動成立了兩個外圍組織：一為「獨立民主運動」；一為「民主中國青年大同盟」，前者的成員有張國燾、黃宇人、李微塵、孫寶剛、黃如今等，後者的骨幹是胡越、許冠三、陳濯生、丘然、徐東濱等。而其後「民主中國青年大同盟」在港創辦《祖國》雜誌，組成「友聯出版社」，澄平亦貢獻不少心力。然48年，澄平因人事與財務問題，離開香港，遠走東京，《自由陣線》及「自由出版社」亦告落幕。

　　49年，澄平在東京上智大學任教，暇時亦研究「比較宗教學」及「天主教在中國傳佈史」。58年，澄平獲美國加州州立大學（沙加緬度）聘為史學榮譽教授，專程自東京赴美講學。由於教導在日、美之國際學生，澄平遂努力參考歐美之「支那通」、「東洋通」之代表著作多種，既知西方學者中有的「史解」頗偏主觀，所述史事又太偏重「近代」，尤其戰後未嘗遊學中國者如是，更激發澄平欲撰一部《中國文化史》，以強調中西文化之交流，與中國文化對世界之貢獻。60年，澄平之《中國文化史新編》初稿成，67年6月再度修正，次年3月又加改寫，迄於74年，方由臺北青城出版社付梓問世。77年12月，澄平偕夫人來臺參加國民大會年會，返美後，健康情形日益惡化。然心中有國史，除在加州首府大學及洽卜門學院日夜講課外，尚欲撰簡要的中國史篇，以專為土生的華僑而作。奈何力不從心，80年身體情況更形脆弱，81年8月7日，終於病逝加州，終年88歲。

戲劇家番禺侯曜的一生

侯曜，字一星，號東明，廣東番禺人，生於清光緒26年（1900），自幼聰穎，酷愛文藝，尤嗜好戲劇。民國9年，離粵赴滬，旋考入南京高等師範學校研究教育，課餘之暇，兼從事戲劇運動，並開始編寫劇本。民國10年1月，鄭振鐸、周作人、耿濟之、沈雁冰、郭紹虞、葉紹鈞等人，於北京來今雨軒成立「文學研究會」，侯曜亦為會員之一。民國13年，東南大學（即前之「高等師範學校」）突遭祝融之禍，火災後，教職員學生，都努力從事恢復。

東大學生自治會，議決舉行募捐遊藝會，演戲籌款。因找不到好劇本，不得已乃由侯曜自己編寫劇本，提供遊藝會之需，侯曜言：此乃其編《山河淚》之動機。《山河淚》取材於《韓國獨立運動之血史》、《韓國真相》和英文版的《高麗之獨立運動》三種書中。關於編這本劇本的宗旨和歷程，據侯曜說：

是描寫韓國獨立運動的精神，並借此書替世界被壓迫的民族作不平鳴，向帝國主義之野心家作一當頭棒喝。更希望世界此後成一個平等、博愛、互助、共存的大樂園。我不知道這本劇能否喫得起這個重要的使命？但是無論如何，總可以赤裸裸的把作者的苦心表現出來吧！

此劇本曾親訪參與獨立運動的朝鮮人之口述，內容詳實，侯曜以月餘時間撰完。王希曾修辭；李今英、濮舜卿、李昌樺排演；周玲蓀譜曲；東大戲曲研究會東南劇社四處公演，初試鶯啼，口碑甚佳，各地反應熱烈，侯曜從此對編寫劇本甚具信心。是年底，侯曜自東南大學畢業，旋即從事平民教育工作，不汲汲於名利。

侯曜所學雖為教育，唯對戲劇始終未能忘情。民國14年，侯曜應上海「長城畫片公司」之聘，任編劇主任及導演。5月，其《山河淚》劇本由商務印書館出版，列為「文學研究會」通俗戲劇叢書第四種。民國15年，侯曜與東大同學濮舜卿結婚，兩人志趣相投，共同為戲劇工作而努力。關於侯曜和濮舜卿，研究新文學史的劉心皇曾言：

> 侯曜的《山河淚》和濮舜卿的《人間的樂園》，可以代表那時的學生劇（即學生們在學校演的戲劇），說教氣味太重，而事實又太近於空想，侯和濮在東南大學同學，後又結為夫婦，彼此間影響很深，作風差不多是一樣的。

民國16年，侯曜離開「長城畫片公司」，轉往由黎民偉、羅明佑所主持的「聯華影業公司」，侯曜負責編劇和導演，《海南詩人》、《復活的玫瑰》、《月老離婚》、《觀音得道》等即為此期的作品，其中以《復活的玫瑰》最為著名。《復活的玫瑰》為侯曜第一本劇本集，內容包括了《復活的玫瑰》、《刀痕》、《可憐閨裡月》等三個劇本。前兩本是反對舊家庭的專制和婚姻的不自由，並且對中國的舊禮教投下了猛烈的炸彈；後一本是反對戰爭的，都是慘苦的悲劇形式，卻很能感動人，後輯結成冊，交由商務印書館出版。

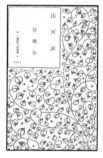

侯曜《山河淚》書影（1934年）

另在《海角詩人》一戲中，侯曜不僅自己編導，而且還做了男主角，女主角為李旦旦，她是第一位中國女飛機師。侯曜因有深度近視，眼睛看起來深陷進去，他特意把原來的劇本改成《盲詩人》，於是他可以不張眼睛做戲，當時在戲劇界傳為美談。

民國17年，侯曜為「聯華」策劃一部電影《故都殘夢》，侯曜且將其撰

醒獅精神

《民聲週報》第8期封面（民國20年）

寫出一本小說名為《棄婦》。其中描寫一個棄婦在鄉居憂鬱的環境裡所發生的種種事情，兼亦提倡女子參政和平民教育的理念，並把女權運動中的遭遇強烈地刻劃了出來。民國18年，侯曜離開「聯華」，曾經一度加入方振武的部隊，擔任軍事教育工作。方振武下野後，民國19年，侯曜又至瀋陽馮庸大學當教務長，時「東北講武堂」及「馮庸大學」有許多青年黨員，甚至馮庸本人亦隸屬青年黨籍，侯曜因熱愛國家故，因而篤信國家主義，也於是時加入中國青年黨。在東北期間，侯曜還經常用「鐵筆」的筆名，在報上發表很多愛國反日的文章，造成一時的權威評論家之稱。

民國20年「九一八」事變後，侯曜以鮮明的反日立場，不能見容立足於東北，乃南下天津就「河北省立法商學院」教授職。時國難方殷，關外東北義勇軍風起雲湧之際，侯曜為激勵士氣，特別編寫兩個劇本，一為《皇姑屯之一彈》；一為《韓光第之死》，前者由

商務出版發行，後者發表於陳啟天所辦的《民聲週報》第8、9、11各期。是年底，侯曜又以新詩的方式，分別在《民聲週報》第12期刊載〈哀國難〉、〈亡國哀曲（弔朝鮮）〉、〈壯哉馬將軍〉等三首慷慨激昂的詩歌。

　　於此同時，侯曜尚為天津《大公報》編寫歌劇《復活的國魂》，連載一時，甚是有名。民國21年，侯曜在天津，一面當教授，一面暗中與關外的東北義勇軍深相接納，策劃種種活動。當中日兩軍在灤河兩岸鏖戰的時候，侯曜冒險到前線從事聯絡慰勞接濟的工作。此事青年黨領袖李璜在其《學鈍室回憶錄》亦有記載：

> 在天津租界購買手槍炸藥並不難，當地同志們早有路子，只要肯出價錢，就到了手。但是要從天津將武器炸藥運往北京，並轉運遵化，這便是一個艱險的工作。幸得一個廣東同志侯東明（曜），他的國語說的很好，而他是電影導演，常往來平津，攝取鏡頭，無人不知他是戲劇界中人，他的太太濮舜卿也是同志，同他一道活動；我（按：李璜）與他夫婦商量運輸的事，難得他倆對這危險工作，一口承認。

　　民國22年，李璜向張學良推薦翁照垣，張允撥一師軍隊與翁，然翁時居香港，李璜以茲事體大，為求慎重安全，知侯曜神通廣大，乃再託侯曜，至香港，秘密掩護翁北上，不要令南京方面發現。侯曜膽大心細，不辱使命，卒順利力邀翁北上，就117師師長職，助張抗日。是年5月31日，中日「塘沽協定」簽字，政府屈於日寇壓力，積

極取締逮捕在野抗日派。6月初，翁以無法立足華北，于學忠密告李璜促翁速離。李乃又託侯曜陪翁即刻離京，直赴魯省濟南，暫時棲息。6月中旬，侯曜又偕翁由濟南往青島，匆晤李璜一面，請纓救國無門，懷滿腔悲憤，痛飲一場而別，由海路直航香港。南國飄泊生涯，侯曜就此曾賦詩一首：「酸甜苦辣都嘗遍，冷暖人情祇自知，南北東西雙腳健，半囊書劍半囊詩」，書生本色絲毫不改。

民國23年，侯曜在香港為「聯華」影業公司開辦兩屆的「演員訓練班」，培養出相當多優秀的國語、粵語演員。時青年黨員關楚璞在香港正主持《循環日報》、《循環晚報》及《工商晚報》之筆政，侯曜以本為青年黨員；兼亦需要靠寫作維持生活，故常有作品披露於上述報端。尤其是一些長篇小說，如〈沙漠之花〉、〈珠江風月〉、〈理想未婚妻〉、〈血肉長城〉及在《循環晚報》發表的〈摩登西遊記〉，用通俗化的文字，描寫人性的愛惡情慾，刻劃入微，間中又配入一些佛偈經訣，把西遊記中四師徒的遭遇，夾雜在人間形形色色的現代化「聲色犬馬」的生活中。嬉笑怒罵，隨意所之，極盡荒唐怪誕之能事，此書後來出過單行本，一共有三集。

民國24年，侯曜繼續在《循環晚報》和《工商晚報》撰寫短評，也確實瘋魔了不少讀者追讀。其中在《工商晚報》發表的一篇長篇小說〈太平洋上的風雲〉，是他搜集其在東北、天津「九一八」前後所親歷親聞的文獻材料，諸如「田中奏章」的內容，日人機關報《盛京時報》，和國人自辦的《遼寧日報》的記載，「國聯調查報告書」摘錄張學良的急電稿。此外東北前線下級軍官在錦州發出的「聯合宣言」，新政權的傳單內容，國難痛史資料，偽滿建國宣言，義勇軍秘

密機關的文件之類，均收集在內。另加上侯曜自己多年寫成的詩詞
歌賦，借男主角夏青霜和女主角馬碧珠的口裡款款道出，寫一對為國
忘家捨身報國的青年男女的悲歡離合，一共十二回，是年5月14日脫
稿，後有單行本問世。

　　民國25年，侯曜應聘至青年黨所辦的西南中學擔任「人生哲
學」、「論理學」、「教育概論」之講師，每天且要寫上十篇以上的
文章，包含各報的小說和評論，一時成為多產作家。民國26年間，侯
曜糾集關楚璞、黃育根、黎伯梃、伍華等人開辦了一間「生活新聞學
院」，院址設於堅道88號2樓，侯曜自任院長，預計兩年畢業。每天
於夜間上課，每月學費五元，曾經請過姜西園、薩鎮冰、陳望道、陳
伯流等人演講過，初時有學生三十多人，後以經費短絀，漸漸不支，
僅餘若干人，連房租亦不易維持，新聞學院無形中陷於停頓。

　　民國27年，侯曜與關楚璞將新聞學院結束，改為「陽秋通訊
社」，主要工作以分頭找新聞發稿給幾家大報，以勉強支撐。民國28
年，侯曜得港紳富商杜其章之助，將「陽秋通訊社」改組為「香港
文化事業社」，杜其章為董事長，侯曜負責社務，開幕時還在彌敦道
新新酒店舉行名人書畫展五天，並出版《二十世紀》雜誌，兼亦承辦
《循環日報》的《香海文藝》和《兒童》兩個週刊，且不時派遣一部
份學員至《循環日報》當練習記者。

　　民國29年，適有南洋華僑某富紳至香港要拍電影，對侯曜的〈沙
漠之花〉甚為賞識，於是由侯曜編導，由吳楚帆、黃笑馨主演，四
處公演相當賣座。是年底，侯曜因對電影甚有興趣，乃自己集資和一
班朋友組成一家「文化影業公司」，開拍他的另一部作品〈珠江風

月〉，由酈山笑、林妹妹、黃曼梨、黃壽年主演，描寫海員到處留情的風流生活，一個「珠姑」死心塌地的為他犧牲了一切，終回歸她的懷抱。繼又拍了〈理想未婚妻〉、〈太平洋上的風雲〉、〈血肉長城〉等部電影。

民國30年，侯曜拍戲路線有了轉變，逐漸走上神怪民間故事的路子，唯並不得到民眾的青睞。在香港片場路子走得不甚順暢的時候，又適值太平洋戰爭爆發，侯曜和其女秘書尹海靈一道赴新加坡，在新加坡主持馬來亞語片的導演。民國34年，抗戰勝利前夕，侯曜遭人檢舉，不幸於新加坡為日軍捕殺，享年46歲。

侯曜一生是以通俗淺顯的戲作著名，其劇本是當時各演出劇團所採用得最多的。其著作劇本有《復活的玫瑰》、《山河淚》、《棄婦》、《春的生活》、《離魂倩女》、《春閨夢裡人》、《偽君子》、《一串珍珠》、《摘星之女》、《頑石點頭》等；另有歌劇《復活的國魂》和專書《影戲劇本作法》；小說則有《沙漠之花》、《理想未婚妻》、《太平洋上的風雲》等書。

記一生無愧的林可璣

林可璣，字幼予，清光緒26年（1900）11月15日生於福建省閩侯縣（現改為林森縣）。祖父紀倉公，業商，兄弟三人，分掌綢緞與錢莊，家道殷富，於地方上頗有聲譽。可璣父為琮予公，為紀倉公幼子，甚得寵愛，原就讀於城內鰲峰書院，後欲習武報國，乃轉入福建武備學堂。畢業後，因學業優異，為閩省選派往日本，進日本士官學校，習工兵，與山西閻錫山同班，同期同學尚有唐繼堯、李烈鈞、孫傳芳等人，咸為爾後民國政壇之要角聞人。琮予公學成返國後，清廷委以陸軍第10鎮工兵營管帶。辛亥鼎革後，以侍母而絕仕宦。後因閩東治安不靖，閩督李厚基與其舊識，聘為閩東勦匪總指揮，抽調11旅兵力歸其調度。

可璣稚齡時，曾從清秀才王國幹先生習經史子書。民國元年，考入馬尾海軍製造學校，民國8年畢業。9年，適閩人陳籙被派為

駐法公使，世交沈覲辰為使館二等秘書，時歐戰初終，國人留法之風甚盛，可璣遂在父命下，隨沈等由滬前往法國留學，同班者尚有黃曾樾、陳德湜、陳德湊、祝欽璈等海軍製造學校同學。可璣至法後，先在巴黎補習法文。民國10年8月13日，留法各界因反對「金佛郎案」，在巴黎哲人廳開會，中國駐法使館遣一等秘書王曾思及二等秘書沈覲辰赴會說明，因共產黨鬧場而大打出手，可璣為營救沈覲辰而遭池魚之殃，亦為攻擊之對象。

　　方會場秩序大亂之際，幸曾琦挺身而出，卒將會場秩序鎮壓下來，此事讓可璣對曾琦留下深刻印象。是年底，可璣與閩人林鎔考入法國國立南錫理學院電機系肄業，同班中國同學有胡阜賢、張永生、唐雋、王國藩等人。民國12年，可璣得碩士學位，順利自南錫理學院畢業。旋又考入巴黎高等電機專科學校，同時也在巴黎大學選修與數理相關之電機學說，畢業後得電機工程師學位。

林可璣（左2）與李璜（右3）

又民國12年12月2日,曾琦、李璜、何魯之等於巴黎創建中國青年黨,主張「內除國賊,外抗強權」,提倡國家主義運動。可璣以該黨宗旨深契合其思想,乃於13年春,由南錫到巴黎,經胡阜賢介紹而加入該黨,也成為該黨初期共同組黨之成員。是年10月,青年黨中央黨部由巴黎遷回國內,巴黎總部改為海外總支部,仍統率中青在歐洲各國之黨務。其第一任部長為張子柱,第二任為胡國偉,可璣則為第三任部長。民國15年10月10日,中青在巴黎哲人廳召開留法各界慶祝國慶大會,是夜共產黨又派人前來想搗毀會場,幸可璣應付得宜,共黨之計遂未得逞。是夜慶祝會完畢後,可璣即將總支部任務交由川人楊公達負責,與林鎔自馬賽乘輪歸國。

民國16年初,可璣自法返國,抵上海,謁曾琦。可璣本擬在滬教書及從事政治工作,但曾琦以為青年黨在閩尚無根基,希望可璣能回閩拓展福建黨務。可璣奉命後,旋即啟程回閩,展開黨務工作。時適逢國民革命軍北伐軍何應欽部熊式輝軍攻入福州之際,全閩皆在戰亂中,為創辦黨務,可璣決定從教育著手,首先網羅吸收一批知識青年,如劉永濟、沈覯康、蕭笠雲、劉以芬、林鎔、王崇錡等數十人,然後以此數十人為基幹,積極展開外圍活動與籌設各縣市黨部,並創設各種與青年黨有關的社會事業及宣傳機構,如在福州集合同志接辦「福州女子中學」。

17年,可璣又創立「私立福州中學」(內含初、高中部),為青年黨培育基層人才。此外,可璣又邀集閩省留學歐美人士成立「歐美同學會」,學術界人士則成立「綜合學會」,全力投入教育服務工作,甚有績效。另發行政論性之刊物《社會評論周刊》、學術性之《綜合

月刊》、《綜合日報》以報導國內外政情，上述諸刊均主張愛國、民主、反共，風行一時，凡有識之士莫不支持。短短數年，青年黨在福建吸收不少優秀黨員，聲譽也提高不少，更奠定了青年黨在福建紮實之基礎，此皆可璣之功也。

民國21年，19路軍入主閩政，可璣由北平回閩，奉曾琦命往謁蔣光鼐與蔡廷鍇，而蔣、蔡亦命青年黨籍之翁照垣找可璣幫忙疏通海軍，以魁岐為界（在福州與馬尾中間），互不侵犯。22年11月20日，「閩變」發生，翁照垣參與其中。12月，可璣以19路軍必敗，且「人民政府」恐有共產黨嫌疑，勸翁謹慎從事，然翁已成騎虎之局，反力邀可璣幫忙。不得已，可璣乃專程赴滬，與曾雲霈同訪海軍司令陳季良，說以19路軍雖必失敗，但以海軍陸戰隊之兵，尚不堪19路軍一擊，與其使桑梓糜爛無補於事，不如待其失敗時，捷足先登收復福州。

曾、陳亦皆以為然，後19路軍於失敗撤退時，果守諾言，將福州毫無抵抗的交與海軍。「閩變」期間，青年黨中央領導人物曾琦等，亦來福建觀察，經可璣詳為報告其必敗之因後，曾知19路軍不足以成事，乃命令不許青年黨任何同志參與「閩變」。民國24年7月，青年黨在上海召開第八屆全國代表大會，選舉左舜生為委員長，可璣與曾琦、李璜、陳啟天、余家菊、常燕生、張子柱、胡阜賢等任委員。

民國25年，國民黨因嫉視可璣在福建之活動，乃唆使該黨特務，憲兵第4團團長吉章簡對可璣百般的糾纏壓迫，為保全青年黨在福建的各種事業起見，可璣遂於當年夏天離閩前往北平，開始實際參加青年黨中央工作。總計可璣從回國到被迫離閩赴平，前後在福建共十

載，除擔任青年黨福建省黨部主任委員外，最大貢獻為替青年黨在福建打下良好的根基。

26年7月，抗戰軍興，可璣西走重慶，參加抗戰行列。27年，青年黨召開第九屆全國代表大會，可璣與曾琦、李璜、左舜生、郭肇璜、陳啟天、余家菊、常燕生等八人，被選為最高的中央執行委員會常務委員，直接負責青年黨的領導工作。28年，政府因財政困難，向美國舉辦第一次桐油貸款，以四川特產軍事有關物質桐油為擔保償還之保證。可是後方運輸不便，須經陸路運抵越南之後，再裝船運往美國，且因包裝不善，經此長途跋涉，及至運抵美國，所有包裝用具均已破壞損耗，所剩桐油不及三分之一，嚴重有損債信。有鑒於此，可璣特應政府之聘，為其重新設計改善包裝，並受委專責督導，在江北擇地設廠，大量製造，至工人技術熟練之後方行離去。由此使政府得償債信，亦提高國防珍品桐油之價值。值國難之際，可璣作此技術貢獻，增加外匯收入，其功匪淺。

抗戰爆發後，青年黨與政府共赴國難，總部隨政府播遷漢口，旋又轉徙重慶。時曾琦於昆明養病，李璜駐節成都，左舜生則住重慶郊外，每週進城一次。因此於總部留守者，厥為可璣與張剛中、張微星三人而已，所有處理中青黨務，保持各方連繫，動員全體黨員支持政府抗戰，可璣均有莫大之貢獻。其後，可璣更協助曾琦奔走各方交換意見，咸認為抗戰日趨困難，共黨終必為患，無論為抗戰或防戰後共黨禍國，均須將全國力量團結一致，成一「第三勢力」，以監督制衡國、共雙方。

此一構想得民社黨張君勱、羅隆基；教育會的冷遹、黃炎培；第三黨之章伯鈞與鄉村派梁漱溟等之贊同，乃很快的進入籌備階段。29年，可璣與左舜生又代表青年黨積極穿梭於各黨間，商量具體辦法，廣邀朝野名流參加，如救國會之沈鈞儒；另張瀾、馮玉祥、楊杰等人。30年10月9日，「中國民主政團同盟」在重慶上清寺「特園」終於召開發起大會，可璣與左舜生、李璜、黃炎培、張瀾、羅隆基、章伯鈞、張君勱、丘哲、冷遹、江問漁、楊庚陶等十七人參加。可璣與左舜生且被推為常務理事，不久可璣又被派往淪陷區北平成立支部，負責人為張東蓀，可璣則擔任組織之事，迄於抗戰結束。

34年8月，抗戰終獲勝利。12月，青年黨於重慶召開第十屆全國代表大會，可璣時在北平雖未參加，仍被選為中常會常務委員。35年4月，可璣被聘為第四屆國民參政會參政員。是年11月，可璣又代表青年黨參加制憲國民大會。36年4月，青年黨參加政府，張

民國35年12月，林可璣與參加制憲國民大會青年黨代表攝於南京

群組閣，可璣任行政院全國經濟委員會委員。9月，青年黨第十一屆全國代表大會在上海揭幕，主席曾琦主持開幕典禮，大會並選舉主席團，結果可璣與曾琦、陳啟天、于復先、何魯之、余家菊、鄭振文、夏濤聲等九人當選。

又是年冬，全國舉行選舉，可璣回閩競選立法委員，當選為福建省第一區第一名候補立法委員。37年5月，行政院改組，由翁文灝接替張群為行憲後第一任行政院院長，可璣與左舜生、陳啟天、劉靜遠四人，代表青年黨參加政府，任行政院政務委員。其後第二任孫科內閣，可璣則為政務委員兼國防經費籌劃監理委員會委員。

38年2月15日，可璣與左舜生、王師曾、王嵐僧等及民社黨人於上海宴請國民黨留滬中委，其用意為力促國民黨之團結。3月，第三任行政院由何應欽組閣，仍邀請可璣參加政府，由於與國民黨政見不和，故與左舜生等拒絕參加。未幾，可璣被聘為總統府國策顧問。

39年，大陸淪陷，可璣由港來臺，福建省第一區立委劉通投匪，可璣遂遞補為福建省第一區立法委員，迄於80年12月31日退職止。至於在青年黨內，來臺後，可璣一直擔任黨中央常務委員、秘書長、中央執行委員會幹事長及黨最高政策機構中央政治委員會召集人等要職。85年2月12日病逝，享年97歲。

記故國大張希為之一生

張希為，名錫煒，字希為，以字行。浙江省鎮海縣人，生於清光緒30年（1904）10月10日。父鳳笙公，庭訓綦嚴，對子女督教甚嚴，故希為自幼即養成勤儉廉慎，守正不阿的性格。希為自小，其父為之啟蒙，先後畢業於家鄉小學、中學、師範等校，曾與張其昀、盧于道諸先生同學。

五四以後，愛國思潮瀰漫全國。寧波地近滬杭，得風氣之先，各界青年發起抵制日貨運動，震動一時。民國13年10月10日，青年黨領袖曾琦等人在上海出版《醒獅週報》，揭櫫國家主義與當時之中共黨人展開理論上的鬥爭。「醒獅派」諸人，以愛國反共之大義號召國人，江浙青年深受衝擊，希為亦深受感動，乃於民國14年初加入中國青年黨，從此以畢生之時間精力，奉獻於國家主義運動，為愛國、民主、反共而奮鬥。旋「五卅慘案」爆發，國人抵制日貨風潮擴展

張希為

《新中國日報》（民國34年）

成「收回教育權」及「航權運動」，當時主持此運動最有力之團體為「寧波中等學校學生聯合會」，希為即係此會之會長也。

彼時另一股逆流乃共產黨及左派份子已在寧波公開活動，希為與中青幹部李倌卿，陳荇蓀、陳幹之、陳志鴻、陳叔通、賀驥程、史美誠、林時懋、許鴻平、勞人傑、勞人俊、馮漣漪、張經繡等人，一方面共同致力發展浙東寧、紹地區青年黨黨務；另一方面又偕友人組織「愛國青年社」，積極展開愛國反共之工作與左派份子對抗。15年冬，該社出版《愛國青年半月刊》，希為任主編，因該刊鼓吹反共思想，大為左派所忌。16年初，乃唆使軍警搜捕希為，幸得親友掩護，避難抵滬。抵達滬濱後，希為深感學有未逮，乃入上海法科大學肄業。未幾，「九一八」事變發生，希為痛日寇之侵凌，遂輟學從事抗日運動。

民國22年12月，為慶祝青年黨成立十週年，希為偕諸同志在上海南京路

散發傳單，為租界當局逮捕，拘禁於提籃橋西牢中一月有餘，始獲釋放。24年夏，青年黨總部由平津南遷上海，創辦「現代研究室」，因希為性喜從事文化工作，乃委希為主編《國論月刊》及《青年生活半月刊》，本團結抗日之旨，為全面抗戰作準備。

民國26年，抗戰軍興，希為於該年冬天由滬經港穗抵長沙，與左舜生在長沙創辦《國光旬刊》，為迎接長期抗戰之新形勢而努力。不久，希為又任武漢青年黨機關報《新中國日報》的總編輯，旋武漢危急，該報遷成都出版，希為遂入川，堅苦奮鬥七年餘，迄於抗戰勝利。期間由於抗戰生活艱苦異常，為家計故，希為除忙於報社繁劇工作外，尚於民國30年，任教川康農工學院，主講經濟學。

民國35年初，希為復員返滬，再度與左舜生合作，籌辦《中華時報》，自任總經理。因鑒於戰後中日關係的重要，希為高瞻遠矚，不以報復日本為念，嘗以「西蔚」筆名，翻譯並撰述日文著作甚多，名重一時。是年冬，希為被選為制憲國民大會代表。36年4月，政府局部改組，陳啟天出掌經濟部，任希為為上海區燃料管理委員會主任委員，「燃管會」之業務至為繁重，舉凡開灤、淮南、華東、中原等煤礦，甚至臺灣所產之煤，皆由該會統購，以供應京、滬、杭各地以至北寧路、粵漢路之用。時值中共到處破壞交通，欲求燃煤之供應無缺，實屬不易。但希為終能克服一切困難，完成任務。是年冬，政府舉辦第一屆國民大會代表選舉，希為獲得浙江省候補國大代表。

38年初，共禍高張，大陸淪陷，希為由滬來臺，寓臺北縣中和鄉。43年，始遞補行憲之國大代表。自39年《民主潮》雜誌創刊以來，希為擔任該刊之發行人兼主編多年，舉凡由選稿到初校、複校，

均由希為躬親處理，備極辛勞，負責最多。其付印前，在印刷所斗室之中，既無窗戶，歷二十年，並無薪給，純為理想而以文章報國，其任事之誠，可以想見。《民主潮》雜誌之所以能成為青年黨壽命最久的雜誌、之所以能成自由中國最具特色的在野黨刊物，希為居功至偉，不言而喻。

民國65年，希為曾一度出任青年黨中央執行委員會副幹事長，處事認真，態度公正，頗獲好評。希為為人處世，負責盡職，溫和謙謹，其文章正大平實，從不作新奇譁眾之論。後因年事漸高，體弱多病，71年初，首次入院檢驗，知患心肌梗塞症。72年冬，再度發病，入空軍總醫院治療，不久出院，胃口不佳，體重銳減，不幸於民國73年2月9日下午3時，因心臟病復發逝世，享壽81歲。

盡瘁「亞盟」反共組織的劉鵬九

劉鵬九，字雲程，湖南長沙人。清光緒27年（1901）9月5日生，父子立公，母劉周氏。鵬九自幼聰穎，3歲即啟蒙，父授與《四書》、《五經》，督教甚嚴，故鵬九稚齡時，已奠定國學初基。小學、中學鵬九均在故鄉完成學業。民國10年，赴法留學，初入巴黎高等商業專門學校攻讀，獲商學碩士學位。12年至16年間，鵬九復入巴黎大學法學院深造，卒獲法學碩士資格。留法期間，因認同青年黨愛國反共之國家主義理念，乃加入中國青年黨。

民國17年，鵬九自歐學成返國，同年10月，受聘至廈門大學任教。18年6月，因接受上海復旦大學聘，乃離廈赴滬。鵬九於復旦大學，教學認真，深得學生愛戴。曾為學生編有《法國政黨》、《國際公法新論》、《經濟地理》、《商學概論》、《法文文法大綱》等講義；其中《法國政黨》一書，於

劉鵬九

劉鵬九譯《法國第五共和憲法》

民國22年9月，由上海中華書局出版。此期間，鵬九亦曾出任青年黨上海市執行委員會主席。

　　民國21年2月，鵬九卸復旦大學職。3月赴龍州，任廣西邊務學校主任教官，專責訓練對法屬安南辦理外事人員，並兼任廣西對汛督辦署上校教官，至27年底始卸職。抗戰軍興，鵬九為共赴國難，於29年秋，攜眷入川，出任成都「川康農工學院」教授兼工商管理學系主任，至35年初才離職。這期間，鵬九被青年黨推舉為成都市黨部主席，並為青年黨戰時機關報《新中國日報》撰稿。

　　抗戰勝利後，民國35年5月，鵬九由蓉返滬，是年11月，膺選為制憲國民大會代表。民國36年3月，鵬九復膺選為立法院立法委員，直到民國37年5月才卸任。36年8月，政府聘鵬九為憲政實施促進委員會委員。同年11月，借重鵬九長才，任命為中華民國出席聯合國貿易暨就業會議代表團顧問。37年1月，鵬九受聘為農林部顧問，且參加行

憲後首屆立法委員選舉，得候補委員。該年8月，當局以鵬九熟諳商務，乃委其為中華民國駐英大使館商務參事，至38年12月大陸淪陷，政府遷臺，英國承認中共，才卸職返臺。

民國39年4月，政府聘鵬九為行政院參議，同年11月，與陳啟天等創辦《新中國評論》月刊，以宣揚民主反共國策及弘揚民主憲政為宗旨。《新中國評論》以鵬九為發行人，並兼主持社論編務。不僅如此，鵬九且經常以「劉惇」、「蒯彧」、「宇文吉」等筆名撰寫文章，而「時事報導集錦」亦為其所輯譯，其辛勞可知一斑。

民國47年，亞洲人民反共聯盟（簡稱「亞盟」）第二屆理事會選舉，鵬九當選為常務理事，以後一直連任到第八屆。民國48年，鵬九所譯《法國人權宣言及第五共和憲法》一書出版，列為新中國評論叢書。是年6月，「亞盟」第五屆會議在韓國漢城召開，鵬九為中華民國代表團代表之一。

鵬九來臺後，曾應臺中國際天主教文教會的邀請，與數位外籍神父合編中、英、法國際辭典，復應聘至歐洲語文中心任教席，工作認真，深得同事讚佩。民國50年秋至51年夏，鵬九應李萬居邀，受聘為臺北《公論報》主筆。52年10月，鵬九又代表「亞盟」到越南西貢參加第九屆年會。55年3月，政府再續聘鵬九為行政院顧問，至民國61年5月，才因健康問題卸職。民國56年9月，世界反共聯盟成立，鵬九當選為第一、二屆理事會常務理事。59年8月，鵬九因身體不適，入郵政醫院治療，未幾出院。民國62年7月，鵬九舉家遷美，晚年為病所擾。75年3月，其夫人萬靈玉逝世，更加重其病情，76年5月10日安詳辭世，享壽87歲。

鵬九一生為人忠誠鯁直，剛正不阿，擇善固執，純然湘人個性。其情感熾烈，愛國至深，嫉惡如仇，徹底反共。其學問淵博，尤擅英法語文，熟諳國際事務，惜為黨禁所限，不獲一展抱負，誠莫可如何也。綜其一生，立身行己，為國劬勞，默默耕耘，俯仰無愧，其高風亮節，卒為後世所懷念景仰也。

記梅庵派一代古琴宗師——吳宗漢

吳宗漢，江蘇常熟人。自幼性喜音樂，早歲即習琵琶，奠定國樂基礎。弱冠開始，追隨梅庵派第二代大琴家徐立孫先生習古琴多年，盡得真傳，被尊稱為梅庵派古琴第三代宗師。

吳宗漢於大夏大學求學期間，適國家主義運動風起雲湧，大夏師生亦多有信仰國家主義者，宗漢在此氛圍下，乃加入中國青年黨，從此為愛國、民主、反共而奮鬥。畢業後，曾任教於中央大學實驗學校、無錫師範學校，後任上海東南中學校長十餘年。抗戰末期，受政府遴聘，出任國民參政會參政員。

民國39年春，離滬遷居香港，任香港蘇浙公學文史教師八年，亦兼任香港音樂學院古琴教授有年。居港期間，常應邀至各大專院校及電視臺演奏古琴，當時香港有人謂古琴只能獨奏，不能與其他樂器合奏，宗漢大不以為然。民國50年，港大金禧之慶，宗漢

夫婦應邀前去以雙琴合奏〈搗衣曲〉，並加入古箏、琵琶、二胡、中胡、洞簫配為大合奏，把琴音烘托得更嘹亮悠美，使聽眾陶醉於古琴悠揚的旋律中，如癡如醉，讚譽有加。

宗漢常以其他樂器配合古琴演奏，形成合奏曲，將古琴的領域由靜室獨奏，僅供三五知音欣賞，擴展到千百群眾場面聆聽，是其發揚古琴藝之一大貢獻。宗漢古琴聲名遠播，蜚聲國際。英國倫敦廣播公司聞宗漢善琴，曾派John.Levy至港，要求宗漢彈琴錄音，宗漢為發揚古琴於國際社會，欣然允諾，乃彈〈長門怨〉、〈風雷引〉、〈平沙落雁〉、〈搗衣〉四曲，由John.Levy帶回倫敦播放。其中〈風雷引〉一曲，被公司灌入唱片，風行全球，中外音樂界人士，對宗漢之琴藝，益加推崇，給予甚高評價。

不僅如此，當時電影中，凡需用古琴者，莫不敦請宗漢在幕後彈奏，如轟動一時的電影〈倩女幽魂〉中，女主角樂蒂所奏之琴曲，即宗漢於幕後所奏之

吳宗漢

〈玉樓春曉〉。有關此事，臺灣名琴家容尺圻於〈古琴傳薪〉一文中曾言：

> 梅庵派傳人古琴名家吳宗漢先生雖於去年始獲識荊，但好幾年前即不止一次聽過他的雅奏。原來遠在八九年前，臺南演過一部李翰祥導演的〈倩女幽魂〉，電影中有一場月下琴聲的戲，當時琴韻悠美，不禁連看二場，後來為了欣賞這段古琴，又在別處看了幾場，每次都聽完這段琴曲便走。可是查遍琴譜不知為何曲，亦不知為何人所奏，直到前年始獲知是吳宗漢先生在幕後彈的梅庵派琴曲〈玉樓春曉〉，內心歡喜，不可言喻……。

容氏實為有心人，然宗漢琴藝感人之深，於容氏文中，亦可以想見。

民國56年，宗漢由港來臺，應聘擔任臺灣國立藝術專科學校古琴教授四年餘，期間除藝專音樂科學生選修外，其他師大等校音樂系學生，以私人資格從習宗漢學古琴者亦不少。更特殊的是，遠在海外如香港、美國、日本等地，慕名前來習琴者也大有人在。其中傑出者有當代古典音樂家呂培原（曾任教於美國勃郎大學）、陶筑生（曾任教於美國華盛頓大學）、唐健垣（曾任教於香港中文大學、美國威士連大學、密歇根大學，在威士連大學修得民族音樂博士學位，其後又任香港演藝學院中國音樂系主任。其所編纂之琴府鉅著，對於古琴貢獻尤大。）呂、陶、唐諸氏常應邀至世界各地演奏古琴等國樂器，均得到很高的評價。

宗漢不只自己琴藝精湛，其夫人琴技亦佳。吳夫人王涵若女士，亦名憶慈，上海華東女中，高中師範科畢業，氣質高雅，聰慧賢淑，與宗漢結婚後，即隨夫習古琴，並師事徐立孫先生，亦深得梅庵神髓。吳夫人不獨琴藝不同凡響，又好崑曲，多才多藝，極為人推重。

宗漢課徒，循循善誘，為人慈祥仁厚，謙沖為懷，頗受學生愛戴。民國57年10月，突患中風，左手失靈，未能得心應手彈琴，不得已，乃由夫人代授。民國59年，宗漢在病中，仍奮力指導學生在臺北實踐堂舉行以古琴為主的音樂會，亦組成琴箏等多種樂器的大合奏，當時號稱是政府播遷以來，第一次國樂界盛會，獲得很大的成功，惜為宗漢離臺前最後之壓軸。

民國61年，為治病故，宗漢移居美國加州，平日常在寓所舉行雅集，邀請中外友人切磋琴藝，藉以發揚我國國樂之優良傳統。國畫名家周士心教授，於民國67年春參加宗漢雅集後，曾於香港《大成》雜誌發表〈琴韻心聲室雅集〉一文言：

> 琴韻心聲室是古琴梅庵派第三代宗師吳宗漢先生的齋名。客居在南加州的文友，經常在此舉行雅集，無形中成為美西文藝活動的重要處所。這是戊午年開春以來第一次在此舉行的音樂盛會，筆者撰寫這篇實錄，向海內外讀者報導，藉此可以了解我國固有的優良文化，雖在海外，仍然到處繁殖生根，到處開出燦爛的花朵。

由周氏之文,可知宗漢在中風之後,雖已不能得心應手的彈琴,但對弘揚古琴之努力,仍鞠躬盡瘁,全力以赴。

宗漢寓居洛杉磯,歸隱山林,修身養性,日涉園地以成趣,常樂琴書以自娛。栽花種竹,生活淡泊,時倚南窗,寄傲遐觀,有淵明遺風,識者稱其為現代高士。其雖中風,但在夫人及兒媳悉心照顧下,得以逐漸恢復體健,竟能重行操琴。然終以年事已高,於民國80年11月8日無疾而終,享年87歲。

宗漢一代琴師,不僅琴藝高超,且終身以提倡琴藝為己志。獎掖後進,化雨異域,發揚民族音樂,改進古琴演奏方式,為眾人所尊敬,且貢獻至大。所彈名曲除梅庵琴譜中十五操均熟習外,尚有〈慨古吟〉、〈湘江怨〉、〈良宵引〉、〈風雷引〉、〈思顏操〉、〈醉酒〉、〈普庵咒〉、〈歸去來辭〉、〈陽關三疊〉、〈梅花三弄〉、〈漁樵問答〉、〈梧葉舞秋風〉、〈瀟湘水雲〉及〈玉樓春曉〉等。宗漢鼓琴,注重節拍,下指有力,取音寬宏淳厚,韻

周士心發表於《中央日報》肯定吳宗漢琴藝的文章

味飽滿悠遠，圓潤中見蒼勁，淡遠中含綺麗。輕重緩急，抑揚頓挫，力求發而合度，音韻傳神，務使曲中清幽激昂，喜怒哀樂之情，能充分表達無遺，扣人心弦。

> 白石遺音，虞山雅調，玉樓一曲春方曉。揮絃歷歷譜興亡，
> 此情不管人煩惱。海角雙棲，琴臺共嘯，梅庵絕藝傳精妙。
> 天涯處處拜燕卿，誰知域外榮芳草。

此乃旅美中青黨人程光復贈予宗漢伉儷之〈踏莎行〉，頗能代表宗漢一生行誼。而「琴傳梅庵古調，心繼往聖絕學」、「濟古調於將墜，宣漢聲於不泯」，此為宗漢逝世後，其古琴學生之輓聯，因其形容宗漢一生極為恰切，故以此聯為結。

柏臺大老陳翰珍

陳翰珍，諱香貽，字翰珍，以字行。清光緒23年（1897）7月27日，生於四川省自貢市大山鄉。曾祖緒榮公，以鹽井業起家，稱富於鄉。祖理先公，恪守家業，多善舉。翰珍父為澤棻公，英年入泮，急公好義；母吳太夫人，為前清拔貢吳泮香女，秀外慧中，知書達禮，擅女紅，育子三，翰珍為其仲子也。光緒26年，翰珍年僅4歲，父即棄養而孤，兼以體弱多病，至8歲，太夫人始授以《三字經》、《詩經》及《四書》，督課甚嚴，後雖從外傅，仍如之。其時，翰珍家道因鹽井業不振而中落，課餘常從長兄壽貽務農，間亦助人耕作。辛亥鼎立，民國肇建，太夫人以時局維新，非讀書無以納新知，無新知則難以自立，乃極力張羅學費，使翰珍小學卒業後，能順利升入中學就讀。

民國8年，翰珍畢業於富順縣立中學，旋考入成都留法勤工儉學會預備學校，原擬赴

法深造，後有感於四川天府之國，天時地利最宜桑蠶，為服務鄉梓，乃轉學成都高等蠶桑學校。9年，翰珍出省至南京高等師範學校肄業，選修農科，後以志趣不合，半年後，復轉學浙江省立蠶桑學校。10年，翰珍又入南京金陵大學蠶桑特科，未幾轉學張季直所辦之南通大學農科，肄業兩年，北上就讀北京農業大學，後合併為國立京師大學，仍讀農科，至17年7月始畢業。其間，校歷七所，時經九年，或困於川旅之貲，或窮於膏火之費，而瀕於輟學者屢，乃或告貸於鄉親，或受濟於師友，而幸得以完成大學教育。翰珍嘗謂其「工以佐讀，學以苦積」，求學歷程之艱辛，可見一斑。

初，翰珍於蓉就讀時，即為學生愛國運動健將之一，其後負笈江南冀北，目睹列強之欺凌，軍閥混戰之無休，更堅定其救亡圖存之志。每遇有愛國風潮，翰珍無不攘臂急呼，不落人後。12年12月2日，鄉賢曾琦、李璜、何魯之等人於巴黎創立中國青年黨，積極鼓吹「內除國賊、外抗強權」之國家主義運動。翰珍以其宗旨符合私衷，於14年與同學林德懿等人毅然加入，並任青年黨北京市黨部委員。其後，又代表北京農業大學與他校大學生共組「國魂社」，發行《國魂週刊》及《救亡月刊》，宣傳國家主義，為青年黨在北京之主要據點。

15年，翰珍有鑒於文宣之重要，獨力創辦「北京書店」，並自任總經理，以該店提供同志互通聲息及刊行文物之所。16年秋，翰珍因表現優異，膺選為青年黨北京市黨部主席。17年，國民革命軍北伐成功，以國家主義派屢以言論嚴厲抨擊國民黨及政府，國民黨乃全力鎮壓取締國家主義派份子。18年12月底，翰珍所負責的青年黨北京市黨部終遭破獲，翰珍被捕繫獄，次第被捕者尚有余家菊等八十餘人，

書店亦被查封。19年2月，翰珍獲保得釋，隨即至太原小憩；後返北京，任教於北京市立一中及一女中，暗地裡仍積極推動黨務。

20年6月，翰珍奉青年黨主席曾琦命，返川策進黨務，曾琦並以專函向國民革命軍第21軍軍長劉湘致意，且告以翰珍返鄉之目的。9月，劉湘在渝召集戍區各縣教育行政主管與各中學校長舉行教育會議，邀翰珍演講「南通之教建事業」，翰珍於會中析論翔實，見解精闢，並仔細檢討戍區教建之得失，侃侃陳詞，立論中肯，深得劉湘及與會人士讚賞。不久，劉湘即委翰珍為合川、武勝、銅梁、璧山四縣政務考察員之職，剋期出發，既畢返渝，報撤重大失職之縣長、科長及中學校長多人，俱如翰珍議。旋調翰珍為政務處內政科主任，專司縣長之考核。嗣又改任四川善後公署行營政務處長，隨軍辦理行政事宜，察及川西、川南各縣之實際需要，力主加強團練，清剿土匪，以安定地方為先務，並提出若干實務上之興革意見與方案，劉湘均一一核准推行。

24年2月，四川省政府成立於重慶，翰珍調任為民政廳視察員；8月，省治遷回成都，隨往供職。不久，大足縣長楊希震被誣去職，將付查辦，翰珍奉命喬裝查訪，始明冤抑，力為平反，楊氏得改以古藺縣長復任。又彭縣縣長皮松雲，儒雅端謹，惜治事無能，縣內盜案迭起，為民眾所不滿，然皮有奧援在省，縣民無可如何。翰珍因查該縣中學校長控案，獲悉上情，返蓉後，無所隱徇，面報秘書長，皮氏卒調職，民怨乃平。又邛崍大邑之三河壩，因爭鄉長而引發仇殺案，經時年餘，雖專署及省府屢次派員，莫敢前往，翰珍奉派，乃親履其地，徹查真相，方將元凶治罪，人心大快。

陳翰珍（左1）與李璜（右2）

陳翰珍（右2）與李不韙（右3）

26年夏，川省旱魃成災，廣達五十餘縣，翰珍隨中樞勘查專員曹仲值及中央社記者等多人實地勘查災情，事後並提出多項具體方案呈報中央參考。31年，翰珍奉派兼任四川省農業改良所主任秘書及指導室主任。32年，省府增設視察室，隸秘書處，各廳處之視察人員均隨同改隸，翰珍改任省府視察，辭原兼二職，改兼內江縣甘蔗改良場場長。34年，升視察室組長，仍兼場長，迄於36年辭職為止。此數年間，翰珍於各兼職，投注心力至大，貢獻良多。

抗戰勝利後，政府決心實施憲政，還政於民。民國35年，翰珍為青年黨制憲國民大會代表之一，參與制憲工作。36年7月，翰珍任國民政府監察院監察委員。同年12月25日，中華民國憲法施行。37年1月9日，四川省參議會選舉川籍監察委員五名，翰珍以最高票當選；6月5日，行憲第一屆監察院於南京成立。翰珍就職後，鑒於監察委員身份今昔之不同，因之認為今後監

察權之行使，應特重政事之監察及實際問題之解決，而非僅以糾彈官
吏之違法失職為已足。比及來臺，仍持此觀點肅官方、勵忠良、求民
隱、革弊政。懍於風霜之任，凡所職事，莫不悉心以赴，但計國家之
安危利害，民胞之憂樂疾苦，於論定被調查機關或人員之責任時，均
兼顧法理而為之斷，前後四十餘年中，所提糾正、糾舉、彈劾各案，
及每年一度之巡察、考察，莫不秉此原則處理。

又37年行憲之初，翰珍以青年黨中央委員兼四川省黨部主席之
職，為發揚政黨政治，鞏固民治基礎與加強戡亂工作，經商得四川省
主席王陵基、省參議會議長向傳義、國民黨四川省黨部主任委員曾擴
情、民社黨四川省黨部主任委員張凌高等之同意，召開全省擴大行政
會議六日，各區行政督察專員、各縣市長、各縣市議會議長及三黨各
縣市負責人均參加。翰珍等五人輪值主持，自9月起，每月舉行聯合
會報一次，研商省政問題，也由三黨負責人逐月輪流召集並任會報主
席。至有關重大省政之集會，亦均如擴大行政會議輪流主持之。如此
坦誠合作，誠我國民治史上前所未有之創舉，而於省政興革與省民福
祉，更是裨益良多。38年底，大局逆轉，樞府遷臺，此一創舉終成曇
花一現，翰珍每語及此，莫不慨嘆久之！

39年，翰珍兼任青年黨臺灣省黨部委員，嗣當選中央委員兼組
織部長。54年，青年黨召開第十三屆全代會，翰珍膺選為中央主席
之一，且一度兼任幹事長。55年11月，翰珍有見中藥在國人心中仍
佔重要地位，惜乏科學之管理研究，乃提「內政部亟應成立中藥研究
機構，專作學術上之研究指導，並在公保聯合門診中心設立中醫門診

部，使信賴中醫之公教人員能有就醫之機會」一案，經院會通過後，去函行政院而施行之。

65年9月，針對中共企圖消滅中國文字，即將實行中文拉丁化之際，翰珍在監察院提案促請「發行有關中文演進遞嬗之郵票，使國際人士及國人認識中國文字之博大精深、彌足珍貴」，其後郵政總局發行中國文字篆隸楷行各體書法郵票一套七組，即源此而來。70年6月，有關憲政體制之闡明者，翰珍提「司法院就其所掌事項有無向立法院提出法案之權，請解釋之」，經院會議交司法委員會審議後，曾四度催請提出審查報告。71年3月，該委員會提報院會，復經反覆討論，乃議決通過，旋去函司法院。該院大法官會議於5月25日解釋為「得向立法院提出法律案」，翰珍聞之提案成功，甚感欣慰，並認為此可以釋憲法闕文之疑。

77年，以青年黨內訌迭起，爭鬥不休，翰珍雖斡旋其間，以弭爭息紛，和衷共濟為要務，然力竭聲嘶，仍難允協如初。痛惜之餘，念及中國青年黨之創立宗旨，為糾合中國青年反共救國安民，且當初黨人多為少年中國學會之中堅，乃決意另立門戶，創「青年中國黨」以恢宏救國安民之志，並被推選為黨主席。80年12月31日，翰珍暨監察院第一屆全體資深監委退職。綜翰珍在監察院四十餘年中，前後經其主提之糾彈案件有四十多件，參與連署而提出者倍之，糾彈案外之提案則近百數，後彙輯成《陳翰珍先生肅政紀要全集》一書，翰珍之盡忠職守，勤於任事，由此可知矣。

翰珍雖不刻意養身，但身體素健，退職後，被聘為監察院高級顧問，每週仍到院二、三次，遇國家統一建設促進會及北京大學同學會

聚會，亦出席之。83年，翰珍九十晉九，民間團體發起祝壽茶會，以祝開百之慶。政府及各界人士往賀者絡繹不絕，更有遠自海外來祝者。84年間，體力稍減。85年7月，以肺結核症住院榮總；10月29日下午4時10分，卒以慢性吸入性肺炎不治而溘然長逝，享壽101歲。

翰珍初無意於著述問世，在南通求學時，膏火不繼，賴採訪撰稿或主編專欄維生。及轉學北京，困頓依然，積驗所至，撰述益勤。先後成書者有《二十年來的南通》、《奇態的生物》、《生活素》、《生物趣談》、《蠶桑問題十講》及《西湖遊記》等。來臺後之著述，計有《往事拾零》、《蓉園隨筆》、《荔園瑣記》、《怡園記趣》及《司法院提案權資料彙編》等書多種行世。

監察委員陳翰珍覆筆者函（民國79年）

陳翰珍著作《往事拾零》

《醒獅精神——青年黨人物群像》圖片來源

愚公移山的曾琦

民國36年，曾琦與家族合影於南京

曾琦（中）與陳愚生（左）、雷眉生（右）合照小影

曾琦留學日本時在東京與友人合影

民國16年，曾琦在東京與留日同志合影

民國29年，曾琦與友人攝於雲南滇池

民國25年冬，曾琦赴歸綏勞軍

> 以上六張圖片俱出自：《追悼曾琦先生紀念刊》（曾
> 琦先生追悼會編印，民國40年6月）及《藏雲室詩集》
> （線裝本）二書。

于斌（右3）攝於曾琦墓碑後

> 《曾慕韓先生遺著》（台北：中國青年黨中央執行委
> 員會編印，民國43年12月）。

民國12年，曾琦（右1）與友人在巴黎合影

> 《傳記文學》第29卷第2期（民國65年8月）。

民國8年，曾琦（前排左1）與「少中」友人合影於上海

民國12年，曾琦（左）與鄭振文（右）攝於法國

《醒獅週報》封面

曾琦攝於華北

民國39年，曾琦與劉東巖（右）攝於華盛頓

> 以上五張圖片：作者提供。

慎謀能斷的左舜生

左舜生

> 《左舜生先生紀念集》（台北：中國青年黨中央執行
> 委員會編印，民國60年）。

民國8年8月，少年中國學會上海同人歡送曾琦、羅益增赴法留影。前排左起：康白情、左舜生、曾琦、陳劍翛、魏嗣鑾。後排左起：周炳琳、沈怡、羅益增、宗白華、趙曾儔、張夢九

民國35年11月，左舜生與留滬政協代表合影於吳鐵城寓所前。前排左起：張君勱、陳啟天、沈鈞儒、邵力子、周恩來、左舜生、郭沫若、李維漢、曾琦、吳鐵城。二排左起：黃炎培、楊叔明、秘書、章伯鈞、余家菊。三排左起：羅隆基、胡霖、蔣勻田、李璜、秘書。

> 以上二張圖片：陳正茂編著，《曾琦先生年譜》（台北：國史館印行，民國85年6月）。

《近三十年見聞雜記》

《萬竹樓隨筆》

《辛亥革命史》（1934年）

> 以上三張圖片：作者提供。

中華書局上海河南路大廈（1916年落成）

> 俞筱堯、劉彥捷編，《陸費逵與中華書局》（北京：中華書局出版，2002年1月）。

左舜生擔任農林部長來臺視察與陳儀（右1）合影

> 《傳記文學》第52卷第1期（民國77年元月）。

民國35年11月，左舜生攝於南京制憲國民大會

民國27年10月，國民參政會第一屆第二次大會於重慶召開，左舜生陪蔣介石步入會場

民國55年9月，左舜生於國民大會演講神情

> 以上三張圖片：陳正茂編著，《左舜生年譜》（台北：國史館印行，民國87年12月）。

嶙峋風骨的李璜

民國8年，李璜留學法國創辦「巴黎通訊社」時留影

民國36年，郎靜山為李璜攝於上海

民國14年，回國任教於武昌大學時

李璜攝於青年黨創黨之處巴黎玫瑰城共和街

民國62年，李璜在凡爾賽宮大門前廣場留影

> 以上五張圖片：李璜，《學鈍室回憶錄》（上卷）
> （香港：明報月刊社出版，1979年10月）、《學鈍室
> 回憶錄》（下卷）（香港：明報月刊社出版，1982年
> 元月）。

民國34年，李璜簽署〈聯合國憲章〉

《國家主義淺說》

《新路》封面（民國17年）

李璜與余家菊合著《國家主義的教育》

民國46年，李璜（左）與左舜生（右）攝於香港

> 以上五張圖片：作者提供。

民國21年，「一二八」上海抗日時之翁照垣

> 丘國珍述，《鋒鏑餘生錄》（香港：田風印刷廠，民
> 國61年12月）。

書生報國的陳啟天

青年時期的陳啟天

> 《陳啟天先生紀念集》（台北：中國青年黨中央黨部
> 發行，民國74年8月）。

民國10年7月，陳啟天與「少中」第一屆大會二十三位會員於南京高等師範學院梅庵下合照。後排右起：陳啟天、黃日葵、陳愚生、沈怡、趙叔愚、鄧中夏及左舜生

> 秦賢次先生提供，原件藏於沈怡處。

民國35年2月，陳啟天與曾琦（中）與劉泗英（前排左2）、何魯之（左5）、余家菊（左6）、李璜（左7）、陳啟天（右6）攝於陪都重慶

> 陳正茂編著，《曾琦先生年譜》（台北：國史館印
> 行，民國85年6月）。

《民聲週報》第8期封面（民國20年）

《民聲週報》第8期（民國20年11月21日）。

《醒獅週報》之獅子吼精神

陳啟天（明志）在《剷共半月刊》上的文章

《剷共半月刊》封面

《民主的真諦》

《寄園回憶錄》

陳啟天伉儷（左）與張君勱合影於美國

陳啟天於國民大會主席團

以上七張圖片：作者提供。

耿介自持的余家菊

《復興愛的文化》

《領神學》與《回憶錄》

《人類的尊嚴》

《國家主義簡釋》

以上四張圖片：作者提供。

民國37年3月，中國青年黨國大代表攝於國民大會堂門前。前排：張子柱（左
6）、何魯之（左7）、余家菊（左9）、曾琦（左10）。

陳正茂編著，《曾琦先生年譜》（台北：國史館印
行，民國85年6月）。

民國36、7年間，南京市長沈怡招待少年中國學會會友。前排：左舜生（右
1）、劉泗英（右2）、余家菊（右3）、沈怡（右4）、曾琦（右7）。後排：
陳啟天（右4）、何魯之（右6）、王師曾（右8）、李璜（右10）

民國29年初，余家菊攝於西安

民國13年，余家菊攝於英國愛丁堡

民國52年，余家菊攝於台北寓所前

以上四張圖片：余家菊，《余家菊景陶先生回憶錄》

（台北：慧炬出版社，民國83年元月）。

淡泊明志何魯之

何魯之伉儷在港合影

民國35年秋，何魯之與中國人文研究所全體人員合影於上海愚園路。左起：余家菊、邵培之、何魯之、黃欣周、吳天墀、紀彭年、余文豪

民國37年春，何魯之伉儷（中間）與襲從民伉儷遊南京靈谷寺留影

> 以上三張圖片：俱見黃欣周、宋益清編，《何魯之先生文存》（台北：青城出版社，民國67年4月）、《何魯之先生紀念冊》（台北：民國57年6月）二書。

何魯之著《希臘史》

何魯之編《國家主義概論》（民國37年）

青年黨在巴黎的《先聲週報》社

> 以上三張圖片：作者提供。

一代理論大師常燕生

常燕生

常燕生手稿

《影鸞賸草》

> 以上三張圖片：黃欣周編，《常燕生先生遺集》（台北：文海版，民國56年）。

《時事新報》副刊〈學燈〉

> 楊義、張中良、中井政喜合著，《二十世紀中國文學圖志》（上）（台北：業強版，1995年元月）。

《社會科學通論》

《歷史哲學論叢》

> 以上二張圖片：作者提供。

民國35年，青年黨出席政治協商會議五代表合影。左起為楊永浚、陳啟天、曾
琦、余家菊、常乃惪（燕生）

陳正茂、黃欣周、梅漸濃編，《曾琦先生文集》
（上）（台北：中央研究院近代史研究所出版，民國
82年）。

驚天地泣鬼神──苗可秀抗日殉國記

東北大學

習賢德，〈柏楊：以常識和良知捍衛尊嚴的人權作
家〉，《傳記文學》第92卷第6期（民國97年6月）。

英勇抗日的東北義勇軍
奮戰中的東北義勇軍

以上二張圖片：《東北義勇軍》（台北：國史館印
行，民國70年10月）。

馬占山騎馬英姿

《傳記文學》第62卷第4期（民國82年4月）。

巴蜀自古多豪傑──記魏時珍先生

《魏嗣鑾先生科哲論文集》〈目錄〉

魏嗣鑾，《魏嗣鑾先生科哲論文集》（台北：青城出
版社，民國69年5月）。

魏嗣鑾著《孔子論》

魏嗣鑾，《孔子論》（台北：中國青年黨黨史委員會
出版，民國79年10月）。

魏時珍與友人合影於成都（1986年）
張瀾致函周恩來保釋魏時珍

以上二張圖片：作者提供。

翁照垣——一位值得表彰的青年黨人

香港《工商日報》刊出翁照垣遺影

《工商日報》（香港版）（民國61年10月16日）。

章炳麟贈翁照垣墨寶

李璜，《學鈍室回憶錄》（上卷）（香港：明報月刊社出版，1979年10月）。

翁照垣字跡

作者提供。

西南保衛戰的擎天一柱——唐式遵將軍

李璜

唐式遵

作者提供。

青年黨人盧作孚「實業報國」

民生公司總公司

盧作孚

張守廣，《盧作孚年譜》（四川：重慶出版社，2005年8月）。

記一顆早逝的彗星——鄧孝情

鄧孝情（叔耘）發表於《醒獅週報》161期文章

鄧孝情

鄧孝情與左舜生（右）攝於法國

作者提供。

從「少中」到「中青」的見證人──張夢九先生

張夢九（赤松子）著《人海滄桑六十年》
作者提供。

含冤而死的艱苦學人──楊效春先生

梁漱溟
梁漱溟口述、艾愷採訪，《這個世界會好嗎？》（台北：博雅書屋出版，2008年1月）。

〈為楊效春先生辯誣啟事〉
《國論週刊》第12期（民國27年5月7日）。

記一位青年黨籍的史學家──陶元珍

陶元珍 作者提供。
陶元珍發表在《思想與時代》文章
《思想與時代》第33期（民國33年4月1日）。

革命情侶、湖南雙傑──記李不韙、童錫梁伉儷

李不韙伉儷
李不韙（右1）與劉東巖（左1）
作者提供。

民主鬥士夏濤聲

夏濤聲 作者提供。

民國35年新年，園遊於台北賓館。後排：李萬居（左4）夏濤聲（左5）與謝東閔（左6）沈雲龍（右3）葉明勳（右4）

> 沈雲龍，〈初到台灣——憶數十年前一些往事〉，
> 《全民半月刊》1卷2期（民國74年10月25日）。

《江青前傳》作者「日本通」崔萬秋

崔萬秋伉儷與張群合影

崔萬秋八秩大壽，攝於長子志凱家（1983年）

> 《崔萬秋先生紀念集》（美國：劍橋出版社，民國82年3月）。

《醒獅週報》封面

> 作者提供。

治學嚴謹的朱延豐

朱延豐編著《歷史唯物論批判》

> 作者提供。

《先聲週報》創辦者胡國偉

胡國偉與友人合影

胡國偉編述《中國青年黨簡史》

> 作者提供。

王師曾足智多謀

王師曾　　　　　　　《全民半月刊》9卷6期（民國79年3月10日）。

王師曾文章〈論國魂〉

作者提供。

鐵髯詩翁王世昭

王世昭書法
王世昭榮獲國際桂冠詩人

作者提供。

漸被遺忘的小說家左幹忱

《國論月刊》封面（民國25年）

《國論月刊》第1卷第7期（民國25年1月20日）。

左幹忱
左幹忱全家福（民國51年）

作者提供。

謝澄平與第三勢力

《自由陣線》週刊封面（民國38年）

《自由陣線》週刊第1卷第1期（民國38年12月3日）。

晚年的謝澄平
謝澄平宣揚「第三勢力」著作《新階級在中國自由人民革命運動》

作者提供。

戲劇家番禺侯曜的一生

《民聲週報》第8期封面（民國20年）

《民聲週報》第8期（民國20年11月21日）。

侯曜《山河淚》書影（1934年）

　　　　　　作者提供。

記一生無愧的林可璣

林可璣（左2）與李璜（右3）

　　　　　　《崔萬秋先生紀念集》（美國：劍橋出版社，民國82
　　　　　　年3月）。

民國35年12月，林可璣與參加制憲國民大會青年黨代表攝於南京

　　　　　　陳正茂、黃欣周、梅漸濃編，《曾琦先生文集》
　　　　　　（上）（台北：中央研究院近代史研究所出版，民國
　　　　　　82年）。

記故國大張希為之一生

張希為

　　　　　　作者提供。

《新中國日報》（民國34年）

　　　　　　《新中國日報》（民國34年2月27日）。

盡瘁「亞盟」反共組織的劉鵬九

劉鵬九
劉鵬九譯《法國第五共和憲法》

　　　　　　作者提供。

記梅庵派一代古琴宗師 —— 吳宗漢

吳宗漢

周士心發表於《中央日報》肯定吳宗漢琴藝的文章

作者提供。

柏臺大老陳翰珍

監察委員陳翰珍覆筆者函（民國79年）

陳翰珍著作《往事拾零》

陳翰珍（右2）與李不韙（右3）

陳翰珍（左1）與李璜（右2）

作者提供。

世紀映像叢書

1. 百年記憶－中國近現代文人心靈的探尋
   蔡登山・著

2. 青山有史－台灣史人物新論
   謝金蓉・著

3. 雪泥鴻爪－近代史工作者的回憶
   陶英惠・著

4. 大師的零玉－陳寅恪，胡適和林語堂的一些瑰寶遺珍
   劉廣定・著

5. 玫瑰，在她如此盛開的時候－探索女性文學的綺麗世界
   朱嘉雯・著

6. 錢鍾書與書的世界
   林耀椿・著

7. 徐志摩與劍橋大學
   劉洪濤・著

8. 魯迅愛過的人
   蔡登山・著

世紀映像叢書

世紀映像叢書

國家圖書館出版品預行編目

醒獅精神：青年黨人物群像 / 陳正茂著. --
一版. -- 臺北市：秀威資訊科技, 2008.10.
　　面；　公分. --（史地傳記：PC0058）
BOD版
ISBN 978-986-221-101-4（平裝）

1.中國青年黨　2.傳記　3.中國

782.298　　　　　　　　　　　　97019467

史地傳記　PC0058

醒獅精神 ── 青年黨人物群像

作　　　者 / 陳正茂
主　　　編 / 蔡登山
發 行 人 / 宋政坤
執 行 編 輯 / 詹靚秋
圖 文 排 版 / 鄭維心
封 面 設 計 / 陳佩蓉
數 位 轉 譯 / 徐真玉、沈裕閔
圖 書 銷 售 / 林怡君
法 律 顧 問 / 毛國樑　律師
出 版 印 製 / 秀威資訊科技股份有限公司
　　　　　　　台北市內湖區瑞光路583巷25號1樓
　　　　　　　電話：02-2657-9211　傳真：02-2657-9106
　　　　　　　E-mail：service@showwe.com.tw
經 　銷 　商 / 紅螞蟻圖書有限公司
　　　　　　　台北市內湖區舊宗路二段121巷28、32號4樓
　　　　　　　電話：02-2795-3656　傳真：02-2795-4100
　　　　　　　http://www.e-redant.com

2008 年 10 月　BOD 一版
定價：390 元

讀　者　回　函　卡

感謝您購買本書，為提升服務品質，煩請填寫以下問卷，收到您的寶貴意見後，我們會仔細收藏記錄並回贈紀念品，謝謝！

1. 您購買的書名：_____

2. 您從何得知本書的消息？

　　□網路書店　□部落格　□資料庫搜尋　□書訊　□電子報　□書店

　　□平面媒體　□ 朋友推薦　□網站推薦　□其他_____

3. 您對本書的評價：(請填代號　1.非常滿意 2.滿意 3.尚可 4.再改進)

　　封面設計____　版面編排____　內容____　文/譯筆____　價格____

4. 讀完書後您覺得：

　　□很有收獲　□有收獲　□收獲不多　□沒收獲

5. 您會推薦本書給朋友嗎？

　　□會　□不會，為什麼？_____

6. 其他寶貴的意見：_____

　　_____

　　_____

　　_____

讀者基本資料

姓名：_____　年齡：_____　性別：□女 □男

聯絡電話：_____　E-mail：_____

地址：_____

學歷：□高中(含)以下　　□高中　　□專科學校　　□大學

　　　□研究所(含)以上 □其他_____

職業：□製造業 □金融業 □資訊業 □軍警 □傳播業 □自由業

　　　□服務業 □公務員 □教職　□學生 □其他_____

(請沿線對摺寄回,謝謝!)

秀威與 BOD

BOD（Books On Demand）是數位出版的大趨勢，秀威資訊率先運用 POD 數位印刷設備來生產書籍，並提供作者全程數位出版服務，致使書籍產銷零庫存，知識傳承不絕版，目前已開闢以下書系：

一、BOD 學術著作—專業論述的閱讀延伸
二、BOD 個人著作—分享生命的心路歷程
三、BOD 旅遊著作—個人深度旅遊文學創作
四、BOD 大陸學者—大陸專業學者學術出版
五、POD 獨家經銷—數位產製的代發行書籍

BOD 秀威網路書店：www.showwe.com.tw
政府出版品網路書店：www.govbooks.com.tw

　　永不絕版的故事‧自己寫‧永不休止的音符‧自己唱